Sonderheft der Zeitschrift für Außen- und Sicherheitspolitik

Sonderheft 8 | 2017
Supplement 1 | 2017

Herausgegeben von
Th . Jäger, Köln, Deutschland

Reinhard Wolf, Carsten Rauch, Lena Jaschob
und Iris Wurm (Hrsg.)

Revisionismus in der internationalen Politik

Warum sich aufsteigende Mächte gegen
die etablierte Ordnung wenden

Zeitschrift für Außen- und Sicherheitspolitik (ZfAS)

Jahrgang 10 • Sonderheft 8 • 2017

Zielsetzungen/Aims & Scope

Die Zeitschrift für Außen- und Sicherheitspolitik (ZfAS) ist die neue Zeitschrift für theoriegeleitete und empirisch gehaltvolle Außenpolitikanalysen, sicherheitspolitische Studien und Analysen der internationalen Politik. Sie bietet ein Forum, in dem Entwicklungen der internationalen Beziehungen und ihre Effekte auf außen- und sicherheitspolitische Prozesse ebenso diskutiert werden wie die Wirkungen außen- und sicherheitspolitischer Entscheidungen auf die internationale Ordnung. Außenpolitik und Sicherheitspolitik werden dabei umfassend definiert: Die Zeitschrift deckt sämtliche Teilbereiche der Außenpolitik ab. Sie geht zudem von einem erweiterten Sicherheitsbegriff aus, der auch die Veränderungen im Verhältnis von innerer und äußerer Sicherheit erfasst.

Die Zeitschrift gliedert sich in folgende Rubriken: Analysen sind konzise Texte zu außen- und sicherheitspolitisch relevanten Themen mit hohem Praxis- und Aktualitätsbezug. **Studien** sind ausführlichere, ihre theoretischen und methodischen Grundlagen sorgfältig ausformulierende Abhandlungen, die den Forschungsstand der Disziplin abbilden und weiterentwickeln. Die Studien durchlaufen ein doppelt anonymisiertes Gutachterverfahren. **Essays** sind Beiträge von stärker explorativem Charakter, die Denkanstöße geben und Perspektiven aufzeigen. Ebenso wie Analysen werden Essays auf Einladung der Redaktion verfasst; unaufgefordert eingereichte Manuskripte werden als Studie behandelt. Schließlich bietet die Zeitschrift regelmäßig **Rezensionen** sowie **Berichte** von Konferenzen und Fachtagungen. Durch diese Einteilung deckt die Zeitschrift den gewachsenen Bedarf nach einem Ort für eine wissenschaftlich fundierte, Theorie und Praxis verschränkende Debatte über Außen- und Sicherheitspolitik.

Zeitschrift für Außen- und Sicherheitspolitik (ZfAS)

V.i.S.d.P.: Thomas Jäger

Webseite der Zeitschrift:
www.springer.com/12399

Elektronische Ausgabe:
link.springer.com/journal/12399

Bezugsmöglichkeiten:
Die Zeitschrift für Außen- und Sicherheitspolitik erscheint viermal jährlich.
Band 10 (4 Hefte) wird 2017 erscheinen.

ISSN: 1866-2188 print;
ISSN: 1866-2196 elektronisch

Auskünfte zum Bezug der Zeitschrift erteilt der Kundenservice Zeitschriften:
Springer Customer Service Center GmbH
Haberstr. 7, 69126 Heidelberg, Germany
Tel.: +49-6221-345-4303
customerservice@springer.com

Anzeigen:
Nicole Frohnweiler, 0611/7878-147,
Nicole.frohnweiler@springer.com

Verlagsstandort:
Springer VS, Abraham-Lincoln-Straße 46,
65189 Wiesbaden, Germany
Part of Springer Science+Business Media

Inhalt

Z Außen Sicherheitspolit (2016) (Suppl 1) 10:1–24
DOI 10.1007/s12399-016-0594-9

Was frustriert die Gewinner? Revisionismus in der internationalen Politik und das Rätsel revisionistischer Aufsteiger

Lena Jaschob · Carsten Rauch · Reinhard Wolf · Iris Wurm

Online publiziert: 13. Dezember 2016
© Springer Fachmedien Wiesbaden 2016

Zusammenfassung Dieses Einleitungskapitel präsentiert zunächst einen verbesserten Analyserahmen für die Untersuchung von Revisionismus in der internationalen Politik. Darauf aufbauend entwickeln die Autoren das Puzzle dieses Sonderhefts – das Problem der Unzufriedenheit und des Revisionismus im Allgemeinen und die Frage, weshalb gerade erfolgreiche Aufsteiger eine etablierte Herrschaftsordnung offen herausfordern sollten im Speziellen. Den Abschluss bildet ein Überblick über die nachfolgenden Fallstudien, die sich mit der Klärung dieser Fragestellung befassen.

Schlüsselwörter Revisionismus · Dissidenz · Status quo · Internationale Ordnung · Aufsteigende Mächte

Dissatisfied Winners: Revisionism in International Politics and the Puzzle of Revisionist Rising Powers

Abstract This introductory contribution first explicates an improved analytical framework for studying revisionism in international politics. Building on that, it develops the puzzle underlying this special issue – the problem of dissatisfied great powers and the question why rising powers should want to challenge an established international order that facilitated their extraordinary growth. The article concludes

L. Jaschob
Straße der ODF 20, 39307 Genthin, Deutschland

Dr. C. Rauch
Leibniz-Institut HSFK, Baseler Str. 27–31, 60329 Frankfurt, Deutschland

Prof. Dr. R. Wolf · Dr. I. Wurm (✉)
PEG, Goethe-Universität Frankfurt am Main, Theodor-W. Adorno Platz 6, 60323 Frankfurt, Deutschland
E-Mail: wurm@soz.uni-frankfurt.de

with an overview of the four historical case studies which address our research
question.

Keywords Revisionism · Dissidence · Status quo · International Order · Rising
Powers

1 Zur Problemstellung dieses Sonderhefts

Unter welchen Bedingungen und aus welchen Beweggründen gehen aufsteigende
Großmächte, also diejenigen Akteure, welche das größte Potential für wirksamen
Widerstand gegen eine internationale Ordnung haben, zu revisionistischem Verhalten über? Warum werden sie dabei oft sogar dissident, akzeptieren also offenen
Regelbuch oder erheben radikalen Widerspruch gegen zentrale Normen der internationalen Ordnung? Diese Fragestellung erscheint vor allem deshalb interessant, weil
mit China und Indien die beiden bevölkerungsreichsten Staaten derzeit wirtschaftlich stark aufholen und sich deshalb mit besonderer Brisanz die Frage stellt, was
sie zu revisionistischem Verhalten motivieren könnte. Aus Sicht etablierter Theorien
der internationalen Beziehungen ist die Eingangsfrage nicht einfach zu beantworten, weil gerade die erfolgreichen Aufsteiger kein Interesse daran haben sollten,
einen riskanten Kampf gegen die zeitgenössische Ordnung vom Zaun zu brechen,
die es ihnen erlaubte, den Macht- und Entwicklungsvorsprung der etablierten Mächte zu verringern. Aufschluss über die entscheidenden Motivlagen könnten hingegen Theorien bieten, die wie die lateral pressure theory oder sozialpsychologische
Identitätstheorien an den wachsenden Rohstoff- bzw. Statusbedürfnissen aufsteigender Mächte ansetzen. Die Beiträge in diesem Sonderheft untersuchen daher, unter
welchen Bedingungen und aus welchen Beweggründen aufsteigende Großmächte
zu besonders starkem Revisionismus, das heißt zu radikalem Widerspruch gegen
etablierte Institutionen und den darin verkörperten Normen übergehen. Bevor wir
allerdings die Frage stellen können, was Großmächte dazu verleitet eine revisionistische Politik zu verfolgen, muss zunächst die Frage geklärt werden, was genau in
unserem Sinne unter Revisionismus verstanden werden soll. In diesem Einleitungskapitel erarbeiten wir daher einen verbesserten Analyserahmen für die Untersuchung
von Revisionismus in der internationalen Politik. Besonderes Augenmerk widmen
wir dabei der untertheoretisierten Frage, was Revisionismus überhaupt ist und wie
sich unterschiedlich radikale Formen von Revisionismus unterscheiden lassen. Darauf aufbauend entwickeln wir unser bereits angerissenes Puzzle – das Problem der
Unzufriedenheit und des Revisionismus im Allgemeinen und die Frage weshalb gerade erfolgreiche Aufsteiger eine etablierte Herrschaftsordnung offen herausfordern
sollten im Speziellen. Zu guter Letzt bietet diese Einleitung einen Überblick über
die nachfolgenden Einzelbeiträge, die sich mit der Klärung dieser Fragestellung
befassen.[1]

---

[1] Das Sonderheft basiert auf dem Projekt „Was frustriert die Gewinner? Entstehungsbedingungen dissidenter Großmachtpolitik" (WO 797/10-1). Die Verfasser danken der Deutschen Forschungsgemeinschaft
für die großzügige Förderung.

2 Revisionismus als Grundproblem der internationalen Politik

Die globale Machtverteilung befindet sich im Wandel. Neue Akteure betreten die Weltbühne, Mächte steigen auf und ab. Aufsteigende Mächte – allen voran die Volksrepublik China – vergrößern rasant ihre wirtschaftliche, militärische und politische Macht. Dabei zeigt ein Blick in die Geschichte, dass solche Prozesse häufig zu Instabilität und Konflikten in der und um die internationale Ordnung führen. Dies gilt insbesondere dann, wenn entscheidende Akteure nicht (mehr) mit der internationalen Ordnung zufrieden sind und gegenüber dieser Ordnung revisionistische Einstellungen entwickeln oder gar revisionistische Handlungen unternehmen. Als destabilisierendste Stufe des Revisionismus kann es dabei gelten, wenn eine revisionistische Politik Veränderung notfalls (oder vielleicht sogar freimütig) durch Bruch von anerkannten Regeln und Normen erreichen will.

Die Auswirkungen des Aufstiegs neuer Mächte und insbesondere des chinesischen Aufstiegs zählen deshalb aktuell zu den wichtigsten Themen der internationalen Politik. Ist China eine Status quo-Macht oder ein revisionistischer Staat? Und ist das chinesische Verhalten im Laufe seines Aufstiegs aggressiver geworden? Diese Fragen gehören für zahlreiche IB-Theoretiker und Praktiker zu den wichtigsten unserer Zeit (Jerdén 2014; Johnston 2013; Kastner und Saunders 2012). In gleicher Weise haben die Handlungen Russlands in Bezug auf die Ukraine – inklusive der gewaltsamen Annexion der Halbinsel Krim – die Frage aufkommen lassen, ob sich Russland zu einer grundsätzlich revisionistischen Macht gewandelt hat. Und im Windschatten anderer Großmächte wird auch Indien immer wichtiger. Auch hier stellt sich die Frage wie zufrieden oder unzufrieden Indien mit der internationalen Ordnung ist und wie Status quo-orientiert oder revisionistisch dementsprechend die indische Politik in der nächsten Zukunft sein wird. Revisionismus ist also (wieder) eines der bedeutendsten Themen der internationalen Politik.

Die größte Gefahr für Stabilität und Frieden auf der internationalen Ebene besteht dann, wenn solcher Revisionismus bei (aufsteigenden) Großmächten auftritt, die *per definitionem* das größte Potential für wirksamen Widerstand gegen eine internationale Ordnung haben, während die Unzufriedenheit kleinerer Mächte oft nicht wirklich ins Gewicht fällt. Ihr Revisionismus macht sich allenfalls lokal bemerkbar. Revisionismus von Großmächten hingegen hat im Allgemeinen stets große Auswirkungen auf das etablierte System.[2] Paradoxerweise sind es aber gleichzeitig eben jene Großmächte, welche im internationalen System gemeinhin die größten Privilegien genießen und insofern – *ceteris paribus* – vielleicht die geringsten Anreize haben die internationale Ordnung offen in Frage zu stellen.[3] Warum also sollten gerade sie revisionistische Ambitionen entwickeln? Bevor wir uns diesem Problem

---

[2] Umgekehrt hat eine revisionistische Politik, welche auf den gemeinsamen Widerstand der etablierten *und aufsteigenden* Großmächte trifft, wenig Aussicht auf erkennbaren Erfolg – und dies dürfte vermutlich noch längere Zeit so bleiben (zumindest sofern es weiterhin gelingt die Gefahr des Nuklearterrorismus einzudämmen). Auch Revisionismus nichtstaatlicher Akteure ist in dieser Hinsicht angewiesen auf die (offene oder verdeckte) Unterstützung aufsteigender Großmächte.

[3] Tatsächlich geht sogar die Machtübergangstheorie (Organski 1958; Organski und Kugler 1980; Tammen et al. 2000), deren *raison d'etre* die Existenz unzufriedener Aufsteiger ist, davon aus, dass der Normalzustand von Großmächten eher die Zufriedenheit mit dem Status quo ist (Tammen et al. 2000, S. 9–10).

ausführlicher widmen, müssen wir zunächst genauer klären, was unter Revisionismus zu verstehen ist und in welchen Formen und Abstufungen er auftritt.

3 Ein neuer Analyserahmen für die Revisionismusforschung

Wann ist ein Staat revisionistisch? Was genau zeichnet einen revisionistischen Staat aus? Was ist überhaupt Revisionismus? Ein gewisser Konsens scheint zu bestehen: Die wissenschaftliche Literatur bezeichnet einen Staat als revisionistisch, wenn er mit dem Status quo unzufrieden ist. Normalerweise werden revisionistische Staaten damit als „Anti-Akteure" dargestellt, die sich gegen das Bestehende, vor allem aber gegen bestimmte territoriale Arrangements, stellen. Hier endet die Einigkeit jedoch bereits. Darüber hinaus herrscht kein Konsens darüber was Revisionismus ist, d. h. was als Revisionismus zählen sollte, und was revisionistisches Verhalten sowie revisionistische Einstellungen ausmacht. Umso verblüffender ist es, dass die akademische Debatte zu diesem Thema kaum geführt wird.

In diesem Abschnitt entwickeln wir daher einen neuen, detaillierteren und differenzierten Rahmen zum Verständnis von Revisionismus in der internationalen Politik. Dazu werden zunächst verschiedene Auffassungen des Revisionismusbegriffs verglichen und eingeordnet, wobei ihre Unzulänglichkeiten und Schwächen herausgestellt werden. Daran anschließend stellen wir einen neuen weiterentwickelten Ansatz zur Konzeptualisierung von Revisionismus vor. Übereinstimmend mit Sartoris Richtlinien zur Konzeptbildung, entwickeln wir zwei Subkategorien, die als verschiedene „Formen von Revisionismus" verstanden werden sollen. Ebenso wird die Variable „Grad des Revisionismus" eingeführt. Wir argumentieren, dass die Intension von „Revisionismus" auf seine Kernbedeutung, die Absicht die internationale Ordnung zu verändern, beschränkt werden sollte. Gleichwohl ist diese Kernbedeutung lediglich der kleinste gemeinsame Nenner, der nicht viel über die tatsächliche Politik eines Staates aussagt. Wenn es darum geht potentiell stabilisierende von potentiell destabilisierender (revisionistischer) Politik zu unterschieden muss sehr viel genauer differenziert werden und zwar zwischen verschiedenen Formen und Graden von Revisionismus, die bei der Definition der Kernbedeutung zwangsläufig vernachlässigt werden. Folglich ist unser Rahmen kein komplett neues Konzept, sondern vielmehr eine Differenzierung, Verfeinerung und Zusammenfassung bereits vorhandener Revisionismusansätze, und damit ein Konzept, dessen Hauptvorteil darin besteht, die vielschichtige Beschaffenheit von Revisionismus besser zu erfassen.

3.1 Revisionismus in der jüngeren IB-Literatur

Revisionismus ist ein oft verwendeter Begriff in den IB, vor allem jedoch in der realistischen Theorietradition. Zugleich erscheint er immer noch unkonkret und ungenau. Ein Wissenschaftler gesteht sogar ein, dass „the terms status quo and revisionist are somewhat nebulous and difficult to operationalize" (Schweller 1994, S. 104–105). Während Schweller anfügt, dass es notwendig sei, den Begriff so präzise wie möglich zu definieren, wird deutlich, dass die realistische Theorietradition genau dies nicht getan hat. Im Gegenteil, die Begriffe „Revisionismus", „revisionis-

tische Ziele" und „revisionistische Staaten" bzw. „revisionistische Mächte" werden oft als scheinbar selbsterklärend und ohne angemessene Definition verwendet. Zudem werden sie häufig ohne klare Abgrenzung mit anderen Konzepten verbunden und kombiniert. Wie wir im Folgenden darstellen, beziehen sich verschiedene Wissenschaftler auf unterschiedliche Phänomene, wenn sie über Revisionismus schreiben. Ohne eine genaue Explikation ihres Verständnisses bleibt das Konzept auch weiterhin höchstens vage.

Der Begriff „Revisionismus" wird hauptsächlich in empirischen Kontexten verwendet. Er funktioniert daher als ein nahezu umgangssprachliches Konzept, das außenpolitisches Verhalten beschreiben und klassifizieren soll. So beschreibt beispielsweise Henry Kissinger in seinem historischen Werk *A World Restored* (1957) über Großmächtediplomatie im 18. Jahrhundert detailliert revisionistische Handlungen von Staaten. Zentrales Thema des Buches ist die Differenzierung von revolutionären Politiken (Revisionismus), die auf Expansion und Reformen abzielen, und konservativen Politiken (Status quo), die Stabilität und Ruhe zum Ziel haben. Dieses Argument lässt sich ebenfalls in Hans Morgenthaus *Politics among Nations* (1954) finden. Cattaruzza et al. verwenden den Begriff Revisionismus in ihrem Werk *Territorial Revisionism and the Allies of Germany in the Second World War* (2013), um eine historische Periode von Revisionismus zu beschreiben. Allerdings wird das Konzept in diesem Buch nicht definiert. Wie Cattaruzza et al. beschreiben auch andere Autoren revisionistisches Handeln von Staaten eher durch historische Fallstudien und klassifizieren revisionistische Staaten ex-post (Buzan 2010; Kissinger 1957; Yaqing 2010). Es liegt weder eine Standarddefinition noch eine systematische Konzeptualisierung von Revisionismus vor. Diese Lücke ist vor allem bei Theorien wie dem neoklassischem Realismus und der *Power Transition Theory* problematisch, da diese revisionistische bzw. unzufriedene Mächte zu ihren zentralen Annahmen zählen.

Im Folgenden diskutieren wir diese Probleme in Auseinandersetzung mit den Autoren, die sich in den letzten Jahren theoretisch und konzeptionell mit dem Phänomen des Revisionismus besonders intensiv befasst haben. Hierzu gehören Randall Schweller (1994, 1996, 1998, 1999), Barry Buzan (2001), Alistair Johnston (2003) und Jason Davidson (2002, 2006).

Schweller rief bekanntermaßen dazu auf, den revisionistischen Staat in die theoretische Debatte zurückzubringen (Schweller 1994). Sein Ausgangspunkt ist eine Kritik an offensivem und defensivem Realismus, „which subsume revisionism under structure and treat it either as an *anomaly* or *orthodoxy*", wie Rynning und Ringsmose (2008, S. 25) herausstellen. Dies bedeutet, dass defensive Realisten die Struktur des internationalen Systems als vergleichsweise ungefährlich betrachten und die darin agierenden Staaten sicherheitsmaximierende Status quo-Mächte sind, während offensive Realisten die Struktur als labil und gefährlich auffassen und Staaten durchweg als machtmaximierende Revisionisten betrachten. Schweller erinnert daran, dass Staaten recht unterschiedliche Interessen haben können. Einige dieser Interessen spiegeln Revisionismus wider, während andere eine Orientierung am Status quo aufweisen. Schwellers Formel für das staatliche Interesse ergibt sich aus dem Wert, dem ein Staat Veränderungen beimisst abzüglich des Werts, den er mit

dem Status quo verbindet (Schweller 1994, S. 100).[4] Gemäß diesem Ansatz bildet er eine Typologie, die gemäß ihrer Interessen von Status quo verteidigenden „Löwen" bis zu radikal-revisionistischen „Wölfen" reicht.[5]

Aber wie definiert er Revisionismus? Es gibt drei entscheidende Aspekte, die entscheidend für sein Verständnis des Konzepts zu sein scheinen (wenngleich sie an unterschiedlichen Stellen im Text diskutiert werden):

- Revisionismus hat etwas mit (nicht-sicherheitsinduzierter) Expansion (Schweller 1994, S. 105, 1996, S. 92), Selbsterweiterung (Schweller 1996, S. 99) und Machtvergrößerung (Schweller 1996, S. 114) zu tun.
- Damit und mit der zuvor erwähnten Formel verbunden wird deutlich, dass revisionistische Staaten „value what they covet more than what they currently possess" (Schweller 1996, S. 100). Was genau Staaten begehren, wird dabei allerdings nicht klar. Manchmal scheint es abstrakte Macht zu sein, manchmal Territorium (Schweller 1996, S. 119) und andere Male sogar „recognition as an equal among the great powers, and/or changes in the rules and decision-making procedures within existing regimes" (Schweller 1999, S. 19).
- Um dies zu erreichen werden revisionistische Staaten nicht zögern, militärischen Zwang auszuüben (Schweller 1996, S. 100).

Zudem unterscheidet er zwischen zwei Gruppen von Revisionisten: Revisionisten mit unbegrenzten bzw. revolutionären Zielen und Revisionisten mit begrenzten Zielen (Schweller 1999, S. 19).[6]

Schwellers Ansatz erweist sich in mehrerlei Hinsicht als problematisch: Erstens ist es für den sich als Realisten bezeichnenden Autor kaum überraschend, dass er sich nicht mit der Frage der entsprechenden internationalen Ordnung und legalen bzw. legitimen Wegen zu ihrer Änderung befasst. Allerdings: So wie es Menschen gibt, die – in ihrem Streben nach mehr Geld – es vorziehen Lotterie zu spielen oder einen Kredit aufzunehmen anstatt ihren Nachbarn mit vorgehaltener Waffe zu bedrohen und auszurauben, so ist zu vermuten, dass es auch Staaten gibt, die die internationale Ordnung nicht um Preis ändern wollen.[7] Diese Entscheidung, ob ein Staat den Regelbruch in seine Überlegungen und Handlungen einbezieht, ist mindestens ebenso wichtig wie die Frage, ob er bereit ist, militärische Mittel einzusetzen (was natürlich den Regelbruch mit einschließen kann, jedoch nicht zwangsläufig tun

---

[4] So heißt es bei Schweller etwa:„Where the status quo outweighs revision (where n is negative), states are satiated; where revision outweighs the status quo (n is positive), states are revisionist" (Schweller 1994, S. 100).

[5] Macht ist ein weiterer enorm wichtiger Faktor für Schweller, da er für manche Staaten revisionistische Rollen ausschließt. Zum Beispiel können nur Großmächte unbegrenzte revisionistische Ziele haben, da nur sie über die Mittel verfügen, solche weitreichenden Ziele auch tatsächlich zu erreichen.

[6] Während er die Möglichkeit letztere einzubinden oder zu befrieden optimistisch einschätzt, sieht er in Bezug auf erstere keine andere Option als Krieg und Konflikt.

[7] Schweller führt zwar das Konzept der Risikobereitschaft ein (Schweller 1999, S. 19), verharrt dabei jedoch in einer strikt rationalen Logik der Konsequenzen, in der Revisionisten Kosten und Nutzen abwägen. Wir hingegen möchten hervorheben, dass Staaten entsprechend einer Logik der Angemessenheit Vorbehalte gegenüber Norm- und Regelbrüchen haben können, und zwar unabhängig von etwaigen Kosten, die dadurch entstehen könnten.

muss).[8] Zweitens bietet Schwellers Unterscheidung zwischen revolutionären und begrenzten Revisionisten zwar einen guten Ausgangspunkt, sie ist jedoch nicht fein genug. Es gibt definitiv mehr Graustufen als diese beiden Kategorien. Ebenso ist dabei zu kritisieren, dass sie unbegrenzte revisionistische Ziele ausschließlich mit Großmächten und begrenzte revisionistische Ziele fast ausnahmslos mit Regionalmächten verbindet. Der Radikalismus der Ziele sollte jedoch sowohl vom Machtpotenzial als auch von der Akzeptanz eines Normbruchs unterschieden werden. Sehr radikale Ziele können u. U. mit einer legalistischen Strategie verfolgt werden, während es gleichzeitig möglich ist extremen Zwang einzusetzen, um eher begrenzte Ziele zu erreichen. Drittens vermischt Schweller revisionistische Ziele (wie das Interesse an einer Status quo-Änderung) mit revisionistischen Handlungen (wie dem Einsatz militärischer Gewalt, um den Status quo zu ändern). Was aber, wenn beides nicht zusammenfällt? Rynning und Ringsmose führen dazu aus:

> It is important to note that the Classical Realist distinction between revisionist and status quo states does *not* refer to actual state behaviour or foreign policy choices, but merely to the preferences over outcome. States pursuing revisionist objectives are often compelled to act as status quo states, simply because their relative power-potential is insufficient (Rynning et al. 2008, S. 36).

Bei Schweller wird letztlich nicht deutlich, ob revisionistische Ziele (die nicht mit Handlungen verbunden sind) bzw. revisionistische Handlungen (die nicht explizit mit revisionistischen Zielen verknüpft werden) als Revisionismus zu werten sind oder nicht.[9]

Auch Barry Buzan knüpft an die realistische Tradition in den Internationalen Beziehungen an, indem er Mächte entweder als Status quo-Staaten oder revisionistische Staaten klassifiziert (Buzan 2001, S. 299, 2010, S. 16–17). Revisionistische Staaten fordern ihm zufolge die Dominanz der Status quo-Mächte heraus. Der Machtkampf gerät dann zu einer Frage der nationalen Sicherheit: „By implication, revisionists raise the level of threat in the system" (Buzan 2001, S. 299). Der Hauptunterschied zwischen diesen beiden Gruppen ist ihre jeweilige Einschätzung des Systems: „Status quo states set, benefit from and support the existing pattern, while revisionist ones feel alienated from it, threatened by it and oppose its continuation." (Buzan 2001, S. 300). Folglich ist Stabilität das Hauptproblem für revisionistische Staaten. Sie wollen das System verändern, da ihnen ihre nationalen Grundwerte nicht adäquat repräsentiert scheinen (Buzan 2001, S. 304).

Um revisionistisches Verhalten von Staaten zu analysieren, unterscheidet Buzan zwischen drei Typen von Revisionismus: Orthodoxer, revolutionärer und radikaler Revisionismus (Buzan 2001, S. 306).[10] Das Hauptcharakteristikum des orthodoxen

---

[8] Militärische Mittel können schließlich zur Verteidigung oder Revision des Status quo eingesetzt werden.

[9] Schweller erklärt dieses Defizit hier: „The crux of the problem is that, without hindsight, it is a very tricky business to infer intentions from behaviour. State actions are rarely unambiguous at the time" (Schweller 1999, S. 20). Der bloße Fakt, dass es schwierig ist, diese drei Dimensionen voneinander zu trennen, sollte uns aber nicht daran hindern, die Differenz von revisionistischen Intentionen und revisionistischem Verhalten konzeptionell zu erfassen.

[10] In einem späteren Artikel änderte Buzan den Terminus ‚radical revisionists' in ‚reformist revisionist'. Kontext und Bedeutung bleiben jedoch gleich (Buzan 2010, S. 18).

Revisionismus ist der Kampf um Macht und Status, da er auf einen „struggle within the existing order aimed at producing a redistribution of power, status, influence and/or resources" hinausläuft (Buzan 2001, S. 306). Die Organisationsprinzipien des Systems bleiben hier intakt und wenn dem System eine allgemein akzeptierte Ideologie zugrunde liegt, ist der Revisionismus per definitionem orthodox. Anders verhält es sich beim zweiten Typus: „Revolutionary revisionism combines a struggle for power within the system with a basic challenge to the organizing principles of the dominant status quo" (Buzan 2001, S. 306). Diese Art von Revisionismus betrifft alle Mächte im System. Die treibende Kraft ist ideologisch motiviert und das klassische „Staat versus Staat-Modell" greift nicht mehr (Buzan 2001, S. 307). Eine Haupt-konsequenz von revolutionärem Revisionismus ist, dass ein Sicherheitsproblem für alle Akteure im System entsteht, sowohl für die revisionistischen als auch für die Status quo-Mächte (Buzan 2001, S. 308). Der dritte Typus von revisionistischen Staaten wird als radikaler Revisionismus bezeichnet. Ihre Ziele gehen weit über die orthodoxer Revisionisten hinaus, sind aber begrenzter als die der revolutionären Revisionisten (Buzan 2001, S. 309). Das Hauptziel ist hier eine Reform des Sys-tems durch „[keeping] much of the existing structure intact, but to make significant adjustments to its operation" (Buzan 2001, S. 309). Radikaler Revisionismus bietet schwächeren Staaten die Möglichkeit, Einfluss auf das System auszuüben (Buzan 2001, S. 310).

Buzans Unterscheidung zwischen Status quo-Mächten und revisionistischen Mächten ist nicht eindeutig. Nach seiner Operationalisierung ist es beispielsweise möglich, teilweise ein revolutionärer Revisionist und in anderen Bereichen der Außenpolitik eine klassische Status quo-Macht zu sein (Buzan 2001, S. 310). Sein Ziel ist es, staatliches Verhalten in einem internationalen Setting zu kategorisieren. Revisionismus oder Status quo-Politik ist deshalb eine Mischung bestehend aus den Zielen und tatsächlichen Handlungen auf internationaler Ebene. Das Problem ist, zu entscheiden, ob zuerst die Ziele kommen und die Handlungen ihre Kon-sequenzen sind oder ob die politischen Handlungsakte zuerst kommen und die Ziele zu deren Legitimation herangezogen werden. Ein großes Problem von Buzans Kategorisierung ist ferner ihre statische Natur (vgl. Yaqing 2010, S. 152). Buzan behandelt Staaten als starre Akteure mit fixen Identitäten und Zielen, was in der Realität jedoch nicht der Fall ist. Ziele von Staaten entstehen aus sich verändern-den Chancen und hängen von spezifischen Identitätskonstruktionen ab. Die bloße Zuordnung als Status quo-Macht oder Revisionist kratzt daher lediglich an der Oberfläche. Staatliches Verhalten ist weitaus komplizierter und es ist notwendig, sowohl die Ziele und Methoden als auch deren unterstützende Legitimation zu be-trachten. Alastair Johnston (2003) bietet einen besonders praxisorientierten Ansatz, indem er die Frage behandelt, ob China eine Status quo-Macht ist. Aus seiner Sicht kann ein revisionistischer Staat anhand seines Verhaltens in Institutionen sowie gegenüber der internationalen Ordnung und der internationalen Prestigehierarchie identifiziert werden. Zunächst stellt Johnston die Frage, wie ein Staatsführer in Bezug auf die Regeln einer internationalen Institution oder in der diplomatischen Arena handelt und spricht. Dann fragt er, wie proaktiv ein Akteur die formalen und informellen Regeln der wichtigsten Institutionen des internationalen Systems

herausfordert (Johnston 2003, S. 11). Er nennt in diesem Zusammenhang drei Arten von Indikatoren:

> 1. The actor's participation rates in the institutions that regulate the activities of members of the community are low. (...) 2. The actor may participate in these international institutions, but it does not accept the norms of the community. It breaks these rules and norms once it becomes a member of these institutions. 3. The actor may participate in these institutions and may abide by their rules and norms temporarily, but if given a chance, it will try to change these rules and norms in ways that defeat the original purposes of the institution and the community (Johnston 2003, S. 11).

Als zweites fragt Johnston, wie Staatsführer gegenüber der globalen und regionalen Machtverteilung reden und handeln. Drittens erachtet er den Sprechakt in Bezug auf die internationale Prestigehierarchie als relevante Komponente (Johnston 2003, S. 10). Johnston analysiert dann das Verhalten eines Akteurs in Bezug auf die Verteilung materieller Macht. Er identifiziert zwei relevante Optionen:

> The actor has internalized a clear preference for a radical redistribution of material power in the international system. The actor's behaviour is aimed in the main at realizing such a redistribution of power, and to this end military power is considered to be a critical tool (Johnston 2003, S. 11).

Obwohl Johnston die Wichtigkeit von Handlungen und Sprechakten betont, unterscheidet er nicht zwischen beiden. Ferner bietet er keine Definition für radikalen Revisionismus wie Buzans „revolutionary revisionism" und Schwellers „unlimited-aims revisionism".

Jason Davidson (2002, S. 126) beklagt den Mangel an Analysen zu den Ursachen von Revisionismus. Folglich ist er hauptsächlich an dessen Entstehungsfaktoren interessiert, die er in a) innenpolitischem Druck, b) dem Wunsch nach einem Zugewinn an Sicherheit und c) dem Aufkommen von Gelegenheiten, die es erlauben revisionistische Ziele zu realisieren, lokalisiert. Gleichwohl bietet er auch eine kurze Definition an[11]: „Revisionist states seek to change the distribution of goods (for example, territory) among the great powers in international relations, while status-quo states prefer to keep things as they are" (Davidson 2002, S. 125–126).[12] In einer Folgeversion seines Originalartikels geht er stärker ins Detail: „The ‚goods' whose distribution a revisionist wants to change can refer to ‚territory, status, markets, ideology, and the creation or change of international law and international institutions'" (Davidson 2006, S. 13). Dadurch schafft er Raum für die Existenz von Staaten, die

---

[11] Dennoch steht Davidson der ähnlich scheinenden (oft Realisten zugeschriebenen) Definition, dass Revisionisten Machtmaximierer und Status quo-Staaten sicherheitsorientiert seien, sehr kritisch gegenüber. Er diskutiert drei Probleme, die mit diesem Ansatz verbunden sind: 1. Der Unterschied zwischen beiden Strategien ist oftmals nur schwer auszumachen. 2. Staaten verfolgen oft beide Ziele. 3. Manchmal streben Revisionisten nach Sicherheit, während Status quo-Staaten ihre Macht maximieren möchten (Davidson 2006, S. 12–13).

[12] Später fügt er noch die Kategorie von „Einsiedlerstaaten", die nicht die Verteilung von Güter ändern wollen, jedoch auch nicht willens sind, Kosten zur Erhaltung der der aktuellen Güterverteilung auf sich zu nehmen (Davidson 2006, S. 15).

in einer Kategorie revisionistisch, in anderen jedoch am Status quo orientiert handeln.[13] Zudem führt er zwei Kriterien ein, die bei der Beurteilung ob ein Staat revisionistische Ziele verfolgt, angewendet werden sollen: Davidson nennt explizit nur solche Staaten revisionistisch, die a) revisionistische Ziele artikuliert haben und b) diese zum Kern ihrer Außenpolitik gemacht haben und dafür bereit sind, Kosten auf sich zu nehmen. Dadurch schließt er Staaten mit begrenzten revisionistischen Zielen aus: „It would be theoretically and empirically useless to categorize states with minor revisionist aims [...] as revisionist or to categorize all states with professed revisionist aims as revisionists" (Davidson 2002, S. 126). Während wir mit Davidson übereinstimmen, dass es eine Zusammenfassung von Staaten mit revisionistischen Zielen in eine Einzelkategorie zu unspezifisch ist, erscheint uns sein Ansatz insofern als eine Überreaktion, als er sich nur auf die revisionistischsten Staaten konzentriert anstatt ein Spektrum von verschiedenen Revisionismusausprägungen zu öffnen.[14]

Insgesamt zeigt dieser kurze Literaturbericht drei gravierende Defizite auf: Erstens wird nicht klar genug dargelegt, ob sich der Begriff Revisionismus im Kern auf bestimmte Zielsetzungen oder immer auch schon auf konkrete Handlungen bezieht. Zweitens ist unbestimmt, um welche Art von Veränderungen es geht: Ist man bereits ein Revisionist, wenn man nur seinen Einfluss oder Status verbessern möchte (wie z. B. Buzans Typus des orthodoxen Revisionisten)? Oder bedarf es dazu weiterreichender Ambitionen? Drittens fehlt es an einer systematischen Differenzierung zwischen unterschiedlichen Formen und Graden des Revisionismus, anhand derer man bestimmen könnte, wie sehr ein Staat das bestehende herausfordert.

3.2 Ein neuer Analyserahmen für das Konzept des Revisionismus

Wie Demokratie, Macht oder Ideologie, ist Revisionismus ein zentrales Konzept in der Politikwissenschaft, insbesondere in den Internationalen Beziehungen.[15] Wie auch die vorher genannten Konzepte ist es oft „conceptual stretching" oder „conceptual crunching" ausgesetzt (Gerring 1999, S. 360). Aus dem vorangestellten Literaturüberblick können wir zumindest schließen, dass nicht gänzlich klar ist, was gemeint ist, wenn man diesen oder jenen Staat als revisionistisch bezeichnet. Die von Schweller zugeschriebene Bedeutung steht im Widerspruch zu der von Davidson und so weiter. Dies ist problematisch, da das in der akademischen Debatte verwendete Konzept unscharf, ja manchmal sogar widersprüchlich, bleibt, besonders, wenn

---

[13] Merkwürdig ist dabei eine Fußnote im vorherigen Artikel, in der er ausführt, dass seine Definition von Revisionsbestrebungen nicht unbedingt eine Änderung der Regeln der internationalen Ordnung mit einschließt, denn diese seien „only one facet of the status quo" (Davidson 2002, S. 126, fn. 4). Während die Aussage zutrifft, sind bisherige Studien und Definitionen von Revisionismus (besonders aus der realistischen Tradition, der sich auch Davidson sich zurechnet) keineswegs von einem exzessiven Fokus auf den Aspekt der Regeln geprägt gewesen. Im Gegenteil, dieser Aspekt wurde und wird oft übersehen.

[14] Davidson betont ebenso, dass Revisionismus nicht immer zu Krieg führt und dass er vor allem durch eine Präferenz auf politische Ergebnisse charakterisiert ist, die durch unterschiedliche Strategien erreicht werden können. Dies erscheint zweifelhaft, wenn man seine Definition und seine empirische Analyse betrachtet, in der er Italien erst im Jahr 1938 revisionistische Attribute zuschreibt, als Mussolini dazu bereit, war die übrigen Mächte offen herauszufordern.

[15] Zu Konzeptbildung in der Politikwissenschaft und den Internationalen Beziehungen siehe insbesondere Goertz (2006); Collier und Mahon (1993); Gerring (1999); Sartori (1970).

Wissenschaftler sich nicht auf eine der zahlreichen Bedeutungen des Konzepts von Revisionismus festlegen.

Das Konzept von Revisionismus ist jedoch nicht unrettbar „verloren". Wir sind überzeugt, dass die konzeptuelle Konfusion durch die strikte Anwendung der klassischen Prinzipien von Sartori, besonders seiner „ladder of abstraction", überwunden werden kann. Im Gegensatz zu einem Verständnis von Revisionismus als „Radialkategorie" (Collier und Mahon 1993) ohne klare (intensionale und extensionale) Grenzen, argumentieren wir für eine schlanke Definition, die sich auf die Kernbedeutung des Konzepts konzentriert und dabei die notwendigen und hinreichenden Bedingungen zur Verwendung des Begriffs festlegt. Wie auch Sartori (1970) glauben wir, dass es unabdingbar ist, zunächst die Frage „Was ist?" zu stellen, bevor Indikatoren, Subkategorien und Mittel zur Messung des Grades an Revisionismus spezifiziert werden. Durch die Befolgung von Sartoris Prinzipien ist es möglich, einen Rahmen zu entwickeln, der konzeptuelle Schärfe mit einer vergrößerten Extension in Bezug auf die allgemeinste Ebene, sowie einer vergrößerten Intension bezüglich der spezifischen Subtypen bzw. Subkategorien verbindet (Goertz 2006, S. 69–94). Das von uns vorgeschlagene Konzept ermöglicht es, die meisten (wenn nicht alle) Bedeutungen der zuvor beschrieben Definitionen und Ansätze einzuschließen. Es wird damit möglich anzuerkennen, dass Schweller, Buzan und Davidson tatsächlich alle über Revisionismus schreiben, wenngleich über unterschiedliche Formen und Grade von Revisionismus. Durch die Visualisierung dieser Formen und Grade von Revisionismus, machen wir das Konzept klarer und nuancierter als das Durcheinander der bisherigen Revisionismusbegriffe.

Unserem Verständnis nach ist Revisionismus die Kategorie einer Metakategorie, die als „Haltung eines Staates in Bezug auf den Status quo der internationalen Ordnung" bezeichnet werden könnte. Eine Haltung, welche auf die Bewahrung des Status quo abzielt, bezeichnen wir als „Affirmation". Eine Präferenz für die Änderung der bestehenden internationalen Ordnung nennen wir Revisionismus. Das Vorhandensein dieser politischen Präferenz ist sowohl notwendige als auch hinreichende Bedingung, um einen Staat als „revisionistisch" zu bezeichnen. Unsere Konzeptualisierung beginnt daher mit einer einfachen Dichotomie, die sich auf die Haltung eines Staates zum Status quo der internationalen Ordnung bezieht (s. dazu Abb. 1). Diese Dichotomie erfasst bereits die „Kernbedeutung" von Revisionismus, indem eine erstrebte Änderung der internationalen Ordnung natürlich nichts anderes als eine Form von Revisionismus ist. Es ist wenig überraschend, dass diese einfache Definition (Präferenz die Ordnung zu ändern) den gängigen Gebrauch des Terminus Revisionismus widerspiegelt, beispielsweise bei Historikern, aber auch in der zuvor beschrieben Literatur zu Revisionismus. Es scheint die am breitesten denkbare Definition von Revisionismus zu sein, die mit fast allen zuvor diskutierten Autoren und Ansätzen vereinbar ist.

Um bestimmen zu können, ob ein Staat eine Änderung des Status quo der internationalen Ordnung befürwortet, muss allerdings ein Verständnis über die Beschaffenheit dieser Ordnung etabliert werden. Alle zuvor diskutierten Ansätze verstehen eine affirmative Haltung zum Status quo als das Gegenteil von Revisionismus. Jedoch äußern sich nicht explizit dazu, was eine Status- quo-Orientierung überhaupt ausmacht. Häufig verwenden sie den Status quo oder eine gegebene Ordnung einfach als

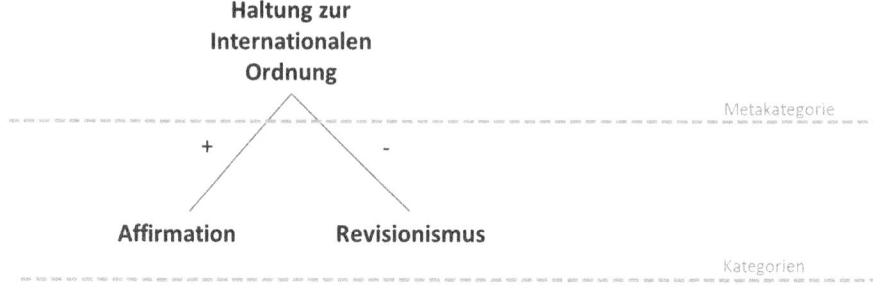

Abb. 1 Revisionismus – Metakategorie und Kategorien (eigene Darstellung)

einen Ausgangspunkt. Sie haben damit gemeinsam, dass sie sich um die Frage, was die internationale Ordnung konstituiert, herumdrücken. Wenn sie ausnahmsweise doch darauf eingehen, dann befassen sie sich, da sie zumeist aus einem realistischen Blickwinkel heraus argumentieren, mehr mit der Verteilung von (materiellen) Gütern wie Territorium als mit der Ordnung an sich.

Dies spiegelt auch die allgemeine Verwendung des Begriffs Status quo in den IB wider. Morgenthau etwa beschreibt den Status quo als die jeweils existierende Machtverteilung (Morgenthau 1954). Wolfers argumentiert, dass

> [s]elf-preservation is meant to stand for all demands pointing toward the maintenance, protection, or defense of the existing distribution of values, usually called the status quo. [...] Status quo powers regularly demand that the threat of such attack be reduced at least to the point of giving them a reasonable sense of security (Wolfers 1951, S. 51).

Ähnlich verwendet Rauch (2014, S. 221) den Terminus, indem er Status quo-Politik definiert als das Streben nach dem Erhalt von etwas bereits Existentem. Im Falle der internationalen Politik sind für ihn dies die internationale Ordnung und ihre Regeln. Folglich scheint der Status quo eine Art „Schnappschuss" der existierenden Ordnung zu einem bestimmten Moment sein. Er ist weder eine historische noch eine abstrakte Konstante. Der Status quo eines bestimmten Moments ist bedingt durch die jeweils gegebene internationale Ordnung.

Im Folgenden verstehen wir internationale Ordnung als konstituiert durch die aktuelle Verteilung von Territorium und das vorhandene Set an formellen und informellen Strukturen, Institutionen, Regeln und Normen, die Interaktionen in verschiedenen Bereichen regulieren. Die jeweilige Ausgestaltung der internationalen Ordnung ist dabei nicht unveränderlich. Besonders der Anteil der formellen Elemente der internationalen Ordnung hat sich gegenüber den informellen im Laufe der letzten vier Jahrhunderte erhöht (s. Abb. 2). Die internationale Ordnung ist folglich eine Kombination ihrer formalen und informalen Aspekte: Eine revisionistische Macht könnte sich beidem zur Wehr setzen. Für die sinnvolle Analyse von internationalem Revisionismus muss die internationale Ordnung in jedem einzelnen Fall und jeder Einzelsituation geprüft und definiert werden (Paul und Hall 1999, S. 2).

Des Weiteren stimmen wir mit Davidson überein, dass es verschiedene Bereiche der internationalen Ordnung gibt. Es ist daher oft irreführend, über „die" Ordnung

Westfälischer Friede 1648	Wiener Kongress 1815	Völkerbund 1920	Vereinte Nationen 1945
Wichtige Formalisierungen	*Wichtige Formalisierungen*	*Wichtige Formalisierungen*	*Wichtige Formalisierungen*
• Souveränitätsprinzip	• Krisenprävention durch gegenseitige Konsultationen • Territoriale Souveränität	• Kollektive Sicherheit	• Sanktionierung von Angriffskriegen

Formalisierte Teile der internationalen Ordnung

Unformalisierte Teile der internationalen Ordnung

Abb. 2 Die Internationale Ordnung – Verteilung der fomalisierten und unformalisierten Teile im Laufe der Geschichte (eigene Darstellung)

zu sprechen, die ein Akteur in ihrer Gesamtheit beibehalten oder ändern will (Rauch 2014, S. 220–222). Die internationale Ordnung ist vielmehr multidimensional, d. h. es gibt verschiedene (Politik-)Felder, die jeweils die internationale Ordnung einer bestimmten Angelegenheit konstituieren, so wie zum Beispiel territorialer Besitz, wirtschaftlicher Austausch und internationaler Sicherheit.[16] Es ist weder notwendig noch wahrscheinlich, dass ein Staat revisionistisch gegenüber allen diesen Ordnungen wird. Wir können uns problemlos einen Staat vorstellen, der sehr revisionistisch gegenüber der territorialen Ordnung, gleichzeitig jedoch sehr zufrieden mit der wirtschaftlichen Ordnung ist (oder umgekehrt).

Die Kernbedeutung von Revisionismus – der Wunsch die internationalen Ordnung zu ändern – ist lediglich der kleinste gemeinsame Nenner, der alle Formen und Grade von Revisionismus enthält. Sie ist allerdings zu breit, um bei einem wichtigen Aspekt der Erforschung der internationalen Beziehungen nützlich zu sein: Änderung (bzw. Revision) eines Status quo kann auf verschiedenste Art und Weise erfolgen. Deshalb ist es notwendig, zu beachten, dass es einen wichtigen Unterschied zwischen revisionistischen Staaten gibt, der eine weitere kategoriale Unterscheidung erfordert: Dabei geht es um die politischen Mittel, die ein Staat bereit ist zu nutzen, und insbesondere darum ob er bereit dazu ist (oder auch nicht), Regeln und Normen der internationalen Ordnung zu brechen, um seine angestrebten Ziele zu erreichen. Wenn wir solche Variationen in den politischen Maßnahmen ignorieren würden, wären wir

---

[16] Die internationale territoriale Ordnung ist insofern einzigartig, als das Ziel die bloße Verteilung in diesem Bereich zu verändern, hinreichend ist, um einen Staat als revisionistisch zu identifizieren. Exklusive Beherrschung von Territorium ist wahrscheinlich das fundamentalste Element (zumindest) der modernen internationalen Ordnung. In allen anderen Bereichen müssen die anderen Aspekte wie Institutionen, Normen und Regeln ebenso betroffen sein. Ein Staat, der lediglich eine bessere wirtschaftliche Leistung anstrebt (und deshalb die Verteilung von Wohlstand innerhalb der bestehenden Wirtschaftsordnung ändern will) ist nicht automatisch revisionistisch, solange dieses Ziel nicht mit dem Wunsch nach Änderung der Struktur der Ordnung an sich einhergeht.

blind gegenüber den Unterschieden zwischen den revisionistischen Politiken des Deutsche Kaiserreichs, der Weimarer Republik und des Dritten Reichs genauso wie zwischen den revisionistischen Ansätzen von Kuba und der Sowjetunion.

Nehmen wir ein Beispiel aus der Innenpolitik: Eine legale Oppositionspartei im Wettbewerb demokratischer Wahlen und eine Militärjunta, ein Käufer und ein Ladendieb, ein Anti-Globalisierungs-Demonstrant und eine linke Guerillagruppierung – sie alle befürworten eine Änderung des Status quo oder streben diese aktiv an. Dennoch käme niemand auf die Idee, sie alle in eine Kategorie zu fassen und damit die grundlegenden Unterschiede zwischen denen, die nach den Regeln spielen und denen, die bereit sind sie zu brechen, zu verschleiern.

Dasselbe gilt für die internationale Politik. Jeder Akteur, der ein Gebiet wiedergewinnen will, das er im letzten Krieg verloren hat, der Zugang zu Ressourcen haben möchte, die derzeit von anderen Akteuren beherrscht werden, oder der die Institutionen (oder Regeln innerhalb der Institutionen) der internationalen Ordnung ändern will, ist revisionistisch gegenüber dem Status quo. Es macht jedoch einen erheblichen Unterschied, ob der Akteur in Verhandlungen mit seinen Nachbarn, anderen Institutionen oder Akteuren tritt, um Veränderungen des Status quo herbeizuführen und seine Unzufriedenheit so zu senken, oder, ob er unilateral und das Territorium erobert, sich die Minen aneignet oder sich aus einer Institution zurückzieht. Diese verschiedenen Subkategorien zusammenzuwerfen ergibt analytisch keinen Sinn. Wenn man sich jedoch, wie es zum Beispiel Davidson tut, nur auf die extremsten Fälle von Revisionismus konzentriert, verschenkt man das Potential eines umfassenden Konzepts.

Dementsprechend müssen zwei Formen von Revisionismus unterschieden werden, die sich darin unterscheiden, ob ein revisionistischer Staat dazu bereit ist, nach den Regeln der internationalen Ordnung zu spielen oder nicht. Eine hilfreiche Unterscheidung wurde dazu von Daase und Deitelhoff (2014) vorgeschlagen. Diese beziehen explizit die Idee von Herrschaft in ihre Überlegungen mit ein und befassen sich mit Strategien von Widerstand. Dabei argumentieren sie, dass Herrschaft oft nur durch die Entstehung von Widerstand ersichtlich wird. Widerstand (und analog Revisionismus) manifestiert sich nach Daase und Deitelhoff in zwei Formen: Er ist Opposition, solange er innerhalb der konventionellen Grenzen und Regeln der jeweiligen Ordnung stattfindet. Im Gegensatz dazu steht Dissidenz, wenn der Widerstand aus der Ordnung ausbricht und Regeln überschreitet.[17] Diese Unterscheidung zwischen Opposition und Dissidenz ähnelt Schwellers Unterscheidung von „limited-aims revisionist" und „unlimited-aims revisionists" und Buzans Unterscheidung von orthodoxen und revolutionären Revisionisten. Dennoch ist sie präziser, da sie eine Schwelle in Bezug auf die Bereitschaft zum Regelbruch einführt, die uns als äußerst wichtig erscheint. Deshalb bezeichnen wir unsere Subkategorien von Revisionismus in Anlehnung an Daase und Deitelhoff (2014) als Opposition und Dissidenz. Beide Subkategorien teilen sich die revisionistische Haltung zum Status quo als notwendige Bedingung. Sie unterscheiden sich hingegen in einer zweiten notwendigen Bedin-

---

[17] Während Rynning et al. (2008) argumentieren, dass es bei Revisionismus nicht primär um tatsächliches Verhalten sondern um die Präferenzen was Ergebnisse angeht geht, scheinen Daase und Deitelhoff (2014) entgegengesetzt zu argumentieren, da Widerstand zumindest aktives Verhalten impliziert.

Abb. 3   Revisionismus – Metakategorie, Kategorien und Subkategorien (eigene Darstellung)

gung, nämlich dem Willen, Regeln einzuhalten (bei oppositionellen Staaten) oder einen Normbruch in Kauf zu nehmen oder gar anzustreben (Dissidenz)(s. Abb. 3).

Es muss ausdrücklich hervorgehoben werden, dass die Kategorisierung von Opposition und Dissidenz nicht normativ verstanden werden sollte. Das Element des Regelbruchs, das die beiden Subkategorien trennt, könnte zwar solche eine Konnotation nahelegen. Dennoch sollte festgehalten werden, dass nicht alle Regeln und Normen gerecht sind und nicht alle bestehenden internationalen Ordnungen besser sind als mögliche Alternativen. Manchmal verdient ein Akteur, der einen diskriminierenden Status quo verteidigt, Missbilligung, während normbrechende Akteure, abhängig vom normativen Blickwinkel des Beobachters, womöglich Unterstützung verdient hätten (Carr 1964). Gleichwohl sind die letztgenannten in unserem Modell revisionistisch-dissident gegenüber dem Status quo anzusehen. Die normative Bewertung des Revisionismus eines bestimmten Akteurs ist also nicht Teil unseres Rahmens, sondern ist eine Frage der ethischen Perspektive des jeweiligen Forschers.

Während die Einführung dieser beiden Unterkategorien bereits einen Fortschritt gegenüber dem Status quo der Revisionismusforschung darstellen, genügt sie jedoch immer noch nicht, das Revisionismus in seiner ganzen Komplexität zu erfassen. Um Revisionismus in seinen wichtigsten Schattierungen zu angemessen zu begreifen, benötigen wir noch präzisere Werkzeuge.

Obwohl alle revisionistischen Staaten, ganz gleich ob oppositionell oder dissident, revisionistische Ziele in Bezug auf die bestehende internationale Ordnung haben, variiert die Intensität dieser Ziele in einem großem Ausmaß bezogen auf die revisionistischen *Ambitionen* (abhängig von der Breite und Tiefe der revisionistischen Ziele) und dem revisionistischen *Commitment* (abhängig von der Entschlossenheit mit der die Ziele verfolgt werden). Wir bezeichnen die Kombination dieser beiden Faktoren als „Grad des Revisionismus" (s. Abb. 4).[18]

---

[18] Es ist besonders wichtig festzustellen, dass der Grad des Revisionismus nicht direkt mit den Formen von Revisionismus (Opposition und Dissidenz) zusammenhängt, d. h., dass Dissidenz nicht automatisch

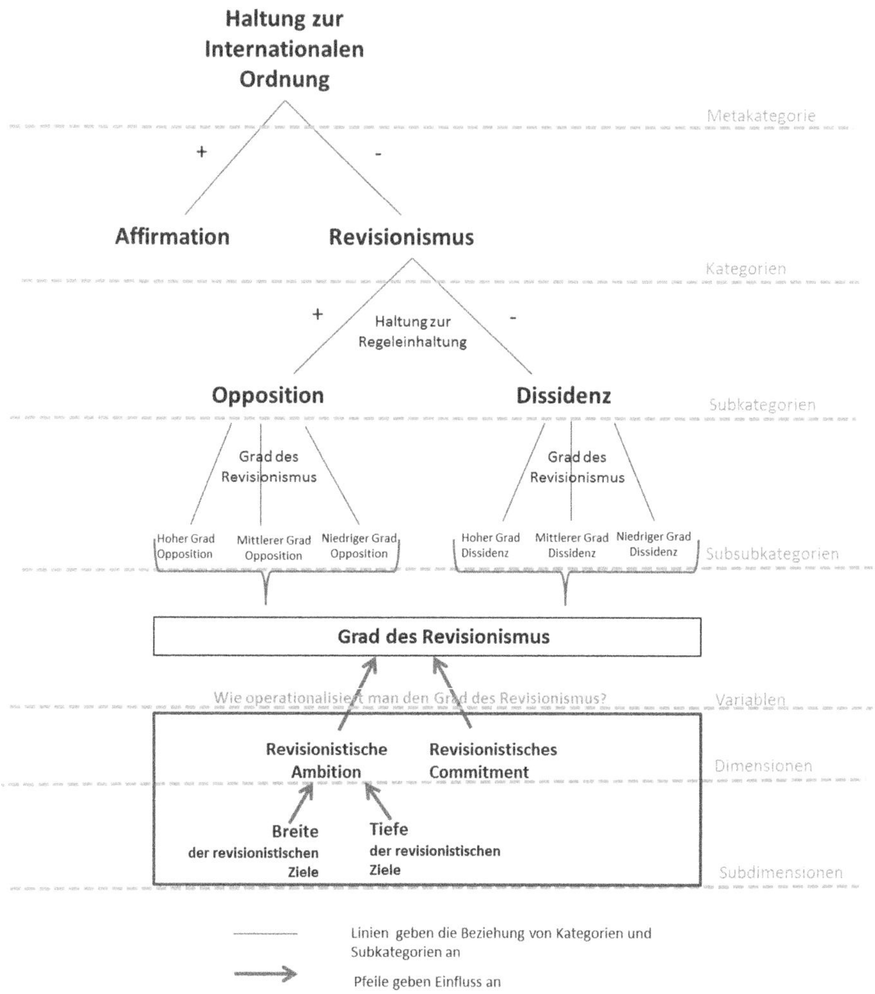

Haltung zur Internationalen Ordnung

Metakategorie

\+ / \-

Affirmation   **Revisionismus**

Kategorien

\+ / Haltung zur \-
Regeleinhaltung

Opposition   **Dissidenz**   Subkategorien

Grad des   Grad des
Revisionismus   Revisionismus

| Hoher Grad Opposition | Mittlerer Grad Opposition | Niedriger Grad Opposition | Hoher Grad Dissidenz | Mittlerer Grad Dissidenz | Niedriger Grad Dissidenz |

Subsubkategorien

Grad des Revisionismus

Wie operationalisiert man den Grad des Revisionismus?   Variablen

**Revisionistische   Revisionistisches
Ambition   Commitment**   Dimensionen

**Breite   Tiefe
der revisionistischen   der revisionistischen
Ziele   Ziele**   Subdimensionen

—————— Linien geben die Beziehung von Kategorien und
Subkategorien an

——→ Pfeile geben Einfluss an

Abb. 4 Revisionismus – Das vollständige Konzept (eigene Darstellung)

Die revisionistische Ambition ergibt sich aus den revisionistischen Zielen. Revisionistische Ziele wiederum können begrenzt aber auch nahezu total sein. Dies betrifft sowohl ihre Tiefe als auch ihre Breite. Die *Breite* der Ziele hängt von der Anzahl der internationalen Akteure, der Anzahl der betroffenen Regelbereich und der geographischen Gebiete ab, die durch die Realisierung einer revisionistischen Präferenz betroffen wären. Ein neues rechtliches Prinzip in der Wiener Konvention zu internationalen Verträgen beispielsweise könnte alle internationalen Regime

---

mit einem höheren Grad des Revisionismus einhergeht (s. oben). Allerdings könnte man ceteris paribus sagen, dass, wenn bei zwei Akteuren kein Unterschied im Grad des Revisionismus vorliegt (beide wollen die Ordnung mit demselben Commitment ändern), der dissidente Akteur (weil er bereit ist die Regeln des Systems zu brechen) eine größere Gefahr für die Stabilität des Systems darstellt als ein oppositioneller Akteur, der weiterhin die Regeln des existierenden Systems befolgt.

(und damit auch alle Staaten) betreffen, ohne, dass tiefgreifende Anpassungen von bestimmten staatlichen Politiken erforderlich würden. Ein Staat, der die Durchsetzung dieses Prinzips anstrebt, würde deshalb ein sehr breites revisionistisches Ziel verfolgen, das jedoch nicht unbedingt tief ist.

Entsprechend sind revisionistische Ziele umso breiter, je

- höher die Anzahl der betroffenen Staaten,
- höher die Anzahl der betroffenen Regelungsbereiche,
- höher die Anzahl der Regeln innerhalb dieser Bereiche,
- größer die geographischen Auswirkungen der angestrebten Auswirkungen ist.

Die *Tiefe* der revisionistischen Ziele wiederum sollte als Intensität der Auswirkungen der angestrebten Änderungen auf andere Staaten verstanden werden. Eine institutionelle Veränderung beispielsweise, die das grundlegende Ziel eines Regimes betrifft, greift tiefer, als die Anpassung einer technischen Regelung (s. Johnston oben), während revolutionärer Revisionismus, der „the organizing principles of the dominant status quo" (Buzan 2001, S. 306) betrifft, sogar noch deutlich tiefer greift. Buzans Differenzierung zwischen revolutionärem und radikalem Revisionismus, „[that keeps] much of the existing structure intact, but [aims] to make significant adjustment to its operation" (Buzan 2001, S. 309), betrifft daher eindeutig die Tiefe von Ambitionen. Zu beachten ist, dass die angestrebte Veränderung manchmal bei betroffenen Staaten auf Zuspruch trifft. In diesem Fall ist die Auswirkung umso intensiver, je mehr sie diesen Akteuren zusätzliche wirtschaftliche Vorteile oder eine größere nationale Sicherheit bietet. Normalerweise fürchten jedoch Staaten eher negative Konsequenzen, wenn ein anderer als Revisionist auftritt. In diesem Fall hängt die Tiefe vom Grad der Anpassung ab, die infolge der angestrebten Veränderungen bei den betroffenen Akteuren notwendig wären (z. B. Finnlandisierung eines Landes vs. vollständige Besetzung; Erhebung eines Anspruch auf Vergrößerung einer *Exclusive Economic Zone* (EEZ) vs. Beanspruchung größerer territorialer Gewässer). Revisionistische Ziele sind daher umso tiefer, je

- kostspieliger die Politikveränderungen sind, die sie mit sich bringen (in materieller oder ideeller Form; normalerweise erkennbar durch den Grad der Ablehnung anderer Akteure gegenüber der Veränderung),
- größer die Beschränkungen der politischen Autonomie (durch die Beschränkung von Souveränitätsrechten) anderer Akteure sind, die mit der Realisierung der revisionistischen Ziele einhergehen (würden).

Ziele können gleichzeitig breit und tief sein. Es ist jedoch ebenfalls möglich, dass ein Ziel sehr breit ist, jedoch weniger tief, und umgekehrt. Dies gilt gleichermaßen für beide Formen von Revisionismus. Die Ziele, die ein dissidenter Akteur anstrebt, müssen nicht notwendigerweise breiter und tiefer sein als diejenigen eines oppositionellen Akteurs. Wie zuvor hervorgehoben, hängt der Unterschied zwischen Opposition und Dissidenz mit den Subkategorien zusammen, nicht jedoch mit dem Grad des Revisionismus. Man kann ein Ziel verfolgen, das sowohl breit als auch tief ist (beispielsweise eine Reform der Vereinten Nationen und des UN-Sicherheitsrats), und dabei mit den erlaubten Regeln für dieses Ziel „kämpfen". Gleichzeitig kann

ein Ziel, das wenig tief und breit ist (z. B. der Aufbau einer kleinen Militärbasis im Ausland) mithilfe eines internationalen Regelbruchs verfolgt werden.[19]

Die zweite Dimension der Variable „Grad des Revisionismus" ist revisionistisches *Commitment*. Commitment bezeichnet die Entschlossenheit eines Akteurs, d. h. die Intensität, mit der ein revisionistischer Staat bereit ist, seine angestrebten Ziele zu realisieren. Commitment kann am besten als Ordinalskala mit den Polen „reine akademische Debatte" und „absolute Entschlossenheit" verstanden werden.[20] Ein Staat zeigt das kleinstmögliche Commitment, wenn seine Führer seine revisionistischen Ziele im Geheimen diskutieren, ohne ihre Umsetzung ernsthaft ins Auge zu fassen. Sie zeigen stärkeres Commitment, wenn sie ihre Ziele öffentlich verkünden und greifbare Pläne erstellen oder damit beginnen, die notwendigen Mittel zusammenzustellen. Das stärkste Anzeichen von großem Commitment ist eine unmissverständliche Entschlossenheit, „kostspielige" Handlungen vorzunehmen (Truppenentsendungen, Verhängung von Embargos, Einbringung neuer Resolutionen bei einer internationalen Organisation usw.). Außerdem hängt das Commitment vom innenpolitischen Zuspruch für die revisionistischen Ziele ab. Es ist schwächer, wenn nur ein Teil der staatlichen Autoritäten (Regierung, Behörden, Militär etc.) hinter bestimmten Politiken steht oder wenn eine allgemeine Debatte über die richtige Politik geführt wird. Das Commitment ist stärker wenn alle beteiligten Autoritäten konzertiert handeln.

Das Commitment ist deshalb umso höher,

- je stärker eine Staatsregierung willens ist, Kosten (materiell oder politisch) auf sich zu nehmen, um ihre revisionistischen Ziele zu erreichen, und,
- je stärker das Ziel von einflussreichen Akteuren und Gruppen innerhalb eines Staates mitgetragen wird.[21]

---

[19] Es ist daher wahrscheinlich einfacher, bestimmte empirische Fälle innerhalb der beiden Subkategorien zu vergleichen und zu unterscheiden als über die Subkategorien hinweg. Wir können uns oppositionelle Staaten mit einem hohen und solche mit einem niedrigen Grad des Revisionismus vorstellen. Ebenso ist es dissidenten Staaten möglich, ihre revisionistischen Ziele mit einem hohen oder niedrigen Grad des Revisionismus zu verfolgen. Ob nun aber ein oppositioneller Staat mit einem hohen Revisionismusgrad mehr oder weniger destabilisierend auf den vorherrschenden Status quo wirkt als ein dissidenter Staat mit niedrigem Revisionismusgrad kann nicht *a priori* postuliert werden, sondern ist abhängig vom jeweiligen Kontext.

[20] Nahezu alle Studien über Revisionismus stimmen darin überein, dass eine revisionistische Präferenz (also der schiere Wunsch nach Veränderungen der internationalen Ordnung) nicht zwangsläufig zu revisionistischem Handeln führen muss. Trotz dieser Feststellung neigen sie dennoch dazu, Handlungen und Präferenzen in ihren empirischen Analysen wieder zu vermischen oder letztere als Indikatoren für erstere zu verwenden. Tatsächlich ist eine große Herausforderung für die Revisionismusforschung solche Inkongruenzen zu identifizieren und zu erklären: Warum zum Beispiel unterlässt ein Staat, der seinen Wunsch nach Veränderungen der internationalen Ordnung klar artikuliert hat, es seinen Worten Taten folgen zu lassen? Oder warum handelt ein Staat revisionistisch, der zuvor immer wieder revisionistische Präferenzen bestritten hat? Obwohl es nicht unser Anspruch ist, diese Fragen in diesem Beitrag zu klären, ist unsere Empfehlung diesbezüglich, neben der Revisionismusform (Opposition oder Dissidenz) auch den Revisionismusgrad (und damit eben auch die Entschlossenheit) mit der ein gegebener Akteur seine revisionistischen Ziele verfolgt möglichst klar darzulegen.

[21] Unsere Unterscheidung zwischen Breite und Tiefe der revisionistischen Ziele sowie des revisionistischen Commitment erfasst damit auch die verschiedenen Dimensionen von neueren Konzeptionalisierun-

Wie die revisionistische Ambition geht auch das revisionistische Commitment nicht unbedingt mit den Formen von Revisionismus (Opposition und Dissidenz) einher. Ein Übergang von Opposition zu Dissidenz schließt nicht zwingend den Übergang zu höherem Commitment ein, und umgekehrt. Wir vermuten jedoch, dass lediglich Staaten in der Kategorie „Opposition" das ganze Spektrum von revisionistischem Commitment ausnutzen werden. Sobald ein Übergang von Opposition zu Dissidenz stattfindet, erwarten wir, dass sich das Spektrum des Commitments verengt und weniger radikale Formen eliminiert werden. Selbst unter dissidenten Staaten erwarten wir jedoch immer noch eine gewisse Varianz im Hinblick auf ihr Commitment. Unter sonst gleichen Umständen allerdings vermuten wir, dass dissidente Staaten größeres Commitment in der Umsetzung ihrer Zielen zeigen als oppositionelle Staaten, da sie allein *per definitionem* bereit sind, die Regeln der internationalen Ordnung zu brechen.

4　Das Puzzle: Was frustriert die Gewinner? Entstehungsbedingungen revisionistischer Großmachtpolitik

Revisionismus geht also stets einher mit der Unzufriedenheit mit einem gegebenen Status quo der internationalen Ordnung. Eine solche Unzufriedenheit wird von vielen Theorien als wichtiger Konfliktgrund genannt. Für die Machtübergangstheorie etwa ist diese Variable entscheidend dafür, ob der Aufstieg einer neuen Macht, in deren Verlauf sie die bisher dominante Macht überholt, friedlich abläuft oder nicht (Lemke und Kugler 1996, S. 8). Die Kategorie der Unzufriedenheit *allein* ist allerdings zu breit um aussagekräftig zu sein.[22] Denn Unzufriedenheit muss zunächst einmal nicht mehr bedeuten, als ein gewisses Missbehagen mit einem bestimmten Zustand. Ein solches Missbehagen kann ganz und gar passiv bleiben. In einem solchen Fall ergibt sich der Staat dann seinem Schicksal (Rauch 2014, S. 169). Eine solche resignierende Frustration ist zwar in gewisser Weise bedauerlich, aber schwerlich eine Herausforderung oder gar Gefahr für die internationale Ordnung als Ganzes. Erst wenn sich ein Akteur entschließt Veränderungen anzustreben, um seine Unzufriedenheit zu mildern oder vielleicht sogar gänzlich zu beseitigen ändert sich diese Situation. Dann nämlich haben wir es mit einem revisionistischen Akteur

---

gen des Phänomens „assertiveness", ist dabei allerdings deutlich präziser und transparenter als diese. Johnston (2003, S. 10), zum Beispiel definiert „assertive policies" als solche Politiken, die anderen Akteuren höhere Kosten aufbürden (ähnlich unserer Operationalisierung von Tiefe), während Jerdén (2014, S. 49) „assertive policies" als konfrontativ und undiplomatisch definiert (dies ähnelt eher unserem Verständnis von Commitment und Entschlossenheit, hat aber auch eine gewisse Verknüpfung zur Tiefe der revisionistischen Ziele). Dabei ist zu beachten, dass die Wahl von konfrontativeren Politiken auch den Übergang eines States von Opposition zu Dissidenz kennzeichnen kann, wenn in diesem Rahmen Regeln verletzt werden.

[22] In der Machtübergangstheorie gibt es daher unter anderem auch Ansätze, die eine Gefahr des Machtübergangskrieges erst dann sehen, wenn Unzufriedenheit mit Machtwille korrespondiert (Rauch 2014, s. Kap. 5).

zu tun, der die internationale Ordnung zumindest partiell ablehnt und Änderungen daran vorzunehmen wünscht.[23]

Wichtig ist hierbei jedoch zu betonen, dass der Wunsch nach Revision der internationalen Ordnung *a priori* weder illegitim noch regelbrechend sein muss. Revisionismus in Form der Opposition etwa versucht (wie oben dargestellt) – entsprechend legal agierender politischer Gegner innerhalb von Staaten – Veränderungen im Rahmen der Ordnung und innerhalb geltender Regeln und Normen anzustreben. Gefährlich – und in der Geschichte leider immer wieder beobachtbar – wird es vor allem dann, wenn Akteure zu *dissidentem* Verhalten übergehen. Das heißt, wenn die aus Gründen der Unzufriedenheit angestrebten Revisionen *nicht* mehr im Rahmen der geltenden Ordnung und ihrer Regeln und Normen, sondern – ganz im Gegenteil – gegen und im Bruch dieser Ordnung verfolgt werden. Dieser Spezialfall des Revisionismus, die Dissidenz, birgt die größten Gefahren für die Stabilität der internationalen Ordnung, nicht zuletzt da dissidenter Regelbruch häufig die Anwendung von Gewalt beinhaltet.

Die Frage, die uns interessiert lautet jedoch nicht allgemein, unter welchen Bedingungen Revisionismus im internationalen System entsteht bzw. welche Bedingungen ihn begünstigen, sondern bezieht sich spezieller auf eine Subgruppe des Staatensystems: *Unter welchen Bedingungen entsteht bzw. welche Bedingungen begünstigen den Revisionismus von (aufsteigenden) Großmächten?* Schließlich sind es solche Mächte, bereits existierende und aufsteigende Großmächte, die das größte Potential haben, die Stabilität der internationalen Ordnung aus dem Gleichgewicht zu bringen und große internationale Konflikte und Kriege auszulösen. Demgegenüber sind revisionistische Kleinstaaten eher Ärgernisse als eine echte Bedrohung für die internationale Ordnung.[24]

Allerdings ist anzunehmen letztere aber durchaus die Mehrheit der unzufriedenen Staaten darstellen. Abb. 5 zeigt diese Überlegung aus Sicht der Machtübergangstheorie: Die internationale Ordnung ist demnach am besten als Pyramidenform zu verstehen. An deren Spitze steht eine dominante Macht, darunter in jeweils absteigendem Machtpotential und aufsteigender Zahl die Großmächte, Mittelmächte und kleineren Mächte. Auch aus Sicht der Machtübergangstheorie befinden sich demnach die meisten unzufriedenen Staaten am unteren Ende der Machtpyramide. Je weiter ein Staat sich hingegen am oberen Ende der internationalen Hierarchie befindet, desto mächtiger, wohlhabender, militärisch stärker usw. ist er tendenziell. Dies gilt schon bei einer rein statischen Betrachtung. Der Eindruck verstärkt sich aber umso mehr, sobald man einen dynamischen Blick einnimmt und auch die Macht*entwicklung* betrachtet. Hier erkennt man aufsteigende Großmächte daran, dass sie mindestens ihre absolute Macht meist aber auch ihre relative Macht im Ver-

---

[23] Hier zeigt sich ein Unterschied zwischen unserem Forschungsinteresse und der Machtübergangstheorie. Während es bei letzter immer „um's Ganze" geht, d. h. um einen aufsteigenden Staat, der die Rolle und Position des dominanten Staates einnehmen möchte, um die internationale Ordnung nach seinen Vorstellungen neu zu gestalten, sehen wir eine sehr viel größere Spannbreite an – aus Unzufriedenheit resultierenden – revisionistischen Zielsetzungen.

[24] Das mag für die Nachbarn solcher Staaten anders aussehen, uns geht es hier aber nicht um Konflikte im Allgemeinen, sondern um solche Arten von Revisionismus, die die internationale Ordnung selbst zum Ziel haben.

Abb. 5 Zufriedenheitserwartung der Machtübergangstheorie (Quelle: Tammen et al. 2000, S. 10)

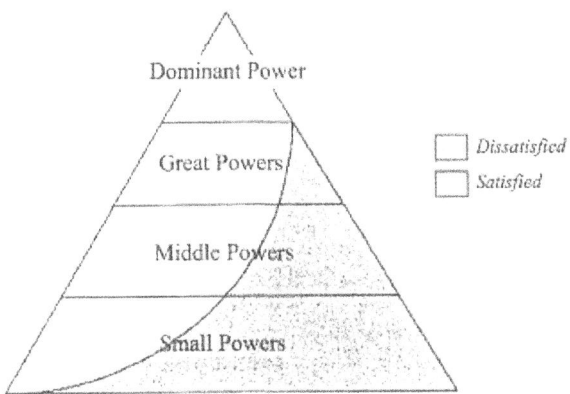

hältnis zu anderen Großmächten kontinuierlich steigern können. Solche Mächte *sind* also nicht nur mächtig, reich und stark, sondern sie *werden* sogar noch mächtiger, reicher und stärker. So betrachtet ist der Akteurstyp Großmacht weit weniger dazu prädestiniert die etablierte Herrschaftsordnung unmissverständlich und mit klaren Begründungen herauszufordern als viele schwächere und/oder nicht-staatliche[25] Akteure. Dies gilt gewöhnlich erst recht für die staatlichen Akteure, die der Spitze der Machtpyramide nahe sind. Und es gilt insbesondere für aufsteigende Staaten, deren *Aufstieg* eigentlich das beste Argument dafür sein sollte, dass sie vom gegenwärtigen System profitieren und es deshalb eher stützen als angreifen sollten.

Warum jedoch ausgerechnet solche Mächte, die von der internationalen Ordnung offenkundig begünstigt werden – andernfalls würden sie ja nicht aufsteigen – sich gegen diese Ordnung wenden sollten, erscheint zunächst einmal unverständlich.[26]

Dennoch haben in der Geschichte immer wieder (wenn auch keineswegs alle) aufsteigende Mächte revisionistisch gehandelt und ihre Dissidenz führte zu den größten Katastrophen der internationalen Politik, wie dem Zweiten Weltkrieg. Dieser scheinbare Widerspruch – Unzufriedenheit und Dissidenz *trotz* erfolgreicher eigener Entwicklung – ist der Grund, warum wir uns hier auf aufsteigende Großmächte konzentrieren.

Wir können zudem vermuten, dass es sehr (großmacht-)spezifische Gründe gibt, die eine Großmacht unzufrieden werden lassen. Das heißt, es ist nicht nur zu anzunehmen, dass die Zahl der unzufriedenen Staaten zunimmt, je weiter nach unten man sich in der Mächtehierarchie bewegt, sondern ebenso, dass es charakteristische Gründe für die Unzufriedenheit und daraus resultierenden Revisionismus gibt, die sich bei Großmächten und kleinen Mächten fundamental voneinander unterscheiden. Weniger mächtige Akteure im internationalen System haben vermutlich sehr

---

[25] Gerade weil das internationale System in den letzten Jahrhunderten primär ein Staatensystem war (und vielleicht auch heute noch ist), neigen staatliche Akteure wahrscheinlich stärker zu „konservativer" Ordnungspolitik als nicht-staatliche Akteure mit dezidiert politischer Zielsetzung.

[26] Ein mögliches Argument wäre allerdings, dass die internationale Ordnung – trotz des eigenen Erfolges – als Behinderung angesehen wird und dass der eigene Aufstieg ohne diese Behinderung noch extremer verlaufen könnte (Rauch 2014, S. 50).

viel eindeutigere Gründe für ihre Unzufriedenheit und sich eventuell daraus erge-
bender Dissidenz. So dürfte bei zahlreichen kleinen Mächten die Unzufriedenheit
mit der internationalen Ordnung darin begründet sein, dass diese ihnen offensichtlich keinen Aufstieg ermöglicht, dass sie ihnen nicht einmal Schutz vor aggressiven
Nachbarn (oder Großmächten) gewährt, dass sie über keinen großen Wohlstand und
keine außergewöhnliche Militärstärke verfügen, kurz: das sie den Herausforderun-
gen der Weltpolitik ohne Macht, *ohnmächtig*, gegenüberstehen. Dies jedoch kann
man (zumindest pauschal) nicht auf Großmächte und schon gar nicht auf aufsteigende Großmächte übertragen. Denn was auch immer man von ihnen sagen kann,
ohnmächtig sind sie nicht! Insofern handelt es sich bei ihnen um die Staatengruppe,
die am ehesten sowohl Macht als auch Motiv besitzen, um die etablierte Ordnung
und die sie stützenden Vormächte herauszufordern.

5 Aufbau des Sonderhefts

Nachdem wir im vorhergehenden Abschnitt die Frage beantwortet haben, was Revisionismus eigentlich ist und in welchen Formen und Graden sich Revisionismus
äußert, haben wir nun ein konzeptionelles Rüstzeug, mit dem sich Revisionismus
in der internationalen Politik auffinden, in seine verschiedenen Formen aufteilt und
analysieren lässt.

Unsere Ausgangsfrage, warum sich immer wieder unzufriedene, revisionistische
ja dissidente Großmächte finden, wenn doch zahlreiche typische Gründe für Unzufriedenheit bei ihnen nicht vorliegen (können), wird damit jedoch noch nicht
beantwortet. Dieser Frage ist die Autorengruppe seit einigen Jahren gemeinsam
nachgegangen. In der vorliegenden ZfAS Sonderausgabe präsentieren wir unsere
Ergebnisse. Dabei verstehen sich alle Beiträge einerseits als Teil eines größeren
Ganzen und können dementsprechend wie ein Buch aufeinander aufbauend gelesen
werden. Andererseits sind die einzelnen Beiträge aber von Aufbau und Inhalt in
einer Form gehalten, dass sie auch alleinstehend ohne Einschränkung des Erkennt-
nisgewinns gelesen und verstanden werden können.

Eine theoretische Antwort auf potentielle Revisionismustreiber liefern Johannes
Sauerland und Reinhard Wolf in „Lateraler Druck, Statusansprüche und die Ursachen
revisionistischer Großmachtpolitik". Darin beschäftigen sie sich mit den Vorschlä-
gen verschiedener IB Ansätze zur Erklärung des Phänomens des Revisionismus von
Großmächten. Da diese jedoch allesamt nicht zu überzeugen vermögen, schlagen
Sauerland und Wolf die Verwendung zweier unverbrauchter Erklärungsfaktoren vor:
Von lateralem Druck erzeugte Wachstumsbarrieren einerseits und sozialpsychologische Statusaspekte andererseits. Diese Ansätze haben den Vorteil spezifische Faktoren zu identifizieren, die den Revisionismus speziell von Großmächten erklären
können, wohingegen andere Ansätze keine Unterschiede zwischen verschiedenen
Gruppen von Akteuren machen.

Nach diesem theoretisch Beitrag folgen vier empirische Fallstudien, in denen sich
die Autoren jeweils mit einer (aufsteigenden) Großmacht befassen, deren Revisionismusgrad erheben und überprüfen inwiefern dieser mit den Erklärungsfaktoren des

lateralen Drucks und Status korrespondiert, bzw. welche idiosynkratischen Faktoren in dem jeweiligen Fall eine Rolle spielen.

In „Dissidenter als erwartet: Die USA vor dem Ersten Weltkrieg (1896–1914)" beschäftigt sich Iris Wurm mit den Vereinigten Staaten, deren Politik im späten 19. und frühen 20. gemeinhin nicht als revisionistisch verstanden wird. Wurm zeigt hingegen, dass die USA auf dem amerikanischen Kontinent die Territorialordnung und das Souveränitätsprinzip mehrfach gebrochen haben und eine dissidente Außenpolitik betrieben. Der Wunsch nach neuen Absatzmärkten und wirtschaftlichem Einfluss im Sinne von lateralem Druck war, so Wurm, die Triebfeder des US-amerikanischen Revisionismus.

Im nächsten Beitrag „Platz an der Sonne'?! Eine Analyse der Außenpolitik des Deutschen Kaiserreichs 1888–1914" untersucht Lena Jaschob anhand dreier ausgewählter Politikfelder – die deutsche Flottengesetzgebung, die Handelsvertragspolitik sowie die deutschen diplomatischen Initiativen im Zusammenhang mit den beiden Marokkokrisen 1905/06 und 1911 – inwiefern sich die deutsche Politik durch eine immer unstetere und verbal aggressivere Außendarstellungen zunehmend in eine internationale Isolation manövrierte und somit den nach der Reichsgründung begonnenen kometenhaften Aufstieg beendete.

Auch im darauffolgenden Beitrag „Unzufrieden geboren – Revisionismus und Dissidenz in der deutschen Außenpolitik in der Zwischenkriegszeit 1918–1939" von Carsten Rauch steht Deutschland im Mittelpunkt. Darin weist Rauch darauf hin, dass der deutsche Revisionismus zwar im Dritten Reich einen Höhepunkt erreichte, dass darüber hinaus aber auch nicht übersehen werden darf, inwieweit schon die Außenpolitik der Weimarer Republik von revisionistischem Denken durchdrungen war, das Rauch in dessen weitgehender Konstanz vor allem auf den als dramatisch empfunden Statusverlust (infolge der Niederlage im Weltkrieg und des Versailler Friedensvertrags) zurückführt.

Der letzte empirische Beitrag „Japans Dissidenz in der Zwischenkriegszeit: Bedingungen und Motive" von Reinhard Wolf schließlich beschäftigt sich mit einer nicht-westlichen Großmacht. Dabei argumentiert Wolf dass Japans Außen- und Sicherheitspolitik zwischen den beiden Weltkriegen einen tiefgreifenden Wandel durchmachte, von Unterstützung der internationalen Ordnung bis hin zu ihrer radikalen Ablehnung. Als wichtigen Faktor, der diesen Wandel erklären könnte, identifiziert Wolf, die subjektive Wahrnehmung auf Seiten Japans, dass die internationale Ordnung die nicht-westlichen Staaten rassistisch diskriminierte und so Japan die internationale Statusposition verwehrte, die es nach Ansicht seiner Eliten verdient hätte.

In einem abschließenden Beitrag schließlich setzen Lena Jaschob und Iris Wurm die Ergebnisse der einzelnen Fallstudien zueinander in Vergleich und präsentieren einige abschließende Überlegungen zu den Bedingungen von Großmächterevisionismus, die über die konkret untersuchten Fälle hinausgehen.

Literatur

Buzan, B. (2001). *People, states, and fear. An agenda for international security studies in the post-cold war era*. New York: Harvester Wheatsheaf.

Buzan, B. (2010). China in internaional society: is ‚peaceful rise' possible? *The Chinese Journal of International Politics, 3*, 5–36.

Carr, E. H. (1964). *The Twenty Years' Crisis – 1919–1939*. New York: Harper Torchbook.

Cattaruzza, M., Langewiesche, D., & Dyroff, S. (Hrsg.). (2013). *Contextualizing Territorial Revisionism in East Central Europe. Goals, Expectations, and Practices*. New York: Berghahn Books.

Collier, D., & Mahon, J. E. (1993). Conceptual „stretching" revisited: adapting categories in comparative analysis. *The American Political Science Review, 87*, 845–855.

Daase, C., & Deitelhoff, N. (2014). *Zur Rekonstruktion globaler Herrschaft aus dem Widerstand*. Internationale Dissidenz - Working Paper 1/2014, https://dissidenz.net/workingpapers/wp1-2014-daase-deitelhoff.pdf. Zugegriffen 29. Nov. 2016.

Davidson, J. (2002). The roots of Reviosionismus: fascist Italy, 1922–39. *Security Studies, 11*, 125–159.

Davidson, J. (2006). *The Origins of Revisionist and Status-quo States*. New York: Palgrave Macmillan.

Gerring, J. (1999). What makes a concept good? A criterial framework for understanding concept formation in the social sciences. *The American Political Science Review, 31*, 357–393.

Goertz, G. (2006). *Social science concepts – a user's guide*. Princeton: Princeton University Press.

Jerdén, B. (2014). The assertive China narrative: why it is wrong and how so many still bought into it. *The Chinese Journal of International Politics, 7*, 47–88.

Johnston, A. I. (2003). Is China a status quo power? *International Security, 27*, 5–56.

Johnston, A. I. (2013). How new and assertive is China's new assertiveness? *International Security, 37*, 7–48.

Kastner, S. L., & Saunders, P. C. (2012). Is China a status quo or revisionist state? Leadership travel as an empirical indicator of foreign policy priorities. *International Studies Quarterly, 56*, 163–177.

Kissinger, H. (1957). *A World Restored: Castlereagh, Metternich, and the Problem of Peace* (1812–1822). Boston: Houghton Mifflin.

Lemke, D., & Kugler, J. (1996). The evolution of the power transition perspective. In J. Kugler & D. Lemke (Hrsg.), *Parity and war – evaluations and extensions of the war ledger* (S. 3–34). Ann Arbor: University of Michigan Press.

Morgenthau, H. J. (1954). *Politics among nations. The struggle for power and peace*. New York: Knopf.

Organski, A. F. K. (1958). World Politics. New York: Knopf.

Organski, A. F. K., & Kugler, J. (1980). *The war ledger*. Chicago: University of Chicago Press.

Paul, T. V., & Hall, J. A. (1999). Introduction. In J. A. Hall & T. V. Paul (Hrsg.), *International Order and the Future of World Politics* (S. 1–16). Cambridge: Cambridge University Press.

Rauch, C. (2014). Das Konzept des friedlichen Machtübergangs. Die Machtübergangstheorie und der weltpolitische Aufstieg Indiens. Baden-Baden: Nomos.

Rynning, Sten, & Ringsmose, J. (2008). Why are revisionist states revisionist? Reviving classical realism as an approach to understanding international change. *International Politics, 45*, 19–39.

Sartori, G. (1970). Concept misformation in comparative politics. *The American Political Science Review, 64*, 1033–1053.

Schweller, R. L. (1994). Bandwagoning for profit: bringing the revisionist state back in. *International Security, 19*, 72–107.

Schweller, R. L. (1996). Neorealism's status-quo bias: what security dilemma? *Security Studies, 5*, 90–121.

Schweller, R. L. (1998). Deadly Imbalances. Tripolarity and Hitler's Strategy of World Conquest. New York: Columbia University Press.

Schweller, R. L. (1999). Managing the rise of great powers: history and theory. In A. I. Johnston & R. S. Ross (Hrsg.), *Engaging China: the management of an emerging power* (S. 1–31). London: Routledge.

Tammen, R. L., Kugler, J., Lemke, D., Stamm, A. C. III, Abdollahian, M., Alsharabati, C., Efrid, B., & Organski, A. F. K. (2000). *Power transitions: strategies for the 21st century*. New York: Seven Bridges Press.

Wolfers, A. (1951). The pole of power and the pole of indifference. *World Politics, 4*(1), 39–63.

Yaqing, Q. (2010). International Society as a Process: Institutions, Identities, and China's Peaceful Rise. *The Chinese Journal of International Politics, 3*(2), 129–153.

Z Außen Sicherheitspolit (2016) (Suppl 1) 10:25–43
DOI 10.1007/s12399-016-0595-8

Lateraler Druck, Statusansprüche und die Ursachen revisionistischer Großmachtpolitik

Johannes Sauerland · Reinhard Wolf

Online publiziert: 13. Dezember 2016
© Springer Fachmedien Wiesbaden 2016

Zusammenfassung Der Beitrag stellt zwei theoretische Ansätze vor, die verständlich machen können, weshalb aufsteigende Mächte gegen eine etablierte Ordnung vorgehen könnten, von der sie lange besonders profitiert haben. Während die Theorie des lateralen Drucks postuliert, dass wachsende materielle Bedürfnisse des Aufsteigers möglicherweise Konflikte verursachen, richten Statusansätze ihr Augenmerk darauf, dass wirtschaftlicher Erfolg beim Aufsteiger unerfüllte Anerkennungserwartungen wecken kann. Aus beiden Theorien werden testbare Forschungshypothesen abgeleitet.

Schlüsselwörter Machtverschiebung · Revisionismus · Status · Lateraler Druck · Rohstoffe · Anerkennung

Lateral Pressure, Status Ambitions, and the Causes of Great Power Revisionism

Abstract The article explicates two theoretical approaches that might explain why rising powers often rebel against international orders even though these orders have provided for their spectacular growth. Whereas lateral pressure theory holds that increasing material needs can incite conflicts with established powers, status theories stipulate that economic success might give rise to frustrated ambitions for greater recognition. Both theories are utilized to derive testable research hypotheses.

J. Sauerland
Südholzstr. 183, 32257 Bünde, Deutschland
E-Mail: johannes.Sauerland@gmx.de

Prof. Dr. R. Wolf (✉)
PEG-Gebäude, Goethe-Universität Frankfurt am Main, Theodor-W. Adorno Platz 6, 60323 Frankfurt, Deutschland
E-Mail: wolf@soz.uni-frankfurt.de

Keywords Power shifts · Revisionism · Status · Lateral pressure · Commodities · Recognition

1 Einleitung

Warum sollten ausgerechnet die Staaten, die in der bestehenden Ordnung die höchsten Wachstumsraten zu verzeichnen haben, mit dieser Ordnung immer unzufriedener werden und schließlich konsequent versuchen, sie zu reformieren oder gar radikal zu bekämpfen? Aufschluss könnten zwei Ansätze geben, die gerade im großen wirtschaftlichen Erfolg der Aufsteiger einen Faktor sehen, der diese den Status quo ablehnen lässt. Einer dieser Ansätze, die Theorie des lateralen Drucks, postuliert dabei, dass die ökonomische Dynamik die materiellen Bedürfnisse des Aufsteigers weiter verstärkt und somit Interessengegensätze mit seiner internationalen Umwelt erzeugt. Der andere, der Status-Ansatz, nimmt hingegen an, dass der materielle Erfolg immaterielle Bedürfnisse verstärkt, nämlich den Wunsch, dass andere Staaten dem Aufsteiger auch einen höheren Rang zuerkennen, also auch seinen angemessenen Aufstieg in der sozialen Hierarchie des internationalen Systems ermöglichen. Beide Theorien erwarten, dass die weitere Politik des Aufsteigers entscheidend davon abhängt, wie seine Umwelt, d. h. vor allem die führenden Mächte der etablierten Ordnung, auf diese wachsenden Bedürfnisse reagiert: Kommt sie ihnen entgegen, dann bleibt ein kooperatives Verhältnis möglich. Tut sie dies nicht, wird der Aufsteiger zu einer revisionistischen Macht, die ihre Ansprüche mit Drohungen oder Gewalt durchzusetzen sucht, statt geduldig darauf zu warten, dass sich ihre relative Machtposition weiter verbessert. Beide Ansätze werden hier als fundamentaler Erklärungsrahmen herangezogen und im Folgenden zunächst allgemein dargestellt und dann auf die Forschungsfrage zugespitzt.

2 Die Theorie des lateralen Drucks

Einer ersten Erklärung, um unter anderem die atypische Konfliktbereitschaft aufsteigender Mächte verständlich zu machen, sind insbesondere Forscher um Nazli Choucri und Robert C. North nachgegangen. Sie stellten bereits in den 1970er-Jahren mit dem „lateral pressure"-Model einen hierfür nutzbringenden Ansatz vor (Choucri und North 1972, 1975, 1989; Choucri et al. 1992). In Anknüpfung an klassische Imperialismustheorien gehen sie davon aus, dass gerade das überdurchschnittliche Wachstum der Aufsteiger einen Expansionsdruck erzeugt, der früher oder später Spannungen mit der etablierten internationalen Ordnung aufbaut.[1] Die „*lateral pressure theory*" (Theorie des lateralen Drucks)[2] beschreibt, auf Grund wel-

---

[1] Unter Expansion wird dabei nicht zwangsläufig eine territoriale Expansion verstanden. Choucri und North (1972, S. 90) definieren „lateral pressure" als „a tendency to undertake activities further and farther from the original boundaries of the society, to acquire some degree of influence or control over a wider extent of space or among a larger number of people".

[2] Lateral wahrscheinlich daher, da es sich um Druck handelt der vom Staat in Richtung aller „Seiten" ausgeübt wird.

cher Motive bzw. aus welchen Zwängen heraus Staaten jenseits ihrer Staatsgrenzen Aktivitäten ausüben und wann und warum solche Aktivitäten in zwischenstaatliche Gewalt münden können. Dazu benennt die Theorie drei „Mastervariablen", (1) die demographischen Eigenschaften eines Staates, (2) seine technologische (d. h. wirtschaftliche) Entwicklung und (3) dessen Ressourcenausstattung, die zusammen den „lateralen Druck" eines Landes und damit dessen Verhalten auf internationaler Ebene bestimmen würden. Unter bestimmten Bedingungen und unter Berücksichtigung ihres komplexen Zusammenspiels erwartet die Theorie, dass die Mastervariablen „lateralen Druck" generieren, der Staaten dazu bewegt, sich außerhalb ihres Hoheitsgebiets zu engagieren. Dabei sei es wahrscheinlich, dass Staaten miteinander in Wettbewerb treten und eventuell in einen (gewaltsamen) Konflikt geraten.

Die Theorie ist allerdings sehr komplex und schwer handhabbar. Auch Choucri und North betonen: „We believe the [...] lateral pressure framework remains too inclusive, extensive and, loosely joined to be fully tested as a general theory." (Choucri und North 1989, S. 324). Immerhin bieten ihre Überlegungen plausible Ausgangspunkte für Ansätze, mit denen umfassend erklärt werden könnte, weshalb ausgerechnet die „Gewinner" die etablierte Ordnung radikal infrage stellen könnten. Hierzu werden wir verdeutlichen, dass in der Theorie des lateralen Drucks die Stärke des Expansionsdrucks das Ausmaß der revisionistischen Ambitionen eines Aufsteigers beeinflusst. Die Kompromissbereitschaft der etablierten Mächte beeinflusst wiederum seine Anreize von der Opposition (regelkonforme Änderungen) zur Dissidenz (Änderungen mit Inkaufnahme von Regelverstößen) überzugehen. Das Kräfteverhältnis bzgl. der Fähigkeiten bestimmt die Attraktivität eine militärische Entscheidung zu riskieren. Insgesamt bietet die Theorie des lateralen Drucks damit eine Reihe von nützlichen Anknüpfungspunkten für eine Untersuchung, warum gerade die Gewinner der internationalen Ordnung revisionistisches Verhalten zeigen könnten.

Formuliert wurde die Theorie des lateralen Drucks von North und Choucri in mehreren Aufsätzen und kleineren Modellierungsversuchen, u. a. in Zusammenarbeit mit Dennis L. Meadows. Aufbauen konnten die Forscher hierbei auf ihren vorherigen Arbeiten. Beispielsweise beschäftigte Choucri sich anfänglich intensiv mit dem Einfluss demographischer Faktoren auf die Entstehung und den Verlauf von Konflikten (Choucri 1974). Die erste ausführliche, empirische Veröffentlichung zur Theorie des lateralen Drucks stellt das Werk „Nations in Conflict: National Growth and International Violence" (1975) dar. In diesem untersuchen Choucri und North in einer großangelegten quantitativen Studie in der „System Dynamics-Tradition" die Entstehung des Ersten Weltkriegs. Spätere Arbeiten von North und Choucri verbreiterten die Theorie und nahmen neorealistische und konstruktivistische Elemente auf. Sonstige Fortentwicklungen und anderweitige Anwendungen ausgehend von anderen Forschern lassen sich bis auf Ashleys Analyse der „Sino-Soviet-American triangle" (Ashley 1980) und Pollins und Schwellers Aufsatz über die US-amerikanische Außenpolitik (Pollins und Schweller 1999) kaum ausmachen.

Im Folgenden stellen wir die Theorie des lateralen Drucks zunächst allgemein dar[3] und machen dann deutlich, welchen spezifischen Nutzen sie für die Analyse von aufsteigenden Großmächten und deren Konfliktverhalten besitzt. Dabei beziehen wir uns nicht auf alle Teile der Theorie und lassen insbesondere methodologische Überlegungen, wie die Modellierung in der „System Dynamics-Tradition" beiseite. Eine umfangreiche, ökonometrische Modellierung zur Vorhersage ist nicht unser Ziel. Stattdessen wird die Theorie des lateralen Drucks auf das Revisionismuskonzept von Jaschob et al. in diesem Heft bezogen. Dazu werden Indikatoren vorgestellt, die die Grundideen der Theorie des lateralen Drucks auf dieses Konzept übertragen.

Choucris und Norths Anliegen ist es, mit der Theorie des lateralen Drucks die Entstehung von (gewaltsamen) Konflikten auf internationaler Ebene zu erklären. Es sollte eine Theorie entwickelt werden, die alle relevanten Faktoren kombiniert und Konflikte daher umfassend erfasst (Choucri und North 1972, S. 80–81). Um die von Choucri und North postulierten Zusammenhänge angemessen zu verstehen, sollte ein näherer Blick auf die drei Mastervariablen, das Konzept des lateralen Drucks und ihren Einfluss auf das Verhalten von Staaten geworfen werden. Es zeigt sich, dass die Theorie, im Gegensatz zu klassischen IB-Theorien, besonders geeignet ist, gerade das Konfliktverhalten von aufsteigenden Großmächten zu erklären.

2.1 Die drei Mastervariablen und die Nachfrage nach Ressourcen

Der Ausgangspunkt der Theorie sind die drei Mastervariablen Bevölkerung, Technologie und Ressourcen. Der Aspekt der Bevölkerung beschreibt die demographischen Eigenschaften eines Staates. In den von Choucri und North entwickelten Modellen sind dies in der Regel die absolute Bevölkerungszahl und ihre Wachstumsrate (z. B. Choucri 1978, S. 313). Die Variable der Technologie umfasst Choucri und North zu Folge das gesamte Wissen einer Gesellschaft und beinhaltet sowohl technisches als auch organisatorisches Wissen. Die Bezeichnung dieser Variable ist allerdings etwas missverständlich, beinhaltet sie in den Modellen doch weniger Wissen als vielmehr die wirtschaftliche, industrielle Entwicklung. Operationalisiert wird die Variable regelmäßig mit dem BIP und dessen Wachstum (z. B. Choucri 1978, S. 313). In der Analyse der Situation vor dem Ersten Weltkrieg verwenden Choucri und North den Stand und die Entwicklung der Stahlproduktion. Die dritte Mastervariable, die der Ressourcen, setzt sich zusammen aus landwirtschaftlich nutzbaren Flächen, Wasserquellen, Mineralien, Metallen, anderen Rohstoffen sowie Energiequellen (Choucri und North 1987, S. 205).

Bezüglich der drei Variablen beschreibt die Theorie mehrere Grundzusammenhänge inklusive Feedback-Schleifen zwischen ihnen (s. Abb. 1). Je größer die Bevölkerung eines Staates, desto mehr Ressourcen, wie z. B. Energieträger benötigt die Bevölkerung, um ihre Bedürfnisse zu befriedigen. Der Bedarf an Ressourcen einer Gesellschaft steige ebenfalls mit fortschreitender Wirtschaftskraft/Industrialisierung (ein Anstieg der Variable „Technologie") an. Einerseits wird mehr produziert, aber andererseits würden moderne Technologien auch mehr Ressourcen benötigen. Chou-

---

[3] Auf Grund zahlreicher theoretischer Modifikationen und kontexspezifischen Anpassungen ist die Theorie nicht immer eindeutig. Lediglich die postulierten Kernmechanismen sind (fast) immer identisch.

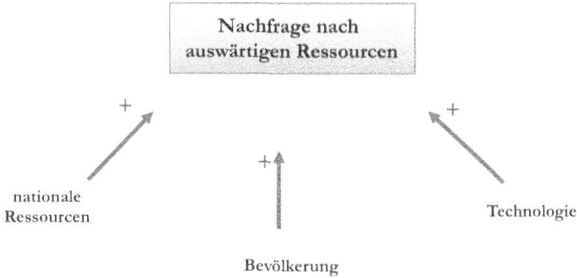

Abb. 1 Modellierung der Nachfrage nach auswärtigen Ressourcen. (Adaptiert von Choucri und North 1972, S. 86–90)

cri und North räumen zwar ein, dass technologischer Fortschritt oft mit immensen Effizienzgewinnen einhergeht, dennoch steige der Ressourcenbedarf im Allgemeinen an (Choucri und North 1989, S. 291). Um die Nachfrage nach Ressourcen zu befriedigen, greifen Menschen auf ihre Umwelt zu. Da nationale Ressourcen nur begrenzt verfügbar sind, ihr Abbau immer kostspieliger wird oder sie von vornherein nicht vorhanden sind, ist es für Staaten nicht ausreichend nur auf das eigene Staatsgebiet zuzugreifen. Je größer der Mangel an Ressourcen, desto größer wäre der Hang einer Nation, diese von auswärts zu beschaffen. Choucri und Meadows schreiben in einer ersten Formulierung: „The lower the usable resource reserves are perceived to be, the greater will be a society's predisposition to extend its behavior outwards." (Choucri et al. 1972, S. 39).

Die Endlichkeit und Begrenztheit von Ressourcen ist daher ein Schlüsselelement der Theorie. Dieser Zusammenhang ist für das Forschungsprojekt von besonderer Bedeutung, handelt es sich doch bei Aufsteigern um Staaten mit wachsender Bevölkerung und Wirtschaftskraft (Technologie). Wie gleich zu sehen ist, trägt dieses Zusammenspiel Choucri und North zu Folge vor allem dazu bei, dass es zu wirtschaftlichen Engpässen kommt, die Verteilungskonflikte zwischen Aufsteigern und etablierten Mächten erzeugen (ähnlich Gilpin 1981). Dieser mögliche Zusammenhang wird heute mit Blick auf den schnell wachsenden Ressourcenbedarf Chinas und Indiens diskutiert (Alden 2005; Goldstein et al. 2006; Tull 2006; Zweig und Bi 2005). Auch vor diesem aktuellen Hintergrund ist die mögliche Radikalisierungswirkung durch lateralen Druck, bspw. ausgelöst durch Ressourcenknappheit, von besonderem Interesse.

2.2 Lateraler Druck und dessen Entstehung

Der Theorie nach entsteht eine expansive Handlung nur durch das Zusammenspiel aus Nachfrage und geeigneten Mitteln, die Nachfrage zu befriedigen (Choucri und North 1989, S. 291).[4] Die Nachfrage nach auswärtig vorhandenen Ressourcen beschreibt zunächst nur den Drang, Aktivitäten außerhalb der eigenen Grenzen durchzuführen. Damit eine Handlung entsteht, muss neben dem Verlangen (demand), auch

---

[4] Hier werden die „rational choice" Annahmen des Ansatzes deutlich. Gängigerweise verwenden rationalistische Modelle, die Annahme, dass eine Handlung ein Verlangen und Überzeugen darüber voraussetzt, wie dieses Verlangen zu stillen ist. Letzteres schließt also Möglichkeiten, in Choucris und Norths Terminologie „Fähigkeiten", ein mit denen das Verlangen befriedigt werden kann.

Abb. 2 Grundvoraussetzungen
für lateralen Druck. (Eigene
Darstellung)

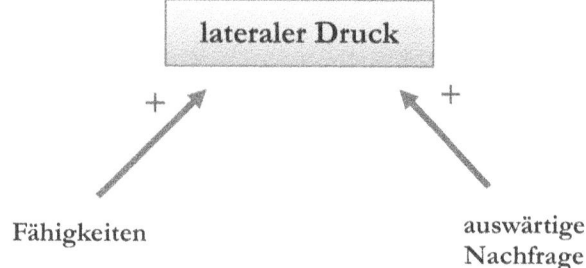

die Fähigkeit (capabilities) vorhanden sein, dieses zu stillen. Ohne die entsprechenden Fähigkeiten ist es einem Staat nicht möglich international aktiv zu werden. Als Beispiel führen Choucri und North (1972, S. 91) China um 1900 an, das zwar auf Grund der großen Bevölkerung einen hohen Ressourcenbedarf hatte, international aber zu schwach war, um als Großmacht zu agieren. Wenn es an Fähigkeiten oder Nachfrage fehle, dann könne bzw. werde keine Handlung erfolgen. Dies markiert auch einen entscheidenden Unterschied zu der „war chest proposition", die umgekehrt lediglich die Angebotsseite von Konfliktverhalten betrachtet. Dieser Ansatz geht davon aus, dass sich die Wahrscheinlichkeit eines Krieges deutlich erhöht, wenn sich einer Gruppe oder einem Staat auf Grund höheren wirtschaftlichen Wachstums mehr Möglichkeiten bieten, eine kriegerische Auseinandersetzung zu führen (Richter 2012, S. 74–75). In der Theorie des lateralen Drucks dagegen stellen erhöhte Fähigkeiten nur einen Teil der Erklärung dar. Fähigkeiten dienen dazu, das Bedürfnis nach mehr Ressourcen, Absatzmärkten etc. zu befriedigen. Mangelnde Ressourcen oder Absatzmärkte ergänzen die „war chest proposition" folglich um ein entscheidendes Motiv (s. Abb. 2).

Choucri und North führen aus, dass Fähigkeiten auf zwei Wegen vergrößert werden können. Einerseits könnten Menschen einen Teil ihrer vorhandenen Ressourcen benutzen, um Fähigkeiten zu entwickeln, beispielsweise indem sie Handelsinstitutionen schaffen oder militärische Fähigkeiten entwickeln. Choucri und North nennen diese „specialized capabilities". Andererseits seien Menschen und Staaten auch durch Kooperation (z. B. durch Allianzen) dazu in der Lage, ihre Fähigkeiten zu verstärken (Choucri und North 1972, S. 89). Im Modell bestimmen die drei Mastervariablen Bevölkerung, Technologie und Ressourcen dabei nicht nur die Nachfrage, sondern auch den Umfang der Fähigkeiten. Je ressourcenreicher ein Land ist, desto ausgeprägtere Fähigkeiten kann es der Theorie nach entwickeln – auch das Technologielevel ist hierfür entscheidend. Die beiden Variablen, die der Nachfrage nach auswärtigen Ressourcen und die der „specialized capabilities", beschreiben zusammen genommen das zu erwartende Engagement eines Staates außerhalb seiner Grenzen (s. Abb. 3).

Um sich grob der Frage anzunähern, welche Konfigurationen der Mastervariablen besonders hohen lateralen Druck ausüben, genügt eine knappe Zusammenfassung. Hoher lateraler Druck wird insbesondere von schnell wachsenden Staaten ausgeübt. Um die treffende Formulierung von Pollins und Schweller (1999, S. 447) aufzugreifen postuliert die Theorie einen „positive feedback process, wherein rapid growth requires external expansion to sustain itself". Wirtschaftlicher Erfolg (ein

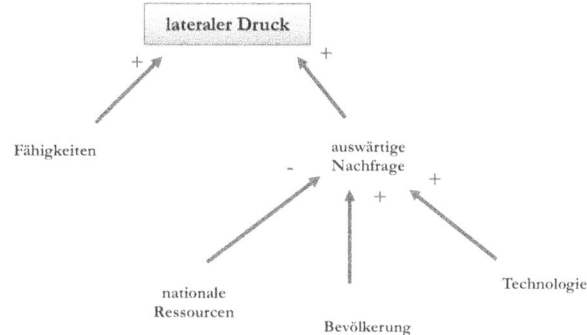

Abb. 3 Modellierung des lateralen Drucks. (Adaptiert von Choucri und North 1972, S. 86–90)

Anstieg der Mastervariable Technologie) löst diesen Druck aus, indem er die Suche nach neuen Absatzmärkten und Investitionsfeldern verstärkt und die Nachfrage nach Rohstoffen anregt. Letztere wird noch verstärkt von technologischen Fortschritten, die eine intensivere Nutzung von Ressourcen erfordern (Choucri und North 1972, S. 83 f; Choucri et al. 1992, Kap. 1). Der entscheidende Gesichtspunkt für unsere Forschungsfrage ist dabei, dass *gerade die dynamische Entwicklung neue Engpässe erzeugt*, die das erfolgreiche Wachstumsmodell gefährden. Worin diese wirtschaftlichen Engpässe konkret bestehen (können), hängt naturgemäß vom jeweiligen Wachstumsmodell ab. Wenn die Engpässe durch interne Anpassungen nicht zu beseitigen sind, entsteht besonders starker lateraler Druck auf die internationale Umwelt, der mit revisionistischen Ambitionen einhergeht.

2.3 Lateraler Druck, Revisionismus und Krieg

Je nach Ausprägung der drei Mastervariablen und des von ihnen erzeugten lateralen Drucks unternimmt eine Gesellschaft Aktivitäten außerhalb ihrer Landesgrenzen. Hierbei handele es sich nicht nur um die Expansion staatlicher, sondern auch um die Ausweitung privater Aktivitäten. Der Druck auf die internationale Umwelt muss jedoch nicht zwangsläufig militärischer Natur sein oder gefährliche Auseinandersetzungen hervorrufen. Insofern kann dieser Druck auch durch internationale Zusammenarbeit abgebaut werden, beispielsweise durch Handelsbeziehungen zum beiderseitigen Vorteil. Grundsätzlich muss lateraler Druck somit nicht einhergehen mit der Ambition, die internationale Ordnung grundlegend zu verändern. Dies unterstreichen auch die von Choucri und North identifizierten Manifestationen des lateralen Drucks, auch Modi des lateralen Drucks genannt (Choucri und North 1987, S. 209). Dazu gehörten beispielsweise Entdeckungsunternehmungen, Auslandsinvestitionen, Erweiterung der Export- oder Importmärkte, Migration etc. (Choucri und North 1989, S. 295 oder Choucri und North 1993, S. 246).

Wenn mehrere Gesellschaften nun lateralen Druck, d. h. Aktivitäten außerhalb ihrer nationalen Grenzen ausübten, dann bestehe die Möglichkeit, dass sich ihre

Interessen[5] überschnitten oder gegenüberständen. Der Ausgang und die möglichen Entwicklungslinien würden stark von den Fähigkeiten der Staaten und ihres vorherigen Verhältnisses abhängen. Wenn ein Staat mit starken (militärischen) Fähigkeiten auf einen schwachen Staat träfe, dann sei es wahrscheinlich, dass ersterer seine Interessen durchsetze. Dies würde bedeuten, dass der schwächere Staat den Einfluss des stärken Staates in seinem Einflussgebiet substantiell spüre (Choucri und North 1989, S. 286). Dies könne sich unter anderem im Verlust von Staatsgebiet oder im Zwang bestimmte Ressourcen zu exportieren äußern. Falls Staaten mit ähnlichem Druck und ähnlichen Fähigkeiten aufeinander träfen, entstünde Wettbewerb zwischen diesen Akteuren. Dieser wäre umso intensiver, je inkompatibler die Interessen wären und je größer der laterale Druck der beiden Parteien sei (Choucri et al. 1972, S. 12). Starker lateraler Druck führe damit dazu, dass ein Staat revisionistische Ambitionen zeigt und die Weltordnung umgestalten möchte. Nicht zwangsläufig, aber eventuell, schlage der Wettbewerb in eine antagonistische Austragungsweise und damit in einen Konflikt mit einer erheblichen militärischen Dimension um. Dies sei besonders dann der Fall, und hier schlagen Choucri et al. eine direkte Brücke zur Revisionismusforschung, wenn ein Staat stark nach außen strebt, aber von anderen Mächten daran gehindert wird. So schreiben Choucri et al. (1972, S. 15):

> In many cases, international problems arise because states are prevented from engaging in external activities despite their strong inclinations and predispositions for outward-bound resource acquisition efforts. The greater the incongruence [...] between inclination and actual behavior, the more aggrieved, frustrated, or otherwise dissatisfied a state is likely to be. And, where the capabilities are available, aggrieved states often find themselves in the role of aggressor.

Oft würde dies die Form eines Rüstungswettlaufs annehmen. Wie der Mechanismus des Umschlagens im Einzelnen abläuft, wird allerdings nicht näher spezifiziert. Der Grundgedanke ist jedoch, dass die Staatsführer in einem Aktion-Reaktions-Prozess miteinander stehen, in dem ihr Handlungsspielraum durch die zu Grunde liegenden Faktoren, insbesondere die Ausprägung der Mastervariablen, eingeschränkt ist (Choucri 1973, S. 77). Beispielsweise sprechen Choucri und North, ganz im Sinne des symbolischen Interaktionismus, davon, dass der Verlauf eines intensiven Wettbewerbs davon abhängt, welche Aktionen die beteiligten Akteure wählen und wie die Signale der beteiligten Akteure vom Gegenüber wahrgenommen werden.[6] Im Kontext von aufsteigenden Großmächten, verdeutlicht dies die Bedeutung, die der Ansatz der *Reaktion etablierter Mächte* auf den Aufstieg einer neuen Kraft zuweist.

Um diese Aspekte analytisch klar zu trennen, unterscheiden Choucri und North drei verschiedene Dynamiken, die zwar miteinander verbunden sind, sich aber dennoch verselbständigen können:

---

[5] Was genau das Interesse eines Staates bzw. der Gesellschaft ist, wird nicht genau dargestellt. Allerdings lässt die Betonung der Mastervariablen darauf schließen, dass es sich um überwiegend ökonomische Interessen handelt. Konkrete Motive spielen in der Theorie grundsätzlich eine untergeordnete Rolle.

[6] Die Rolle und Wichtigkeit von Perzeptionen variiert. Während erste Formulierungen die Rolle von Perzeptionen gering halten, spielen diese in den neueren Formulierungen eine größere Rolle.

I) Die Dynamik der Expansion.   Die Nachfrage nach Ressourcen verbunden mit den Fähigkeiten eines Staates erzeugt lateralen Druck, der sich in bestimmten Arten manifestiere. Dieser ergebe sich aus der Interaktion der Mastervariablen.

II) Die Dynamik des antagonistischen Wettbewerbs.   Sobald Nationen lateralen Druck ausüben würden, begännen sie miteinander in einen Wettbewerb zu treten, welcher oft antagonistische Züge annehme.

III) Die Dynamik der Krise.   Sobald ein antagonistischer Wettbewerb entstehe, könne es Krisen geben, die in einen Krieg münden könnten. Hier wäre vor allem die Interaktion zwischen den Staatsführern und deren Perzeption relevant (Choucri und North 1972, S. 81).

Wichtig für unsere Forschungsfrage sind dabei die Dynamik I und – mehr noch – die Dynamik II, weil gerade sie den Aufsteiger in Konflikt mit der bestehenden Ordnung bringt.

Für unsere Forschungsfrage lassen sich die entscheidenden *Faktoren* der Theorie demnach wie folgt zusammenfassen: Mit hohem lateralen Druck ist, Choucri und North zu Folge, die Grundvoraussetzung für Revisionismus gegeben: internationale Aktivitäten. Daher wird in unserem Forschungsdesign (Jaschob et al. in diesem Heft) lateraler Druck als unabhängige Variable konzipiert. Ob es nun zu revisionistischen Ambitionen kommt und wenn ja, ob diese als oppositionell oder dissident zu klassifizieren sind, wird maßgeblich von der intervenierenden Variable, den Beharrungstendenzen der etablierten Mächte, bestimmt. Kommen die etablierten Mächte dem Aufsteiger entgegen und überlassen ihm z. B. Einflusssphären für dessen „Ressourcenhunger" oder schließen Handelsverträge im beidseitigen Interesse, so entsteht kein internationaler Konflikt. Um nochmals Choucri et al. (1972, S. 15) zu zitieren: „The greater the incongruence of gap between inclination and actual behavior, the more aggrieved, frustrated, or otherwise dissatisfied a state is likely to be." Dies kann als Revisionismus interpretiert werden. Dieser wiederum kann oppositionelle oder dissidente Züge annehmen. Hierfür ist entscheidend, ob der Aufsteiger militärisch zu den etablierten Großmächten aufschließt; so schreiben Choucri et al. (1972, S. 15): „And, where the capabilities are available, aggrieved states often find themselves in the role of aggressor." Ausreichende (militärische) Fähigkeiten erlauben somit einseitige, regelwidrige Änderungen am Status Quo, d. h. sie ermöglichen dissidentes Verhalten. Hieraus ergeben sich folgende *Indikatoren*, die dafür sprechen würden, dass das revisionistische Verhalten eines erfolgreichen Aufsteigers auf lateralen Druck zurückzuführen ist:

1. Politische Entscheidungsträger betonen im Entscheidungsprozess, dass die bisherige Wachstumsdynamik aufgrund von international bedingten Engpässen (Ressourcenmangel, fehlende Absatzmärkte usw.) an ihre Grenzen stößt.
2. Die behaupteten Engpässe werden von maßgeblichen Wirtschaftsführern bestätigt und entsprechen auch objektiv den jeweiligen Trends (z. B. steigende Rohstoffpreise, zunehmende Absatzschwierigkeiten, wachsende Zahlungsbilanzdefizite) (Behauptete Engpässe, die durch die objektiven Daten *nicht* bestätigt werden, würden hingegen darauf hindeuten, dass nicht wirtschaftliche Sachzwänge son-

dern psychisch oder sozial bedingte Perzeptionsabweichungen der entscheidende Auslöser waren.).

3. Die Regierung unternimmt zielgerichtete Schritte, um diese Engpässe möglichst kostengünstig zu beseitigen oder zu umgehen (z. B. durch Rohstoff-Substitution oder durch Erschließung alternativer Absatzmärkte).

4. Einseitige Veränderungen des Status quo zielen auf die Überwindung solcher Engpässe ab und erfolgen erst, nachdem kostengünstige Verhandlungslösungen am Widerstand anderer Mächte gescheitert sind.

3 Status-Motive und Revisionismus: Sozialpsychologische Ansätze

Die zweite mögliche Erklärung setzt hingegen nicht an materiellen Bedürfnissen, sondern an den Anerkennungsforderungen von Gruppen und deren politischer Repräsentanten an. Ihr liegt die Vermutung zugrunde, dass sich der Widerstand gegen eine Ordnung nicht nur an deren materiellen Verteilungswirkungen entzünden könnte, sondern auch an dem untergeordneten Rang, welchen sie einer aufsteigenden Macht einstweilen zuweist. Dieser Ansatz geht dabei einerseits davon aus, dass der materielle Zugewinn die Identität aufsteigender Mächte dahingehend verändert, dass diese immer höhere Statusansprüche geltend machen. Andererseits erwartet er, dass die etablierten Mächte diese gestiegenen sozialen Ansprüche, wenn überhaupt, nur sehr zögerlich akzeptieren – sei es weil sie diese gar nicht erkennen oder als unangemessen wahrnehmen, sei es weil sie befürchten, dass deren Anerkennung ihren eigenen Rangvorteil verringern oder gänzlich aufheben würde (Onea 2014; Ward 2012). Daraus können sich zunehmende Spannungen ergeben, die die aufsteigende Macht schließlich dazu veranlassen könnten, ihre Statusbedürfnisse unilateral durchzusetzen.

3.1 Status als außenpolitisches Motiv

Eine entscheidende Annahme, die von allen Statusansätzen geteilt wird, ist dabei, dass ein höherer Rang für die Akteure einen intrinsischen Wert besitzt, also nicht nur deshalb angestrebt wird, weil er (auch) größeren Einfluss verschafft. In der Psychologie und Ethologie mehren sich in jüngerer Zeit die Belege dafür, dass ein hoher sozialer Rang ein emotionales Grundbedürfnis ist, das alle Menschen mit ihren nächsten Artverwandten teilen (Frank 1986; Rosen 2007; Wright 1994; Mazur 2005). Untersuchungen haben gezeigt, dass Menschen oft erhebliche materielle Kosten auf sich nehmen, wenn dies der Erhöhung ihres sozialen Status dient (Frank 1986, 2010). Es spricht sogar einiges dafür, dass die evolutionäre Selektion systematisch diejenigen Menschen begünstigt hat, die emotional prädisponiert sind zeitweilige Allianzen zu bilden, um ihren Status kollektiv zu erhöhen oder zumindest zu verteidigen (Frank 1986; Wright 1994; Boehm 1999; Haidt und Joseph 2004). Dies könnte erklären, weshalb Menschen sich auf riskante Rangkämpfe einlassen, die ein rationaler Maximierer von Macht (im Sinne der realistischen Theorie) unterlassen würde. Speziell im Falle aufsteigender Mächte macht diese Einsicht also verständlich, warum solche dynamischen Staaten die Konflikte mit den etablierten

Mächten nicht immer so lange aufschieben, bis ihre relative Machtposition ihren Höhepunkt erreicht hat, und weshalb stagnierende oder absteigende Mächte ihren Statusvorteil oft so unnachgiebig verteidigen.

In den IB wurde die sozial-evaluative Dimension von Statusunterschieden lange Zeit kaum beachtet. Sozialkonstruktivistische und poststrukturalistische Autoren haben sich primär mit der Herausbildung kollektiver Identitäten befasst und dabei vor allem die Ko-Konstitution von Ego und Alter untersucht. Im Vordergrund standen hier zumeist die außenpolitischen Implikationen von interdependenten Rollenkonzepten und zugehörigen Normen (Weldes 1999; Wendt 1999; Hansen 2006; Campbell 1992; Katzenstein 1996). Auf diese Weise konnte plausibilisiert werden, dass auch korporative Akteure Identitäten haben, die ihr Verhalten ganz ähnlich prägen, wie es bei individuellen Personen der Fall ist (siehe auch Sasley 2011; Wolf 2012). Die Statusdimension von Identitätskonstrukten spielte in diesem Zusammenhang aber selten eine Rolle und wenn dann nur eine untergeordnete (als partielle Ausnahmen siehe Ringmar 1996; Doty 1993; Hopf 2002). Realistische Autoren wie Morgenthau et al. (2006) und Gilpin (1981) räumten zwar ein, dass Staaten auch nach verwandten „Gütern" wie Prestige streben, verkürzten diesen Begriff aber weitgehend auf die Reputation für die Verfügung über materielle Machtressourcen. Entsprechend haben Realisten auch die Destabilisierung bestehender Ordnungen fast immer auf Machtverschiebungen zurückgeführt (Gilpin 1981; Carr 1946).[7] In der Regel wurde dabei unterstellt, dass Staaten in solchen Umbruchphasen Machtvakuen zu füllen suchen oder materielle Gewinne anstreben. Dass Staaten einen höheren internationalen Rang auch allein wegen seiner sozial-evaluativen Vorteile anstreben bzw. Unterordnung ganz unabhängig von ihren materiellen Konsequenzen bekämpfen könnten, wurde hingegen lange von der Forschung vernachlässigt.

In jüngster Zeit haben jedoch Wohlforth (2009), Schweller (1999) und vor allem Lebow (2008) und Ward (2012) theoretisch und empirisch plausibel machen können, dass Staaten und andere internationale Akteure gelegentlich auch dann um einen höheren Rang kämpfen, wenn dies mit erheblichen materiellen Kosten und Risiken verbunden ist. Dies kann zum einen daran liegen, dass politische Repräsentanten sich so stark mit dem Staat oder der Nation identifizieren, dass sie nicht länger bereit sind, einen nationalen Status hinzunehmen, der ihnen unangemessen niedrig erscheint. Zum anderen können sich Repräsentanten für diesen Kampf entscheiden, weil sie sich innenpolitisch genötigt fühlen, nationalistischen Gruppen entgegenzukommen, die für die Nation einen höheren Rang einfordern (Wolf 2012).

Ein Problem dieser neueren Forschungsarbeiten ist allerdings, dass sie noch keine weithin akzeptierte Definition für „Status" erbracht haben und infolgedessen auch

---

[7] Letztlich gilt dies auch für Doran. Dieser weist zwar ausdrücklich darauf hin, dass seine Zyklentheorie den „cycle of power and role" (Doran 1991, xiii) erfasse, wobei sein Verständnis von internationaler Rolle u. a. auch Statusaspekte integriert. Eine präzise Unterscheidung zwischen Macht, Rolle, Interessen und Status fehlt jedoch genauso wie eine empirische Erhebung von Statusambitionen (Doran 1991, S. 20–22, 30–31). Letztlich geht Doran einfach davon aus, dass die Entwicklung der relativen (Ressourcen-)Macht eines Staates automatisch seine Rollenansprüche bestimmt. Somit ist der Zyklus der Macht im Grunde doch Dorans einzige unabhängige Variable. Andernfalls könnte er auch kaum den Anspruch erheben allein auf der Grundlage von Machtverschiebungen kritische Zeitpunkte vorhersagen zu können, an denen das internationale System besonders anfällig für Krisen sein soll.

 Springer

nicht wirklich darin übereinstimmen, was die möglichen Ursachen und Erscheinungsformen von Statuskonflikten anbelangt. Grundsätzlich besteht zwar Konsens, dass Status als Position in einer sozialen Hierarchie anzusehen ist (Ward 2012; Dafoe et al. 2014; Magee und Galinsky 2008). Weniger klar ist dabei aber, um welche Art von Hierarchien es hier geht, also worauf eine höhere Position beruhen soll und wie sie errungen werden kann. Manche Forscherinnen verstehen unter Status primär das soziale Ansehen, das einem Akteur von der Gesellschaft zugeschrieben wird, genauer das relative Ansehen, das er nach Einschätzung jedes einzelnen Beobachters beim Rest der Gesellschaft genießt (Larson et al. 2014; O'Neill 1999; Dafoe et al. 2014). Als Basis dieser Einschätzungen gilt dabei die relative Verfügung über allgemein anerkannte Statusmarker, wie z. B. technische Errungenschaften, Wohlstand, Flugzeugträger, Nobelpreise usw. Als weitere, damit eng zusammenhängende Grundlage von Status, wird die Zugehörigkeit zu einer sozialen Gruppe (z. B. Adel, Stanford faculty, Gruppe der Großmächte) angesehen, die ihren Mitgliedern automatisch einen höheren Status gegenüber den Mitgliedern anderer Gruppen verschafft. Schließlich gibt es Autoren, die Statusunterschiede primär an asymmetrischen Rollensystemen festmachen, in denen ein Akteur (z. B. ein Anführer, Hegemon oder Patron) üblicherweise einen anderen (z. B. den Vasallen oder Klienten) zum Nachgeben veranlassen kann oder vielleicht sogar anerkanntermaßen über entsprechende Vorrechte verfügt. Daraus ergeben sich Muster der Unterordnung (patterns of deference), die Rangunterschiede augenfällig machen (Mazur 2005; Doran 1991; Gould 2003; Buzan 2004).

Diese definitorischen Zweideutigkeiten sind nicht zuletzt deshalb bedauerlich, weil sie einer einheitlichen Theoretisierung von Statuskonflikten im Wege stehen. Problematisch sind hier insbesondere Konzeptualisierungen, die den Begriff auf den Besitz von prominenten Statusmarkern und allgemeinem gesellschaftlichen Ansehen verkürzen. Schließlich entziehen sich sowohl der Besitz dieser Marker als auch das aus ihnen resultierende Ansehen zumeist der Kontrolle einzelner Akteure, die den Statusgewinn einer aufsteigenden Macht verhindern möchten. Bei den meisten Statusmarkern hängt es vor allem von den individuellen Fähigkeiten und Ressourcen des betreffenden Akteurs ab, ob er sie erwerben kann oder nicht. Direkt verweigern kann ihm ein konkreter Anderer höchstens einen ganz bestimmten Marker (z. B. eine bestimmte Kolonie oder ein besonderes Kunstwerk). Ähnlich begrenzt sind die Optionen bei der Verhinderung von Ansehensgewinnen, weil diese letztlich nicht von der Meinung einzelner Akteure sondern von der allgemeinen Einschätzung abhängen. Insofern kann auch hier ein widerständiger Akteur allein noch nicht viel bewirken. Konflikte um Statusmarker oder allgemeines Ansehen bergen deshalb relativ wenig Eskalationspotential.[8]

Anders sieht es mit Auseinandersetzungen aus, die die Mitgliedschaft in Statusgruppen oder die Rollen der beteiligten Akteure betreffen. In diesen Fällen sind statusambitionierte Akteure unmittelbar darauf angewiesen, dass konkrete Andere ihren Rangaufstieg ermöglichen – sei es indem sie ihnen den Zugang zu der höheren Statusgruppe gestatten (social mobility), sei es, indem sie sie gemäß der angestrebten

---

[8] Eine gelegentliche Ausnahme, die im internationalen Feld besonders selten ist, sind natürlich Auseinandersetzungen um angebliche Rufschädigungen.

Rolle behandeln, d. h. sich ihnen in bestimmter Hinsicht unterordnen oder durch ihr Verhalten ihre Gleichrangigkeit (etwa als Großmacht) anerkennen. Hier besteht fast immer eine direkte Abhängigkeit von der Anerkennung *ganz bestimmter* Akteure, ohne deren Einverständnis der angestrebte Statusgewinn nicht verwirklicht werden könnte. Frustrierte Statusambitionen hätten somit weit eher ein konkretes Ziel in der Gestalt eines konkreten Staates, der für den blockierten Aufstieg verantwortlich gemacht werden könnte und dessen Widerstand evtl. zu brechen wäre.

Dies spricht sehr für die Auffassung, dass sich der Kampf um Status nicht nur im Streben nach Statusmarkern und deren Anerkennung durch andere manifestiert, sondern auch den Zugang zu höheren Statusgruppen und die Durchsetzung von dominierenden Rollenpositionen umfasst. Ein höherer Status lässt sich demnach vor allem an drei Kriterien festmachen: der überdurchschnittlichen Verfügung über anerkannte Statusmarker, die dem Besitzer soziales Ansehen verschaffen (z. B. kulturelle oder wissenschaftliche Errungenschaften, Kolonien, Schlachtflotten), der Mitgliedschaft in höherrangigen Gruppen (Mächtekonzert, G-8, Beteiligung an wichtigen Ad-Hoc-Entscheidungsgruppen) und der Akzeptanz in Rollenpositionen, die eine Kontrolle anderer Akteure implizieren (z. B. Patron, Hegemon). Dabei ist zu natürlich zu beachten, dass ein Statusgewinn evtl. auch schon dadurch erzielt werden kann, dass ein subalterner Akteur gegen seine inferiore Rolle erfolgreich aufbegehrt. Status ist bekanntlich relativ: der Verlust des einen ist gleichzeitig der Gewinn des anderen. Für Rangverhältnisse, die auf asymmetrischen Rollen basieren, leuchtet dies unmittelbar ein. Für die Mitgliedschaft in Statusgruppen oder die Ausstattung mit Statusmarkern gilt dies indirekt: Jeder Statusmarker, den ein Akteur hinzugewinnt, macht diesen weniger exklusiv und schmälert so den Ansehensgewinn, den dessen Besitzer aus ihm ziehen können.

3.2 Statusansprüche als Ursache revisionistischer Großmachtpolitik

Warum aber sollte Statusfrustration aktive Maßnahmen gegen die etablierte Ordnung und ihre Protagonisten auslösen – bis hin zu offener Dissidenz? Warum sollte die aufsteigende Macht ihren niedrigeren Status nicht länger hinnehmen, an den sie doch seit Jahren gewöhnt ist, und stattdessen das Risiko einer revisionistischen Politik auf sich nehmen? Ein Grund ist natürlich, dass sich ihre Identität infolge des materiellen Aufstiegs so weit gewandelt haben kann, dass sie nicht mehr mit dem Status vereinbar ist, den ihr ihre Umwelt zugestehen möchte. Wenn letztere erfolglos um Zugeständnisse ersucht worden ist, entsteht mithin eine Diskrepanz zwischen dem internen Identitätsdiskurs einerseits und den Gruppenzugehörigkeiten und Rollenpositionen andererseits, die man in der sozialen Interaktion tatsächlich einnimmt (Ringmar 1996; Murray 2010). Diese Spannung könnte theoretisch aufgelöst werden, indem die eigenen Statuserwartungen revidiert werden. Dem stehen jedoch mehrere Hindernisse entgegen, allen voran der innergesellschaftliche Diskurs über den angemessenen Platz in der internationalen Rangordnung. Entscheidungsträger, die ihm zuwiderhandeln, weil sie die Kosten revisionistischer Politik scheuen, riskieren deshalb, als Verräter oder Weichlinge diffamiert zu werden. Hinzu kommt in der Regel, dass auch sie selbst die Verweigerung des Rangaufstiegs als Ungerechtigkeit empfinden, die auf einer Doppelmoral der etablierten Mächte beruht.

Wie weite Teile der Gesellschaft werden auch die politischen Eliten selbst negative Emotionen gegenüber letzteren entwickeln, insbesondere Verärgerung und langanhaltende Ressentiments. Besonders intensiv fallen solche emotionalen Reaktionen natürlich dann aus, wenn der Eindruck entsteht, dass ausländische Akteure noch nicht einmal die Statusposition angemessen würdigen, die die aufsteigende Macht nach eigener Einschätzung bereits jetzt erreicht hat. In diesem Fall ist das subjektive Missachtungserlebnis noch gravierender, weil nicht nur ein erstrebter Rangaufstieg verhindert wird, sondern auch der angeblich schon existierende Rang ignoriert oder in Frage gestellt wird (Wolf 2011). Diese zweite Form der subjektiven Statusdiskrepanz verärgert deshalb umso mehr.

Solche negativen Gefühle wecken nicht nur Vergeltungswünsche und erhöhen die Risikobreitschaft. Sie verringern auch Vertrauen in fremde Absichten und die Neigung zur gründlichen Kalkulation sachlicher Interessen, was wiederum die pragmatische Zusammenarbeit mit den „unfairen" Akteuren erschwert und damit die Wahrscheinlichkeit konfrontativer Interessenpolitik erhöht (Ward 2012). Schließlich wird die negative Erfahrung mit den etablierten Mächten auch mit der internationalen Ordnung assoziiert, die diese Akteure errichtet haben und weiterhin stützen. Auch wenn sie den materiellen Aufstieg des frustrierten Staates ursprünglich ermöglicht hat, erscheint sie diesem zunehmend als ein unreformierbares Ergebnis egoistischer Interessenpolitik der dominanten Akteure, und damit als ein illegitimes Herrschaftskonstrukt, das sich überlebt hat. Wenn ein Rückzug aus dieser Ordnung keine Option darstellt, wird ihre Überwindung zum attraktiven Ziel.

Deshalb könnten gestiegene Statusansprüche, die einen zentralen Anteil einer nationalen Identität ausmachen, gerade der Faktor sein, der den paradoxen Widerstand der Staaten erklärt, die von der bestehenden Ordnung augenscheinlich materiell am meisten profitieren konnten. Der besondere Mehrwert der Statustheorien ist also darin zu sehen, dass sie verständlich machen können, wie der Zuwachs an Ressourcen soziale Anerkennungswünsche weckt, die zum Motiv für eine Politik werden, die auf grundsätzliche Veränderung des Bestehenden abzielt. So gesehen bilden diese Ansätze ein *symbolisches* Pendent zur Theorie des lateralen Drucks, die davon ausgeht, dass wirtschaftlicher Aufstieg zusätzliche *materielle* Bedürfnisse erzeugt, die den betreffenden Staat in Konflikt mit seinem Umfeld bringen können.

Unter welchen Bedingungen revisionistische Ziele dann auch aktiv angestrebt werden, können statustheoretische Ansätze allerdings (noch?) nicht näher prognostizieren (Dafoe et al. 2014). Zwar lassen sich aus der Theorie der sozialen Identität (Social Identity Theory – SIT) Hypothesen ableiten, die die Auswahl unterschiedlicher Strategien zu erklären beanspruchen (Tajfel und Turner 1979; Larson und Shevchenko 2010). Dabei wurde ins Feld geführt, dass vor allem die subjektive Legitimität von Statusunterschieden und die soziale Durchlässigkeit von Gruppengrenzen entscheidend für die Akzeptanz solcher Ordnungen sind. Rebellion gegen sie ist demnach vor allem dann zu erwarten, wenn Akteuren der „Aufstieg" in die „höherrangige" Gruppe willkürlich verwehrt wird (Larson und Shevchenko 2010). Diese theoretischen Erwartungen betreffen allerdings vorrangig Entscheidungen, die von einzelnen Personen getroffen werden, um ihren persönlichen Status zu verbessern: Meist wird unterschieden zwischen den drei Strategien der social mobility (die über den Erwerb anerkannter Statusmarker die Aufnahme in höhere Statusgruppen

erreichen soll), der social competition (die im Falle einer verweigerten Aufnahme darauf abzielt, die privilegierte Gruppe hinsichtlich des Besitzes von Statusmarker zu übertreffen) und der social creativity (die versucht, die Bezugsgruppe zu wechseln oder eine gesellschaftliche Aufwertung der Statusmarker zu erreichen, mit denen der ambitionierte Akteur besonders gut ausgestattet ist). Auf die internationale Politik lassen sich diese Strategieentscheidungen aber nur eingeschränkt übertragen (Ward 2012, Kap. 2). Insbesondere sind sie kaum anwendbar auf dyadische Statusdispute, bei denen es um Muster der Unterordnung, also um unvereinbare Statusrollen geht (Wolf 2016). Welche Strategien ausgewählt werden, ist für das hier interessierende puzzle aber ohnehin zweitrangig. Weit wichtiger ist, was staatliche Eliten zu besonderen Statusanstrengungen motivieren könnte und woran man deren Stellenwert erkennen könnte.

Grundsätzlich dürfte das relative Statusengagement eines aufsteigenden Staates vor allem von fünf *Faktoren* abhängen, wobei das besondere Augenmerk hier auf den Faktoren drei und vier liegt, bei denen die Varianz am größten sein dürfte. Erstens kommt es auf die Bedeutung des internationalen Status für die eigene Identität an, also darauf wie wichtig der Vergleich mit anderen Staaten für das Selbstverständnis des Aufsteigers ist. Zweitens ist von Bedeutung, wie sehr es Gesellschaft und Eliten darauf ankommt, dass der von ihnen reklamierte nationale Status tatsächlich vom Ausland (d. h. insbesondere von den ranghöchsten Mitgliedern ihrer peer group) anerkannt wird (statt lediglich von den meinungsbildenden Akteuren *im Inland*). Drittens sollte das Aktivitätsniveau davon abhängen, wie sehr die vom Ausland zuerkannte Statusposition hinter dem reklamierten nationalen Status zurückbleibt, mit anderen Worten: davon, wie sehr man sich vom Ausland unverdientermaßen zurückgesetzt oder im Aufstieg blockiert fühlt (Statusdiskrepanz). Von Staaten, die sich massiv missachtet fühlen, ist größeres Engagement zu erwarten als von Staaten, in denen der Eindruck vorherrscht, dass ihnen das Ausland beinahe schon die ihnen angemessen erscheinende Rangposition einräumt (Wolf 2011). Dabei ist viertens davon auszugehen, dass Staaten aktiver werden, wenn die maßgeblichen Gruppen und Entscheidungseliten den Eindruck gewinnen, dass das Ausland von sich aus wenig Bereitschaft zeigt, die wahrgenommene Statuslücke zu schließen, oder sogar aktiv versucht, jeden Statusgewinn des Aufsteigers zu verhindern. Unter den zuletzt genannten Umständen ist am ehesten zu erwarten, dass ein Aufsteiger zu dissidenter Politik übergeht, also nicht mehr davor zurückschreckt, zur Verbesserung seines Status wichtige Normen und Regeln der existierenden Ordnung zu missachten. Schließlich ist fünftens zu erwarten, dass die Intensität, mit der die Ordnung bekämpft wird, auch davon abhängt, wie gut der revisionistische Akteur mit Machtressourcen ausgestattet ist. Je größer sein Anteil (incl. der Ressourcen seiner wahrscheinlichen Verbündeten) relativ zu den Verteidigern der etablierten Ordnung ist, umso eher ist damit zu rechnen, dass er sich auf die Androhung und Anwendung negativer Sanktionen (bis hin zu Gewaltakten) einlässt.

Aus diesen theoretischen Erwartungen der Statusansätze ergibt sich eine Reihe von *Indikatoren*, deren Beobachtung dafür sprechen würde, dass Statusansprüche die revisionistische Politik motiviert haben:

 Springer

1. Der Staat unternimmt generell kostspielige Anstrengungen, um allgemein anerkannte Statusmarker zu erwerben, bemüht sich dabei aber insbesondere um die Marker, über welche fast nur die ranghöchsten Staaten verfügen.

2. Der Staat versucht wiederholt mit unmissverständlichen Akten seine hervorgehobene Statusposition zu demonstrieren, beispielsweise indem er rangniedere Staaten seine Überlegenheit spüren lässt oder gegenüber ebenbürtigen Großmächten seine Gleichrangigkeit symbolisch zum Ausdruck bringt.

3. Die verantwortlichen Politiker haben im Untersuchungszeitraum generell immer wieder nationale Statusansprüche ins Feld geführt, was dafür spräche, dass ihnen der internationale Rang ihres Landes und seine Anerkennung durch das Ausland viel bedeutet.

   3a Entscheidungsträger und andere Eliten beklagen immer wieder eine Statuslücke, insbesondere die unzureichende Beachtung eigener Leistungen oder Errungenschaften, arrogante oder diskriminierende Behandlung (wie z. B. die Konfrontation mit faits accomplis), die Anwendung von Doppelstandards, den Ausschluss von wichtigen Entscheidungen oder den verweigerten Zugang zu höheren Statusgruppen.

   3aa Revisionistische Forderungen werden weniger mit sachlich-materiellen Problemen begründet sondern mehr mit Bezug auf „gewachsenes nationales Gewicht", Wiedergutmachung „historischer Leiden" (d. h. implizit überfällige Korrektur überzogener Statuspositionen der „Täter") o. ä.

4. Werden im aufsteigenden Staat Forderungen nach einer Änderung der internationalen Ordnung erhoben, dann gehen sie eher von nationalistischen Intellektuellen oder Medien aus als von wirtschaftlichen Interessengruppen (wie es die Theorie des lateralen Drucks erwarten ließe).

5. Das Verhältnis zur etablierten Ordnung hängt maßgeblich davon ab, inwieweit sie den eigenen Statusambitionen im Wege steht. Der Entscheidung für offenen Widerstand gegen sie gehen – soweit dies möglich erscheint – Bemühungen voraus, wahrgenommene Statuslücken zunächst ohne die Anwendung von Zwang zu verringern. Vor der Verschärfung des Widerstands werden also unilaterale Versuche unternommen, wahrgenommene Statusnachteile durch andere, weniger riskante Initiativen wettzumachen, etwa durch die Umwertung oder Neudefinition von Statusmarkern (social creativity) oder durch den Erwerb leichter zugänglicher Statusmarker (social moblity).

4 Fazit

Dieser Beitrag hat zwei theoretische Ansätze vorgestellt, die verständlich machen können, weshalb ausgerechnet die erfolgreichen Aufsteiger gegen eine etablierte Ordnung vorgehen könnten, von der sie eigentlich in besonderem Maße profitiert haben sollten. Gemeinsam ist beiden Ansätzen dabei die Überlegung, dass gerade der große wirtschaftliche Erfolg u. U. revisionistische Ambitionen wecken kann. Während die Theorie des lateralen Drucks in diesem Zusammenhang postuliert, dass wachsende materielle Bedürfnisse des Aufsteigers Konflikte verursachen können, richten die Statusansätze ihr Augenmerk darauf, dass wirtschaftlicher Erfolg beim

Aufsteiger zunehmende Anerkennungserwartungen wecken kann. Ob es in der Folge tatsächlich zu gefährlichen Konflikten mit den etablierten Mächten kommt, hängt für beide Ansätze entscheidend davon ab, wie viel Bereitschaft letztere zeigen, diesen gestiegenen Ambitionen zu entsprechen.

Für die folgenden empirischen Analysen ist dabei zu beachten, dass in der historischen Realität beide Motivarten natürlich auch gemeinsam auftreten oder sich gegenseitig verstärken können. Beispielsweise könnte ein Aufsteiger kolonialistische Ambitionen entwickeln, weil er zum einen an den Rohstoffvorkommen eines Gebietes besonders interessiert ist und zum anderen im Erwerb von Kolonien einen wichtigen Statuszugewinn erblickt. Denkbar ist auch, dass ein Aufsteiger die etablierte Ordnung erst in dem Moment als unerträglich diskriminierend empfindet, in dem die etablierten Mächte seine Forderung zurückweisen, ihm Absatzmärkte zu öffnen, die er für die Fortsetzung seines Wachstumspfades dringend benötigen würde – mit anderen Worten: dass mangelndes Entgegenkommen bei der Beseitigung wirtschaftlicher Engpässe erst den Eindruck entstehen lässt, dass die existierende Ordnung inakzeptable Statusunterschiede zementiert. Die folgenden Fallstudien werden solche möglichen Überschneidungen und Interaktionseffekte im Blick behalten, aber immer dort, wo es analytisch sinnvoll ist, zu klären versuchen, welcher Erklärungsfaktor bedeutsamer war. Darüber hinaus werden sie selbstverständlich berücksichtigen, dass es noch andere Faktoren geben könnte, die in den beiden vorgestellten Ansätzen keine wesentliche Rolle spielen.

Die folgenden Fallstudien werden dazu zunächst untersuchen, wie sehr die jeweiligen Großmächte revisionistisch orientiert waren und ob sich diesbezüglich verschiedene Phasen unterteilen lassen. Auf dieser Grundlage werden die Analysen dann anhand der zwei Indikatorenlisten abprüfen, inwieweit der beobachtete Grad an Revisionismus mit den Erwartungen der beiden theoretischen Ansätze übereinstimmt. Soweit die Varianz der abhängigen Variable es zulässt, werden die Fallstudien weiterhin klären, ob Änderungen des Revisionismusgrades erkennbar mit den Werten der beiden unabhängigen Variablen kovariieren. Schließlich wird der abschließende Aufsatz auch noch fallübergreifende Vergleiche anstellen, um weitere Aufschlüsse über die relative Erklärungskraft der unabhängigen Variablen zu geben und Schlussfolgerungen für aktuelle – theoretische und praktische – Debatten über aufsteigende Großmächte zu ziehen.

Literatur

Alden, C. (2005). China in Africa. *Survival, 47*(3), 147–164.

Ashley, R. (1980). *The political economy of war and peace.* New York: Nichols.

Boehm, C. (1999). *Hierarchy in the forest. The evolution of egalitarian behavior.* Cambridge: Harvard University Press.

Buzan, B. (2004). *The United States and the great powers. World politics in the twenty-first century.* Cambridge, Malden: Polity.

Campbell, D. (1992). *Writing security. United States foreign policy and the politics of identity.* Manchester: Manchester University Press.

Carr, E. (1946). *The twenty years' crisis, 1919–1939. An introduction to the study of international relations.* London: Macmillan & Co.

Choucri, N., & North, R. C. (1972). Dynamics of international conflict: some policy implications of population, resources, and technology. *World Politics, 24,* 80–122. (Sonderausgabe: Theory and Policy in International Relations).

Choucri, N. (1973). International conflict processes: a system view. In R. Weiler & V. Zsifkovits (Hrsg.), *Beitrage zu einer Ethik des Friedens* (S. 74–94). Wien: Herder.

Choucri, N. (1974). *Population dynamics and international violence: propositions, insights, evidence.* Lexington: Lexington Books.

Choucri, N., & North, R. (1975). *Nations in conflict: National growth and international violence.* San Francisco: W. H. Freeman & Co.

Choucri, N. (1978). Alternative futures: an exercise in forecasting. In N. Chourcri & T. W. Robinson (Hrsg.), *Forecasting in international relations: theory, methods, problems, prospects* (S. 308–326). San Francisco: Freeman.

Choucri, N., R. North, & S. Yamakage. (1992). *The challenge of Japan: before World War II and after: a study of national growth and expansion.* London: Routledge.

Choucri, N., & North, R. C. (1987). Roots of war: the master variables. In R. Väyrynen & D. Senghaas (Hrsg.), *The quest for peace: transcending collective violence and war among societies, cultures and states* (S. 204–216). London: SAGE.

Choucri, N., & North, R. C. (1989). Lateral pressure in international relations: concept and theory. In M. I. Midlarsky (Hrsg.), *Handbook of war studies* (S. 289–326). Boston: Hyman.

Choucri, N., & North, R. C. (1993). Population and (in)security: national perspectives and global imperatives. In D. B. Dewitt, D. Haglund & J. Kirton (Hrsg.), *Emerging trends in international security* (S. 229–256). New York: Oxford University Press.

Choucri, N., Laird, M., & Meadows, D. L. (1972). *Resource scarcity and foreign policy: a simulation model of international conflict.* Center for International Studies – Massachusetts Institute of Technology, Bd. C/72–9

Dafoe, A., Renshon, J., & Huth, P. (2014). Reputation and status as motives for war. *Annual Review of Political Science, 17*(1), 371–393.

Doran, C. F. (1991). *Systems in crisis. New imperatives of high politics at century's end.* Cambridge, New York: Cambridge University Press.

Doty, R. L. (1993). Foreign policy as social construction: a post-positivist analysis of U.S. counterinsurgency policy in the Philippines. *International Studies Quarterly, 37*(3), 297–320.

Frank, R. H. (1986). *Choosing the right pond. Human behavior and the quest for status.* New York: Oxford University Press.

Frank, R. H. (2010). *Luxury fever. Weighing the cost of excess.* Princeton: Princeton University Press.

Gilpin, R. (1981). *War and change in world politics.* Cambridge: Cambridge University Press.

Goldstein, A., Pinaud, N., Reisen, H., & Chen, X. (2006). *The rise of China and India: what's in it for Africa?* Paris: OECD.

Gould, R. V. (2003). *Collision of wills. How ambiguity about social rank breeds conflict.* Chicago, London: University of Chicago Press.

Haidt, J., & Joseph, C. (2004). Intuitive ethics: how innately prepared intuitions generate culturally variable virtues. *Daedalus, 133*(4), 55–66.

Hansen, L. (2006). *Security as practice. Discourse analysis and the Bosnian war.* New York: Routledge.

Hopf, T. (2002). *Social construction of international politics. Identities & foreign policies, Moscow, 1955 and 1999.* Ithaca: Cornell University Press.

Katzenstein, P. J. (Hrsg.). (1996). *The culture of national security. Norms and identity in world politics.* New York: Columbia University Press.

Larson, D. W., & Shevchenko, A. (2010). Status seekers: Chinese and Russian responses to U.S. primacy. *International Security, 34*(4), 63–95.

Larson, D. W., Paul, T. V., & Wohlforth, W. C. (2014). Status and world order. In T. V. Paul, D. W. Larson & W. C. Wohlforth (Hrsg.), *Status in world politics* (S. 3–29). Cambridge: Cambridge University Press.

Lebow, R. N. (2008). *A cultural theory of international relations.* Cambridge: Cambridge University Press.

Magee, J. C., & Galinsky, A. D. (2008). Social hierarchy: the self-reinforcing nature of power and status. *The Academy of Management Annals, 2*(1), 351–398.

Mazur, A. (2005). *Biosociology of dominance and deference.* Lanham: Rowman & Littlefield.

Morgenthau, H. J., Thompson, K. W., & Clinton, W. D. (2006). *Politics among nations. The struggle for power and peace.* Boston: McGraw-Hill Higher Education.

Murray, M. (2010). Identity, insecurity, and great power politics: the tragedy of German naval ambition before the First World War. *Security Studies, 19*(4), 656–688.

Onea, T. A. (2014). Between dominance and decline. Status anxiety and great power rivalry. *Review of International Studies, 40*(1), 125–152.

O'Neill, B. (1999). *Honor, symbols, and war.* Ann Arbor: University of Michigan Press.

Pollins, B. M., & Schweller, R. L. (1999). Linking the levels: the long wave and shifts in U.S. foreign policy. *American Journal of Political Science, 43*(2), 431–464.

Richter, G. (2012). Militär, Krieg und Ökonomie. In N. Leonhard & I.-J. Werkner (Hrsg.), *Militärsoziologie – Eine Einführung* (2. Aufl. S. 244–263). Wiesbaden: VS.

Ringmar, E. (1996). *Identity, interest, and action. A cultural explanation of Sweden's intervention in the thirty years war*. Cambridge: Cambridge University Press.

Rosen, S. P. (2007). *War and human nature*. Princeton, Woodstock: Princeton University Press.

Sasley, B. E. (2011). Theorizing states' emotions. *International Studies Review, 13*(3), 452–476.

Schweller, R. L. (1999). Managing the rise of great powers. History and theory. In A. I. Johnston & R. S. Ross (Hrsg.), *Engaging China. The management of an emerging power* (S. 1–31). London: Routledge.

Tajfel, H., & Turner, J. (1979). An integrative theory of intergroup conflict. In W. Austin & S. Worchel (Hrsg.), *The social psychology of intergroup relations* (S. 33–47). Monterey: Brooks, Cole.

Tull, D. M. (2006). China's engagement in Africa: scope, significance and consequences. *The Journal of Modern African Studies, 44*(3), 459–479.

Ward, S. M. (2012). *Status Immobility and Systemic Revisionism in Rising Great Powers*. Ph. D. dissertation. Washington, D.C.

Weldes, J. (1999). *Constructing national interests. The United States and the Cuban missile crisis*. Minneapolis: University of Minnesota Press.

Wendt, A. (1999). *Social theory of international politics*. Cambridge, New York: Cambridge University Press.

Wohlforth, W. C. (2009). Unipolarity, status competition, and great power war. *World Politics, 61*(1), 28–57.

Wolf, R. (2011). Respect and disrespect in international politics: the significance of status recognition. *International Theory, 3*(01), 105–142.

Wolf, R. (2012). Prickly states? Recognition and disrespect between persons and peoples. In T. Lindemann & E. Ringmar (Hrsg.), *The international politics of recognition* (S. 39–56). Boulder, Colo: Paradigm.

Wolf, R. (2016), *Hierarchies of prestige and deference. The dual nature of international status* (unveröffentlichtes Manuskript).

Wright, R. (1994). *The moral animal. Evolutionary psychology and everyday life*. New York: Vintage Books.

Zweig, D., & Bi, J. (2005). China's Global Hunt for Energy. *Foreign Affairs, 84*(5), 25–38.

Z Außen Sicherheitspolit (2016) (Suppl 1) 10:45–69
DOI 10.1007/s12399-016-0597-6

Imperiale Dissidenz

Die Vereinigten Staaten von Amerika vor dem Ersten Weltkrieg (1898–1912)

Iris Wurm

Online publiziert: 13. Dezember 2016

Zusammenfassung Die Vereinigten Staaten haben vor dem Ersten Weltkrieg den Status quo in Mittelamerika herausgefordert, somit kann man sie als Revisionist gegenüber der Ordnung der europäischen Kolonialmächte betrachten. Washington hat auf dem amerikanischen Kontinent die Territorialordnung und das Souveränitätsprinzip mehrfach gebrochen und eine dissidente Außenpolitik betrieben. Der Wunsch nach neuen Absatzmärkten und Investitionsfeldern war die Triebfeder des US-amerikanischen Revisionismus.

Schlüsselwörter USA · Revisionismus · Lateraler Druck · Statusdemonstration · Regionaler Hegemon

Imperial Dissidence
The United States Before World War I (1898–1912)

Abstract As the United States was actively challenging the status quo in Middle America before World War I, it can be aptly characterized as a revisionist actor towards the regional order that had been established by the European colonial powers. During this phase, Washington violated the territorial order and the principle of sovereignty more than once due to its dissident foreign policy. The main drivers for Washington's revisionist policy are to be found in the quest for new markets abroad and fields of investment.

Keywords USA · Revisionism · Lateral pressure · Status demonstration · Regional hegemon

Dr. I. Wurm (✉)
Goethe-Universität Frankfurt am Main, PEG, Theodor-W. Adorno Platz 6, 60323 Frankfurt,
Deutschland
E-Mail: wurm@soz.uni-frankfurt.de

1 Einleitung

In einer Reihe mit dem deutschen Kaiserreich, der Weimarer Republik und dem imperialen Japan mag der Fall USA zumindest auf den ersten Blick überraschend erscheinen. Dies liegt daran, dass die Außenpolitik der Vereinigten Staaten im Zeitraum von 1898 bis 1914 von Beobachtern nur äußerst selten als revisionistisch bezeichnet wird. Eine Auseinandersetzung mit den USA im Hinblick auf Revisionismus fand bisher auch nur im geringen Maße statt (Emmes 2013, S. 57–66). Diese Tatsache ist vor allem darauf zurückzuführen, dass in der historischen Betrachtung die Vereinigten Staaten im Zeitraum vor dem Ersten Weltkrieg – durch die Besiedlungspolitik im Landesinneren, sowie dem überwiegenden Desinteresse gegenüber den Entwicklungen auf dem europäischen Kontinent – häufig als isolationistischer Staat mit geringem Interesse an der Weltpolitik beschrieben werden (Northrop 1957; Powaski 1991).

Dabei handelt es sich bei den USA um einen perfekten Fall im Hinblick auf die Überprüfung der abhängigen Variable, denn die USA sind in dieser Zeitspanne als dissidente aufsteigende Macht zu bezeichnen. Der regionale Status quo zum Ende des 19. Jahrhunderts – die spanische Hegemonie in Mittelamerika – sollte verändert werden und dafür wurden internationale Rechtsnormen, wie staatliche Souveränität sowie das Interventionsverbot und das Prinzip der Nicht-Einmischung, mehrfach gebrochen.

Die USA betrieben darüber hinaus eine durchaus bemerkenswert Politik des regionalen Interventionismus in Form einer Vielzahl verschiedenartiger Interventionen in Lateinamerika (Heideking und Mauch 2008, S. 191–196; Perkins 1981; Rigby 1978). Diese reichten von klassischen militärischen Interventionen, über die Übernahme zentraler staatlicher und administrativer Funktionen bis hin zur Unterstützung von Oppositions- und Revolutionsbewegungen. Diese Politik machte es ihnen möglich, die europäischen Staaten komplett aus Mittelamerika zu verdrängen und sich selbst als regionaler Hegemon Lateinamerikas zu positionieren. Daher ist es unerlässlich, dass der Zeitraum vor dem Ersten Weltkrieg richtigerweise als Aufstiegsphase zur Regionalmacht und nicht als Phase des US-amerikanischen Isolationismus gekennzeichnet wird. Dies ist auch im Hinblick auf den Aufstieg der USA zur Supermacht relevant (Gassert et al. 2007, S. 371 f.; Liska 1978, S. 336–352).[1]

2 Die internationale und regionale Ordnung

Die internationale Ordnung zum Ende des 19. Jahrhunderts war völkerrechtlich, wirtschaftlich und politisch eurozentristisch geprägt. Dies beruht darauf, dass die vorangegangene Expansion der europäischen Staaten von der Absicht geleitet war, dem europäischen Rechtsdenken weltweit Achtung zu verschaffen (Berchtold 2012, S. 221). In der zwischenstaatlichen Praxis lässt sich gegenüber dem frühen 19. Jahr-

---

[1] Ich danke besonders Anna Gräuler, die in ihrer Forschungsarbeit zu den USA vor dem Ersten Weltkrieg, in dem von mir geleiteten Forschungspraktikum „Status quo – Nein Danke!" zahlreiche Primärquellen gefunden hat, die ich hier – mit ihrem Einverständnis – zitieren darf.

hundert eine Verdichtung und Ausweitung des Vertragsvölkerrechts feststellen. Völkerrecht, Industrialisierung und Handelsverkehr, Imperialismus und Globalisierung wirkten zusammen und erzeugten einen Wandel hin zu ersten Institutionen in der zweiten Hälfte des 19. Jahrhunderts (Klump und Vec 2012, S. 9). Geprägt war die internationale Ordnung zum Ende des 19. Jahrhunderts von Rechtsnormen wie staatlicher Souveränität, einem Interventionsverbot und dem Prinzip der Nicht-Einmischung, welche auf dem Westfälischen Frieden von 1648 beruhen.

Die USA hatten ihren Anspruch als führende Macht der westlichen Hemisphäre schon 1823 mit der Monroe Doktrin – einem Inventionsverbot für raumfremde Mächte – klar zum Ausdruck gebracht. Zwar hatte die Doktrin keinerlei völkerrechtliche Gültigkeit, aber sie entwickelte sich zu einem „nationalen Fetisch, den keine amerikanische Regierung mehr unberücksichtigt lassen konnte" (Fiebig von Hase 1997, S. 527). Zur Zeit ihrer Verkündung verfügten die USA noch nicht über die militärische Stärke oder die finanziellen Mittel, um diese Doktrin durchzusetzen. Die außenpolitische Grundsatzerklärung des US-amerikanischen Präsidenten Monroe richtete sich zwar zunächst gegen den russischen Expansionsdrang im heutigen Kalifornien, hatte jedoch vor allem Spaniens Lateinamerikapolitik im Blick (Emmes 2013, S. 57; Fiebig von Hase 1997, S. 527).

Waren die USA bei der Verkündung der Monroe Doktrin noch nicht in der Lage diese im Notfall auch durchzusetzen, änderte sich dies im Laufe des 19. Jahrhunderts (siehe Abb. 1), da die Vereinigten Staaten immer mehr an Macht gewannen. Die USA stiegen seit der zweiten Hälfte des 19. Jahrhunderts kontinuierlich auf und reduzierten ihre Machtdifferenz zum Hegemon Großbritannien, bis sie zum Ende des 19. Jahrhunderts endgültig den Hegemon überholt hatten. Die USA waren somit der am stärksten aufsteigende Staat des 19. Jahrhunderts. Dieser Aufstieg verlief jedoch nicht ohne Reibereien mit mehreren europäischen Mächten.

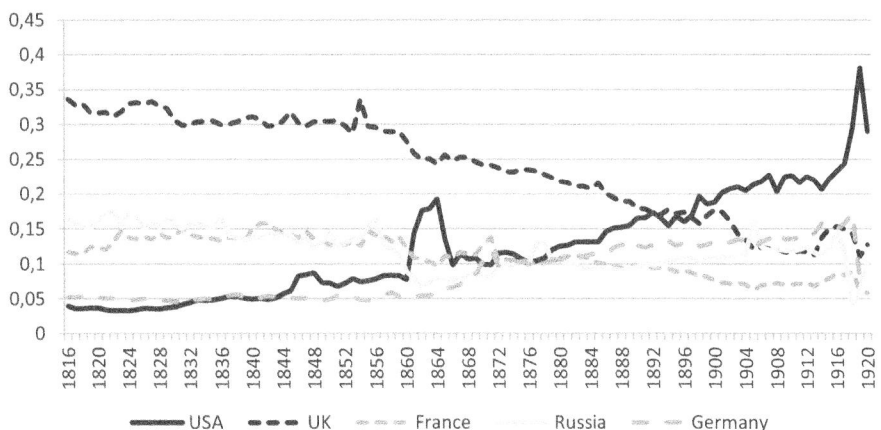

Abb. 1 Die Machtverteilung der Großmächte im 19. Jahrhundert. Quelle: COW-Datensatz

3 Einführung in den Fall

Spannungen zwischen den europäischen Mächten und den USA zeigten sich zum
Beispiel in Mexiko zwischen 1862–1866 (Coerver 1999). Nachdem die USA den
amerikanisch-mexikanischen Krieg (1846/48) gewonnen hatten, hatte Mexiko fast
die Hälfte des Territoriums verloren und war wirtschaftlich am Ende. Für viele war
die staatliche Auflösung Mexikos nur noch eine Frage der Zeit und in Europa wuchs
die Angst, dass die USA ganz Mexiko in ihr Kernland integrieren könnten. Mit
dem wachsenden Misstrauen der europäischen Mächte festigte sich in Washington die Bereitschaft, aus nationalem wie regionalem Sicherheitsinteresse den sich
ausbreitenden Einfluss der Europäer südlich des Rio Grande einzudämmen. Man
wollte verhindern, dass Mexiko vollends in die Abhängigkeit seiner europäischen
Gläubiger geriet. In dem sich entwickelnden mexikanischen Bürgerkrieg, war durch
die europäische (Unterstützung der Konservativen) vs. die amerikanische (Unterstützung der Liberale) Parteinahme die Ausgangslage für einen Konflikt zwischen
den Europäern und den USA vorgezeichnet. Französische, britische und spanische
Truppen landeten im Dezember 1861 und Januar 1862 in Mexiko und versuchten
in den Bürgerkrieg einzugreifen. Anfang 1862 kam es zum Bruch des Interventi-
onsverbandes, da Großbritannien und Spanien nicht gewillt waren, die exzessiven
französischen Forderungen mitzutragen. Mit dem Rückzug der Briten und der Spanier war der Weg für Napoleon III. frei, seinen gegen die USA gerichteten Plan
zur Neugestaltung Lateinamerikas in die Tat umzusetzen und Mexiko zu besetzen
(Dülffer et al. 1997, S. 85–88). Mit Rücksicht auf den Bürgerkrieg hielten sich die
USA zunächst raus, traten jedoch mit wachsender Stärke für den kompromisslosen
Rückzug der Franzosen ein. Der französisch-amerikanische Konflikt blieb im Sta-
dium der diplomatischen Krise, da Washington für einen erneuten Waffengang zu
erschöpft war und Frankreich sich ab 1864 wieder auf Europa konzentrierte. Jedoch
wuchs in Washington der Wunsch die Einmischung der Europäer auf dem amerikanischen Kontinent im Notfall auch militärisch einzudämmen (Dülffer et al. 1997,
S. 94).

Ein erster Schritt in Richtung militärischer Machterweiterung erfolgte dann in den
1890er-Jahre, als der Kongress den Bau von drei modernen Schlachtschiffen für die
geplante *two-ocean fleet* genehmigte (Indikator 1 begehrte Statusmarker (Heideking
und Mauch 2008, S. 194; Wehler 1974, S. 29)). Zum ersten sichtbaren Einsatz der
Monroe Doktrin kam es 1895, als Präsident Cleveland und Außenminister Olney
die Briten zwangen, eine amerikanische Vermittlung im Grenzstreit zwischen Venezuela und Britisch Guyana zu akzeptieren (Wehler 1974, S. 29). Die Briten sahen
sich zum Nachgeben genötigt, weil die gespannten Beziehungen zu Russland und
Frankreich, das zunehmend gestörte Verhältnis zum deutschen Reich und die eigene Unfähigkeit, Kanada im Ernstfall gegen die USA verteidigen zu können, einen
Auseinandersetzung mit den USA wenig erstrebenswert erscheinen ließen (Fiebig
von Hase 1997, S. 528).

Jedoch wird erst der Krieg mit Spanien 1898 als der Einstieg der USA in die Welt-
politik betrachtet: „The war permitted the United States to compete equally with the
Europeans in the race for preeminence in world politics" (Schulzinger 1998, S. 15).
Für den Ausgang des Krieges war bedeutsam, dass die kontinentaleuropäischen

Mächte Spanien keine Hilfe leisteten und Großbritannien dem amerikanischen Expansionsstreben sogar wohlwollend gegenüberstand (Fiebig von Hase 1997, S. 528).

Trotz ihrer antikolonialistischen Tradition nutzen die USA den Krieg, um ein Inselimperium in der Karibik und im Pazifik zu erlangen und so den Boden für eine rasche Fortentwicklung des Landes und einen künftige Weltmachtrolle zu bereiten. Neben der Annexion Hawaiis 1898 sollte dazu auch eine vier Jahrzehnte während Herrschaft über die Philippinen beitragen, ferner die Vermittlung eines Friedensvertrags 1905 zwischen Russland und Japan sowie 1905/1906 bei der von Kaiser Wilhelm II. entfachten Krise mit Frankreich über die Kontrolle Marokkos. Die wachsende Bedeutung der USA in Ordnungsfragen jenseits der eigenen Hemisphäre hinaus zeichnete sich somit in der Phase vor dem Ersten Weltkrieg immer deutlicher ab (Emmes 2013, S. 72).

4 Beobachtungspunkte

Im Folgenden soll anhand von vier Beobachtungspunkte der Frage nachgegangen werden, welche der beiden unabhängigen Variablen – Status oder Lateraler Druck – eine bessere Verständnisgrundlage für die revisionistischen Handlungsmuster der Vereinigten Staaten im Zeitraum zwischen dem Spanisch-Amerikanischem Krieg und dem Ausbruch des Ersten Weltkriegs liefern kann.

Die Auswahl der Beobachtungspunkte ist als kontinuierlicher Prozess der Dissidenz zu verstehen. Eine oppositionelle Phase wurde für die USA im Untersuchungszeitraum nicht ausgemacht. Jedoch unterscheiden sich die Beobachtungpunkte in ihrer Ausprägung der unabhängigen Variablen.

Grundsätzlich ist festzuhalten, dass im Fall der USA über den ganzen Zeitraum hinweg lateraler Druck die Expansion nach Außen erklären kann: „In the Years after the Civil War, Americans looked outward in order to trade more effectively abroad" (Schulzinger 1998, S. 15). Wie die folgenden Graphiken zeigen, kann über die gesamte Phase vor dem Ersten Weltkrieg lateraler Druck festgestellt werden (Abb. 2), ebenso wie eine extreme Steigerung der US-amerikanischen Industrieproduktion (Abb. 3a und b). Diese extreme Steigerung der Industrieproduktion ist als Ursache für den lateralen Druck zu verstehen, die USA brauchte dringend Absatzmärkte, um ihre Produkte zu verkaufen. Und zudem zeigt die um 13 % gestiegene Industrieproduktion in nur 43 Jahren den rasanten Aufstieg der USA zur stärksten Wirtschaftskraft.[2] Das deutsche Kaiserreich, welches ebenfalls als Aufsteiger der Epoche gewertet wird, hat im Vergleich zu den USA nur eine um 3 % gestiegene Industrieproduktion im selben Zeitraum (siehe Abb. 3a und b).

Außenminister Blaine zog aus dieser enormen Wirtschaftskraft den Schluss, dass man eine Politik des Panamerikanismus betreiben müsse: „Was wir brauchen, sind die Märkte unserer Nachbarn im Süden" (zitiert bei Wehler 1974, S. 29). Bald bezeichnete er es als „die höchste Pflicht der Vereinigten Staaten, die Ausdehnung ihres Außenhandels zu vergrößern" (Wehler 1974, S. 29). US-amerikanische Dissi-

---

[2] Zum Zusammenhang von Wirtschaftswachstum und imperialistischer US-Außenpolitik siehe Magdoff (1970), Küntzel (1974), Hudson (1972).

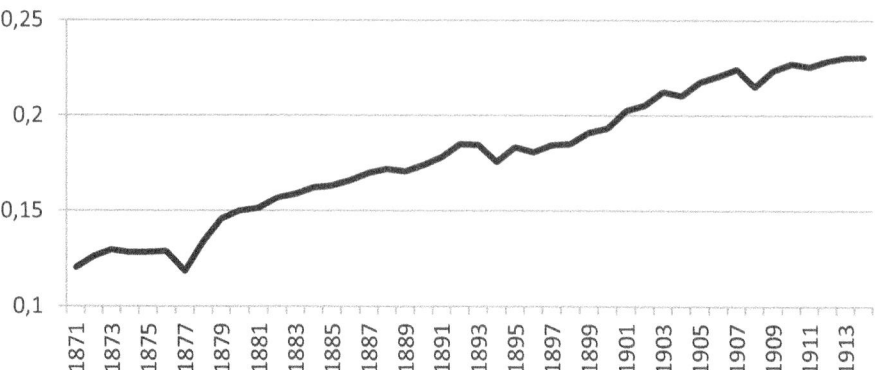

Abb. 2   Lateraler Druck 1871–1914. Quelle: Eigene Berechnung auf Basis des Lateral Pressure Index
(http://lateralpressure.mit.edu/lateral-pressure-index)

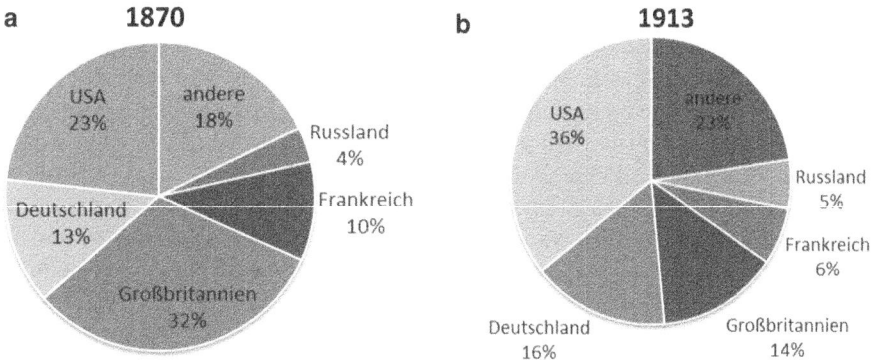

Abb. 3   **a,b** Der Anteil der USA an der weltweiten Industrieproduktion (Heideking und Mauch 2008,
S. 193)

denz wurde nicht nur mit der Suche nach neuen Absatzmärkten, sondern auch mit
dem Bevölkerungszuwachs begründet: Der spätere Finanzminister Gage forderte,
der Außenhandel müsse Entlastungsmöglichkeiten schaffen, denn das herannahende
Ende des freien Siedlungslandes und die Verstopfung der Städte seien eine schwere
Belastung für die Vereinigten Staaten (Wehler 1974, S. 30). Für die Debatte über die
Überkapazitäten auf dem Binnenmarkt bedeutete dieses angebliche Dahinschwinden
der freien Landreserven einen neuen Ansporn, der Außenpolitik mit noch stärke-
rem Nachdruck die Aufgabe zuzuweisen, neue Märkte jenseits der Landesgrenzen
sicherzustellen (Tompkins 1970, S. 4). Washingtons Drang seine Einflusssphäre in
Mittelamerika zu erweitern und das Streben nach neuen Absatzmärkten im Süden
war somit eine durch objektiven und subjektiven lateralen Druck ausgelöste Politik
(Indikator 1–5 des lateralen Drucks passen demnach auf die Fallstudie USA).

Die Beobachtungspunkte wurden gewählt, da sie allesamt dissidente Handlungen
in der Politik Washingtons beschreiben, jedoch unterscheiden sich in der Art des
Regelbruchs. Der spanisch-amerikanische Krieg wurde gewählt, da er als Beginn
der Expansionspolitik der USA gesehen werden kann und ein Krieg die radikalste

 Springer

Form der Dissidenz ist. Beim zweiten Beobachtungspunkt wird die Norm der Nicht-Einmischung und das Interventionsverbot zwar nicht aktiv gebrochen, jedoch kann das Verkünden einer Erweiterung der Monroe Doktrin – welche Interventionen und Einmischung in den Karibikstaaten erlaubt – als dissidenter Sprechakt gesehen werden. Im Fall des Panama Kanals wurde ein bilateraler Vertrag mit Kolumbien von den USA gebrochen. Die Interventionen in Kuba und Nicaragua wurden ausgewählt als exemplarische Fälle, die für den Bruch des Interventionsverbots stehen.

Der **erste Beobachtungspunkt** ist der Spanisch-Amerikanische Krieg, welcher den Beginn einer dissidenten US-Außenpolitikpolitik markiert. Durch die Intervention der USA in den Konflikt zwischen Kuba und dem spanischen Königreich begann die intensive Phase des US-Statusstrebens nach regionaler Hegemonie, welches vor allem in der Herausforderung der spanischen Hegemonie, sowie im Bruch des Interventionsverbots in Kuba deutlich wurde. Im Spanisch-Amerikanischen Krieg wurden US-amerikanische Außenwirtschaftsinteressen in Kuba geschützt beziehungsweise erweitert. Diese wurden vorher durch die Vormachtstellung der Spanier in Mittelamerika behindert (Gassert 2008, S. 64 f.). Dieser Beobachtungspunkt kann somit den Einfluss beider unabhängigen Variablen erklären.

Theodore Roosevelt verkündet im Jahr 1904 die sogenannte Roosevelt Corollary **(Zweiter Beobachtungspunkt)** als Ergänzung zur Monroe Doktrin. Adressat dieses Dokuments waren vordergründig die lateinamerikanischen Regierungen, welche eindringlich dazu aufgefordert wurden von politischen Entscheidungen und/oder Handlungen, welche die europäischen Großmächte zu einem Eingreifen veranlassen könnten, Abstand zu nehmen. Die Roosevelt Corollary richtete sich somit indirekt auch an die europäischen Großmächte und machte diesen deutlich, dass eine Missachtung der Monroe Doktrin militärische Konsequenzen nach sich ziehen würde (Kryzanek 1990, S. 42–44). Der zweite Beobachtungspunkt verfestigt das Streben nach einem höheren Status und Roosevelt versuchte hier durch eine neue Normsetzung die dissidente US-Politik in der Region zu legitimieren.

Den nächsten Beobachtungspunkt stellt der Bau des Panamakanals ab 1903 **(Dritter Beobachtungspunkt)** dar. Die Verbindung zwischen Atlantik und Pazifik sollte an der Landenge von Panama erfolgen, welches damals noch zu Kolumbien gehörte. Als die kolumbianische Regierung sich einem Vertragsabschluss mit den USA widersetzte, forcierte Roosevelt, allem Schutz innerer staatlicher Angelegenheiten und staatlicher Souveränitätsrechte zum Trotz, die Unabhängigkeit Panamas. Der Bau des Panamakanals trug somit nicht nur maßgeblich zur Festigung des neuen Status der USA als regionalem Hegemon bei, sondern durch die neuerliche Handelsroute verbesserte sich auch die Stellung der Vereinigten Staaten im Weltwirtschaftssystem (Brewer 2006, S. 83–87). Der dritte Beobachtungspunkt kann somit erneut den Einfluss beider unabhängigen Variablen zeigen.

Als **vierter Beobachtungspunkt** werden zwei Interventionen der USA zwischen 1906–1912 exemplarisch erläutert. Sie unterscheiden sich in der Ausprägung der unabhängigen Variablen. Die US-Intervention in Kuba dauerte von 1906 bis 1909 an. Das Beispiel der militärischen Intervention Kubas sowie dessen Besatzung durch die Vereinigten Staaten zeigt deutlich, in welchem Maße die USA das Ziel verfolgten das regionale Machtgefüge zu stützen sowie ihren Status zu verfestigen

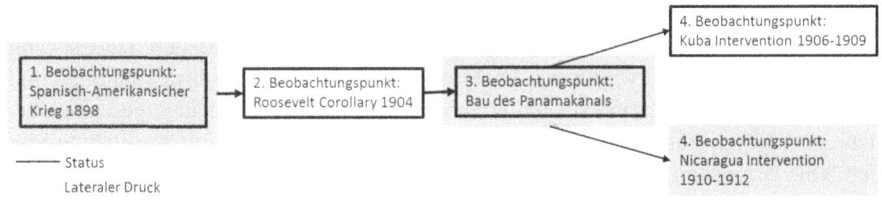

Abb. 4   Beobachtungspunkte. Quelle: Eigene Darstellung

(vgl. Langley 1983). Die Kuba Intervention steht somit exemplarisch für eine Statusdemonstration der USA in ihrer Region (Indikator 2, Statusdemonstration).

Unter dem Stichwort Dollardiplomatie ging die darauf folgende Phase der US-Außenpolitik unter Roosevelts Nachfolger William Howard Taft in die Geschichte ein. Dollardiplomatie lässt sich dabei als eine wechselseitige Unterstützung zwischen US-amerikanischer Regierung und den im Ausland agierenden Wirtschafts- und Finanzakteuren beschreiben. In diesem Zusammenhang ist vor allem die militärische Intervention in Nicaragua im Jahre 1910 bzw. 1912 interessant, da diese die durch lateralen Druck verursachte dissidente Politik der USA deutlich aufzeigt (vgl. Cortada 1985). Abb. 4 verdeutlicht die Beobachtungspunkte und deren Zuordnung.

4.1 Der spanisch-amerikanische Krieg 1898

Der Spanisch-Amerikanische Krieg stellt einen Wendepunkt in den Machtverhältnissen auf dem amerikanischen Kontinent und letztendlich sogar weltweit dar, da er die Phase der US-amerikanischen Hegemonie in Lateinamerika und den Aufstieg der USA zur Weltmacht einleitete (Gassert et al. 2007, S. 365; Foner 1972a, 1972b). Der Spanisch-Amerikanische Krieg ist dabei auf eine Vielzahl von Ursachen zurückzuführen: Innere Konflikte im Spanischen Empire führten 1895 zu Aufständen kubanischer Unabhängigkeitskämpfer, auf die die Spanier mit einer drastischen Strategie der ‚Rekonzentration‘, welche durch ein brutales Vorgehen gegenüber den Rebellen gekennzeichnet war, reagierten und damit die Empörung der USA heraufbeschworen (Schwabe 2006, S. 21). Die USA verschärften die Politik gegenüber Madrid, man eröffnete Spanien dass man sich eine Intervention vorbehalte, wenn Spanien nicht in gegebener Zeit die Insel „pazifiziere" (Wehler 1974, S. 213). Am 2. Februar explodierte das amerikanische Schlachtschiff ‚Maine‘ im Hafen von Havanna, wodurch 260 amerikanische Soldaten ums Leben kamen. Aufgrund der (mit hoher Wahrscheinlichkeit fälschlichen) Beschuldigung[3] der Spanier als Verursacher dieses Ereignisses konnten in den USA die letzten notwendigen Zustimmungen für eine militärische Konfrontation mit Spanien in der Kuba-Frage mobilisiert werden (Less 2007, S. 87 f.). Der Kongress stimmte in der Folge McKinleys Kriegsbotschaft am 20. April unter Zusatz des Teller-Amendments, welches eine Kolonialisierung Kubas durch die USA im Vorfeld ausschloss, mit großer Mehrheit zu. Nur kurze

---

[3] Nach neueren Erkenntnissen handelte es sich um einen Unfall (Heideking und Mauch 2008, S. 198).

Zeit nach der Kriegserklärung wurden die veralteten spanischen Marineverbände von der zum damaligen Zeitpunkt hoch modernen US-amerikanischen Kriegsflotte vor Manila und Santiago de Cuba vernichtend geschlagen, sodass die USA bereits am 10. Juni 1898 Kuba unter ihre Besatzung bringen konnten und auch Puerto Rico sowie die Philippinen aus der spanischen Einflusssphäre herausgelöst wurden. Nach nur vier Kriegsmonaten wurde am 10. August 1898 durch den Vertrag von Paris Frieden zwischen den USA und Spanien geschlossen (Brewer 2006, S. 75 f.). Der von den USA begonnene Krieg gegen Spanien stellt hier den Regelbruch dar und wird als dissidente Handlung gewertet.

4.1.1 Status

Der spanisch-amerikanische Krieg kann als Wendepunkt in der amerikanischen Außenpolitik verstanden werden. Washington demonstrierte hier erstmals seinen Status als regionaler Hegemon in der westlichen Hemisphäre und läutete mit diesem Krieg die Veränderung des Status quo in der Region ein.

Betrachtet man die USA zum Ende des 19. Jahrhunderts, so kann die US-Politik nicht ohne die Rolle des spanischen Königreichs analysiert werden. Es war mit dem sich selbst zugeschriebenen Status und dem Selbstbild der USA als stetig an Macht und Einfluss gewinnendem Staat mit starkem Wirtschaftswachstum, hohem regionalem Gestaltungswillen, sowie starkem kulturellem und politischem Sendungsbewusstsein, nicht vereinbar, dass eine europäische Großmacht im sogenannten „Hinterhof" der USA (Gassert et al. 2007, S. 372) die Strukturen und Prozesse zu dominieren beanspruchte. Die Vereinigten Staaten hatten die Absicht diesen Zustand zu verändern und den Status als einzig dominierende Macht in der Region zu etablieren. Ziel des Spanisch-Amerikanischen Kriegs war es daher, die Spanier aus Lateinamerika zu vertreiben. Demgemäß forderte McKinleys in seiner Kriegsanfrage an den Kongress vom 11. April 1898 die Zustimmung zum Einsatz militärischer Maßnahmen gegen das spanische Königreich.[4] Dem spanisch-amerikanische Krieg liegt die Strategie zugrunde, die europäischen Mächte aus Lateinamerika zu verdrängen, um auf diesem Weg den Kontinent zu stabilisieren, selbst zu expandieren und Einfluss nehmen zu können.[5] In der Antwort des Kongresses

---

[4] „[McKinley is requesting the Congress, A.G.] [...] to authorize and empower the President to take measures to secure a full and final termination of hostilities between the government of Spain and the people of Cuba, and to ensure in the island the establishment of a stable government, capable of maintaining order and observing its international obligations, insuring peace and tranquility and the security of its citizens as well as our own, and to use the military and naval forces of the United States as may be necessary for these purposes" (McKinley 1898).

[5] „In 1896 William McKinley was elected president of the United States. His platform included various promises, and most of them were expansionistic. [...] He promised to purchase or otherwise gain control of the Hawaiian Islands, the Danish West Indies, and possibly Cuba as well. He further pledged to dig an American canal through Nicaragua and remove all European nations form the hemisphere on grounds of maintaining and bolstering American and Latin American security and well-being. So less than a decade before the turn of the twentieth century, there was a prevalent attitude in the United States of expansion, imperialism, and benevolent paternalism towards the territories that could be brought under the umbrella of U.S. protection" (Brewer 2006, S. 74).

auf die Kriegsanfrage McKinleys wird diese Absicht der USA im Hinblick auf die Spanier und deren Rolle in Kuba noch um ein Vielfaches deutlicher ausgedrückt:

> JOINT RESOLUTION for the recognition of the independence of the people of Cuba, demanding that the Government of Spain relinquish its authority and government in the island of Cuba and to withdraw its land and naval forces from Cuba and Cuban waters, and directing the President of the United States to use the land and the naval forces of the United States to carry these resolutions into effect (Congressional Record 1898, S. 4062).[6]

Allerdings wurde bei der Einflussnahme in Kuba stets großen Wert darauf gelegt, dass keine klassischen Kolonien, wie sie sich die europäischen Großmächte in den Jahrhunderten zuvor unterworfen hatten, entstanden. Man verstand sich als moderne, zivilisierte Nation, weswegen die Unterdrückung von Völkern nicht zum Selbstbild der USA passte und mit den Erfahrungen des eigenen Unabhängigkeitskampfes nicht vereinbar war. Denn: „ein naives und uneingeschränktes Bekenntnis zu den Segnungen kolonial-imperialer Expansion [und] (...) eine expansionistische Außenpolitik, die sich nicht glaubhaft humanitären Zielen verpflichtet, [war] in der amerikanischen Öffentlichkeit nicht mehr so leicht vertretbar" (Schwabe 2006, S. 30). Man wollte demnach nicht die Position der europäischen Mächte als Kolonialmacht einnehmen, sondern man gab sich selbst einen neuen Status als Schutzmacht.

Durch die vernichtende Niederlage Spaniens gelang es den USA die spanische Hegemonie in Lateinamerika zu beenden und sowohl die Philippinen und Kuba, sowie Puerto Rico und Guam unter ihre Kontrolle zu bringen. Daraufhin begannen die USA sofort sich selbst als regionaler Hegemon zu positionieren, indem sie versuchten langfristig alle anderen und vor allem die europäischen Großmächte aus der Region fernzuhalten (Brewer 2006, S. 76 f.). Diese Absicht wird besonders durch das Platt Amendment von 1901 verdeutlicht: „[...] the Platt Amendment became the first indication of the U.S. intentions towards Cuba and of the length to which this country was willing to go in order to protect and guide the nations in the southern hemisphere" (Kryzanek 1990, S. 36). In der ersten Forderung des Platt Amendments untersagten die USA Kuba dementsprechend die Vertragsschließung mit anderen Mächten, welche die kubanische Unabhängigkeit einzuschränken beabsichtigen.[7] Das Platt-Amendment macht somit deutlich, welche Art von Ordnung die Vereinigten Staaten in der Region zu etablieren gedachten. Sie wollten den eigenen Status und die Einflussnahme in Kuba nicht erneut durch andere Großmächte gefährden (Indikator 3 (Status auf höchster Ebene)), sondern das Land vertraglich vor den Eingriffen von Drittstaaten schützen (Brewer 2006, S. 78).

---

[6] „[The United States] declared Cuba an independent nation and admonished the Spanish to withdraw from the hemisphere and accept Cuban independence, or face war with the United States. Spain refused, whereupon the US Congress [...] demanded that Spain remove all personnel and weaponry from the island by April 22, 1898. Then the United States instituted a naval blockade of the island in an attempt to safely land US troops and supplies, and prevent Spain from doing the same" (Brewer 2006, S. 75).

[7] „[...] [T]he government of Cuba shall never enter into any treaty or other compact with any foreign power or powers which will impair or tend to impair the independence of Cuba, nor in any manner authorize or permit any foreign power or powers to obtain by colonization or for military or naval purposes or otherwise, lodgment in or control over any portion of said island." (Platt Amendment 1901, erster Absatz).

4.1.2 Lateraler Druck

Die Vereinigten Staaten erlebten im ganzen 19. Jahrhundert tiefgreifende sozio-öko-nomische Umbrüche, welche sich in der Zeit vor dem Spanisch-Amerikanischen Krieg in außerordentlicher Weise zugespitzt hatten. „Bis 1890 war die amerikani-sche Aufmerksamkeit eher nach innen gerichtet. Die USA konzentrierten sich vor allem auf den Wiederaufbau nach dem Bürgerkrieg – die Reconstruktion Era ging 1881 zu Ende (...). Als (...) auch der letzte Widerstand der Indianer gebrochen war, wurde bei der Volkszählung im gleichen Jahr festgestellt, dass die ‚wandernde Gren-ze', die Frontier, nicht mehr existierte, also die Westexpansion abgeschlossen war" (Less 2007, S. 14). Diese Entwicklung wirkte wie ein Multiplikator für den latera-len Druck und führten dazu, dass die an Ausdehnung im Landesinneren gewohnten US-Wirtschaftsakteure mit vielfacher Kraft in die Nachbarregion drängten, welche allerdings unter den anderen Großmächten bereits so gut wie aufgeteilt war. „The year 1895 was also a key year in the United States because it represented a shift in American attitude towards Latin America. Americans began to fear that they were running out of room for expansion" (Brewer 2006, S. 73 f.). In den USA gab es auch kritische Stimmen, ob des neuen Politikwechsels hin zur Expansionspoli-tik, der ehemalige Außenminister John W. Foster antwortete diesen Kritikern: „Was für Meinungsunterschiede die Amerikaner auch immer im Hinblick auf die Politik der territorialen Ausbreitung trennen mögen, alle stimmen doch offensichtlich da-rin überein, dass wirtschaftliche Expansion nicht nur wünschenswert ist, sondern die Notwendigkeit, neue und größere Märkte zu finden, allgemein anerkannt wer-den muss" (zitiert bei Wehler 1974, S. 274) (Lateraler Druck Indikator 2–5). Der Mitarbeiter des State Department Frederick Emory fasste es sehr treffend zusam-men: „Unsere territoriale Ausdehnung ist tatsächlich nur ein beiläufiges Ergebnis der ökonomischen Ausbreitung" (Wehler 1974, S. 274 f.). Der spanisch-amerikani-sche Krieg 1898 kann somit als erster expansiver Schritt nach Außen verstanden werden. McKinlesy Hauptsorge war „die gegenwärtige Welle der Prosperität" der amerikanischen Wirtschaft zu erhalten. Das Risiko einer ständigen Konjunkturbe-drohung durch eine latente Kriegsgefahr wegen Kuba zu erdulden, war McKinley nach jahrelanger Depression nicht bereit (Wehler 1974, S. 215).

Eine weitere wichtige Ursache für den Spanisch-Amerikanischen Krieg lag in den engen ökonomischen Verflechtungen zwischen den USA und Kuba. Der Handel mit Kuba wurde durch den kubanischen Unabhängigkeitskampf stark eingeschränkt, die umfangreichen Investitionen von US-Bürgern und Unternehmen gerieten in Ge-fahr. Für den US-Binnenmarkt notwendigen Ressourcen, wie beispielsweise Zucker, konnten nicht mehr in gleicher Menge aus Kuba bezogen werden, da die landwirt-schaftliche Produktion von den Aufständen erheblich in Mitleidenschaft gezogen worden waren (Indikator 1).[8] Die Tatsache eines Verlustes von Produktivität und

---

[8] „Not only was the United States concerned about the frequent instances of unrest in Cuba, but by the 1880s this country has developed considerable commercial ties ($50 mio. in investments and $100 mio. in trade). In particular, the United States saw Cuba as prime supplier of sugar; during 1894, for example, Cuba produced 1 mio. tons of sugar with most of that output destined for the United States" (Kryzanek 1990, S. 35).

Gewinnmöglichkeiten sowie die verlorenen Investitionen sind daher auch die Haupt-
argumente in McKinleys Kriegsersuchen an den Kongress vom 11. April 1898:

> Our trade has suffered, the capital invested by our citizens in Cuba has been
> largely lost (...) The right to intervene may be justified by the very serious
> injury to the commerce, trade, and business of our people and by the wanton
> destruction of property and devastation of the island. (McKinley 1898).

In diesem Zusammenhang kam auch Großindustriellen, welche stetig um neue
Absatzmärkte bemüht waren, eine entscheidende Rolle zu. Schließlich wurden industrielle Produkte mittlerweile in solchen Massen produziert, dass sie in den USA
nicht mehr vollständig verkauft werden konnten (Less 2007, S. 86). Großunterneh-
mer pflegten dabei enge Verbindungen zu Präsident McKinley sowie dem restlichen
Kabinett, unterstützten dieses umfassend in finanzieller Hinsicht und übten auf diese Weise einen starken Einfluss auf die politische Entscheidungsfindung aus: „Dass
McKinley womöglich einigen Wirtschaftsvertretern recht zugetan war – oder diese
ihm – könnte man aus den großzügigen Spenden für seinen Wahlkampf herauslesen"
(Less 2007, S. 15).

Neben dem Wunsch den eigenen Status in der Region zu demonstrieren, kann
der spanisch-amerikanische Krieg auch durch lateralen Druck erklärt werden. Die
USA hatten Ende des 19. Jahrhunderts den Drang wirtschaftlich zu expandieren und
Kuba als Import- und Exportmarkt spielte in diesen Überlegungen eine wichtige
Rolle (Indikator 5).

4.2 Roosevelt Corollary 1904

Die Roosevelt Corollary wurde als Zusatz zur Monroe Doktrin – welche bereits
1823 den Rückzug europäischer Kolonialmächte aus Lateinamerika forderte – vom
damaligen US-Präsidenten Theodore Roosevelt am 6. Dezember 1904 verkündet.
Auslöser hierfür war vor allem die Venezuelakrise, welche in der US-amerikanischen Regierung den Wunsch, europäisches Militär aus Lateinamerika fernzuhalten, endgültig zur außenpolitischen Priorität machte (Link 1993, S. 121 f.). Im Jahr
1901 versuchten Deutschland, Italien und Großbritannien die Regierung in Kara-
kas zur Schuldentilgung im Namen ihrer Bürger, die während des Bürgerkrieges
dort enteignet worden waren, zu bewegen, mit dessen Zahlung Venezuela in Ver-
zug war. Aufgrund einer schwerwiegende Schieflage des Staatshaushaltes und neuer
innerstaatlicher Konflikte ignorierte Staatsoberhaupt Cipriano Castro diese Forderung allerdings gänzlich. Daraufhin versuchten hochrangige deutsche Offiziere die
Zahlungen zu erzwingen, um ein Exempel hinsichtlich deutscher Wirtschafts- und
Finanzinteressen in Lateinamerika zu statuieren (Hannigan 2002, S. 29 f.). Erstmalig
umgesetzt wurde die Roosevelt Corollary dann in der Dominikanischen Republik
und durch diesen Anwendungsfall verfestigte sich die Bedeutung der Roosevelt Corollary als zentrale Grundlage der US-amerikanischen Lateinamerikapolitik (Hannigan 2002, S. 32). Die Roosevelt Corollary kann als dissident verstanden werden, da
sie das Nicht-Einmischungsprinzip und die Souveränität der Karibikstaaten verletzt.

 Springer

4.2.1 Status

Als Auslöser der Roosevelt Corollary kann ein Statuskonflikt zwischen den USA und den europäischen Mächten gesehen werden. Bei dem Versuch die Schulden Venezuelas einzutreiben, initiierten Deutschland, Großbritannien und Italien 1901 eine Seeblockade vor der Küste des Landes und beschossen dessen Häfen.[9] Dieses Vorgehen verstanden die Vereinigten Staaten als deutlichen Angriff auf ihren Status als Schutzmacht der ausschließlich von ihnen beanspruchten Macht- und Einflusszone Lateinamerika (Molineu 1993, S. 37) (Indikator 3a).[10] Washington verurteilte die europäische Intervention harsch, da man sie als Aushöhlung der Monroe Doktrin verstand (Fiebig von Hase 1997, S. 524) und als Gefährdung des Friedens auf dem Kontinent:

> Their [Germany's, Engand's and Italy's, I.W.] employment of force for the collection of these claims was terminated by an agreement brought about through the offices of the diplomatic representatives of the United States at Caracas and the Government at Washington, thereby ending a situation which was bound to cause increasing friction, and which jeoparded the peace of the continent (Roosevelt 1903).

Roosevelt entschied sich für die Strategie der Abschreckung mit Hilfe seiner Flotte, so konnte er verhindern sich einerseits nicht in den Konflikt hereinziehen zu lassen und war aber andererseits gewappnet, um notfalls jeder erdenklichen Gefährdung der Monroedoktrin energische entgegentreten zu können (Fiebig von Hase 1997, S. 542). Die Taktik Roosevelts gelang und die europäischen Mächte ließen sich von den USA einschüchtern (Hannigan 2002, S. 30). Die Vereinigten Staaten hatten sich erneut in einen Konflikt zwischen europäischen Mächten und einem lateinamerikanischen Staat militärisch eingemischt, um Europa den Status als regionaler Hegemon zu demonstrieren (Indikator 2 (Statusdemonstration)).

Jedoch hatte die sogenannte Venezuelakrise noch weitreichendere Konsequenzen. „For Roosevelt, it was intolerable that European nations could sail into the western hemisphere and act with impunity over something as tertiary (at least from his perspective) as international debt collection" (Brewer 2006, S. 81). Vor diesem Hintergrund erklärte Roosevelt in seiner Rede vom 6. Dezember 1904 Lateinamerika zum US-Gestaltungs- und Einflussbereich, in welchem die Europäer kein Interven-

---

[9] „It will be remembered that during the second session of the last Congress Great Britain, Germany, and Italy formed an alliance for the purpose of blockading the ports of Venezuela and using such other means of pressure as would secure a settlement of claims due, as they alleged, to certain of their subjects (Roosevelt 1903)."

[10] Jedoch war der deutschen und der britischen Regierung sehr daran gelegen, eine Auseinandersetzung über die Monroedoktrin mit den USA zu vermeiden. Das bedeutete aber nicht, dass man aus Rücksicht auf amerikanische Empfindlichkeiten von der Vertretung der eigenen Interessen Abstand nahm (Fiebig von Hase 1997, S. 524).

tionsrecht besaßen.[11] Darüber hinaus wollte Roosevelt europäischen Interventionen die Grundlage entziehen, indem er die Staaten Lateinamerikas disziplinierte.[12] Sie sollten zumindest annähernd ausgeglichene Finanzhaushalte vorweisen können, sowie ausreichend stabile politische Systeme und belastbaren inneren Frieden. Als letzten Ausweg wollten die USA dort, wo es für die Europäer möglich und nötig erscheinen könnte einzugreifen, selbst intervenieren In Staaten, in denen staatliche Strukturen und Prozesse tiefgreifende, dauerhafte Fehlfunktionen zeigten oder sich die Eliten als unfähig erwiesen, das Land angemessen zu regieren, würden die USA diese Aufgaben übernehmen, bis die Schieflage in befriedigender Weise behoben worden wäre (Link 1993, S. 122). Auf Basis dieser Argumentationsgrundlage gelang es Roosevelt, eine wirkmächtige und andauernde Begründung für Lateinamerika-Interventionen der USA zu schaffen. Zudem gab er direkte Einblicke in die Motive seiner Lateinamerikapolitik – das Fernhalten der europäischen Mächte:

> We would interfere with them only in the last resort, and then only if it became evident that their inability or unwillingness to do justice at home and abroad had violated the rights of the United States or had invited foreign aggression to the detriment of the entire body of American nations (Roosevelt 1904b).

Der erste Anwendungsfall der Roosevelt Corollary folgte nicht lange nach Roosevelts Rede 1905 in der Dominikanischen Republik (Hannigan 2002, S. 32). Die Vereinigte Staaten übernahmen die Zollverwaltung der Häfen sowie letztendlich die ganze Finanzverwaltung und sogar -politik des Landes (Link 1993, S. 122). Später wurde aufgrund der massiven Probleme des Lands die Einflussnahme von der Finanz – auch auf die Innenpolitik ausgedehnt (Kryzanek 1990, S. 43). In diesem Zusammenhang betonte Roosevelt insbesondere den Status der USA als regionaler Hegemon und die damit verbundene Zurückweisung der europäischen Mächte: „It is far better that this country should put through such an arrangement, rather than allow any foreign country to undertake it. [...] Moreover, for the United States to take such a position offers the only possible way of insuring us against a clash with some foreign power" (Roosevelt 1905). Es wurde so durch den dominikanischen Fall eine dauerhafte Legitimationsgrundlage zur Intervention in Lateinamerika geschaffen (Kryzanek 1990, S. 43 f.). „Kraft dieses sich selbst erteilten Interventionsrechts handelte Amerika in ganz Mittelamerika ab sofort, ähnlich wie schon gemäß dem Platt-Amendment gegenüber Kuba, als selbst ernannter Protektor, Ordnungshüter und Gerichtsvollzieher. Jedes selbstständige Vorgehen einer europäischen Macht gegen einen mittelamerikanischen Schuldnerstaat galt hinfort als ein unfreundlicher Akt gegenüber den Vereinigten Staaten" (Schwabe 2006, S. 36).

---

[11] „The meaning was unmistakable: Roosevelt was extending the Monroe Doctrine to justify U.S. intervention to prevent European intervention. This ultimatum clearly defined, for Europe and for Latin America, U.S. hegemony in the region. It was an assertion of the United States as both a patron and a policeman. In Roosevelt's eyes it was an inevitable consequence of U.S. responsibility for maintaining order in the Caribbean" (Molineu 1993, S. 41).

[12] Bereits 1902 hatte der britische Premier Arthur Balfour den Amerikanern die Idee unterbreitet, dass europäische Intervention ausbleiben würden, wären die USA in der Lage diese überflüssig machen (Link 1993, S. 122).

Nachdem die Venezuelakrise den USA erneut vor Augen führte, dass europäische Staaten immer noch in die westliche Hemisphäre intervenierten, kann die Roosevelt Corollary als Manifestation des eigenen Statusanspruchs verstanden werden. Als Zusatz zur Monroe Doktrin verfestigte sie den seit dem spanisch-amerikanischen Krieg herrschenden Statusanspruch in der Region (Indikatoren 2, 3, 4).

4.2.2 Lateraler Druck

Wirtschaftlichen Aspekten kommt im Hinblick auf die Roosevelt Corollary nur eine nachgeordnete Bedeutung zu. Wie bei einer Vielzahl außenpolitscher Entscheidungen waren wirtschaftliche Erwägungen zwar nicht vollkommen unbedeutend, allerdings verloren Motive aus dem ökonomischen Kontext im Hinblick auf die Roosevelt Corollary im Vergleich zu anderen Beweggründen zur Gestaltung und Durchsetzung dieser außenpolitischen Strategie massiv an Bedeutung. Es ging zwar auch darum in stabilen, finanziell und politisch gefestigten lateinamerikanischen Staaten investieren zu können und ökonomische Gewinne zu erzielen: „Stability would also enhance American control by accelerating the expansion of American business there" (Hannigan 2002, S. 34). Jedoch zählten ökonomische Faktoren nicht zu den Hauptursachen der Roosevelt Corollary (Roosevelt 1904b; Schwabe 2006, S. 25). Handelsinteressen ist im Vergleich zu dem Ziel den eigenen Status zu festigen und europäische Großmächte aus Lateinamerika fernzuhalten, nur eine sehr geringe Relevanz zuzuschreiben.

4.3 Der Bau des Panama Kanals

Alexander von Humboldt sprach 1811 als erster davon, dass ein Kanal im Gebiet des heutigen Panama denkbar wäre. Auf Drängen Großbritanniens verhandelten die USA und Großbritannien im Jahre 1850 den Clayton-Bulwer-Vertrag. Dieser legte fest, dass keiner der beiden Staaten unilateral einen Kanal durch Mittelamerika bauen würde. Im Jahre 1846 hatten die Vereinigten Staaten den Bidlack-Mallarino-Vertrag mit Kolumbien unterschrieben, dort ging es um das zum damaligen Zeitpunkt zu Kolumbien gehörende Gebiete Panama und das Recht des steuerfreien Transits. Im Gegenzug versicherten die USA den Verbleib von Panama im Hoheitsgebiet von Kolumbien, sowie die Neutralität einer möglicherweise erbauten Straße, Zugstrecke oder eines Kanals (Kryzanek 1990, S. 29 f.). 1878 begann man mit konkreten Plänen für den Bau eines Kanals. Ferdinand de Leseeps, der erfolgreich den Suez Kanal erbaut hatte, sendete erste Kundschafter, um potentielle Routen in Kolumbien und Nicaragua zu finden. Frankreich verhandelte einen Vertrag mit Kolumbien über eine jährliche Zahlung von $250.000 und eine Gewinnbeteiligung. Die für die USA verhandelnde Panama Railroad Company wollte nur einmalig $250.000 zahlen und somit ging der Zuschlag an Frankreich, worauf die USA und Großbritannien mit Empörung reagierten (Maurer und Yu 2006, S. 8). Die USA planten daraufhin einen Kanal durch Nicaragua, kamen jedoch zu keinem Vertragsabschluss mit der nicaraguanischen Regierung, da diese sich quer stellte (Molineu 1993, S. 49).

Aufgrund von technischen und ökonomischen Problemen mussten die Franzosen 1899, also nur zehn Jahre nach Baubeginn, das Projekt aufgeben, woraufhin die

Vereinigten Staaten unter Präsident Roosevelt erneut Verhandlungen zum Bau des Kanals mit Kolumbien aufnahmen (Brewer 2006, S. 82 f.). Nachdem die USA sich durch den Hay-Pauncefote-Vertrag der Abhängigkeit von Großbritannien entledigt hatten, kauften sie von den Franzosen die Rechte an dem begonnenen Projekt in Panama. Der sogenannte Hay-Herran-Vertrages (1903) wurde jedoch in Kolumbien im Gegensatz zu den USA nicht ratifiziert, woraufhin die USA die Unabhängigkeit Panamas von Kolumbien vorantrieben. Am 17. November wurden im Hay-Bunau-Varilla-Vertrag (1903) die Details eines US-amerikanischen Kanals in Panama festgehalten (Conniff 1992, S. 66–68). Der Bruch des Bidlack-Mallarino-Vertrags von 1846 mit Kolumbien kann als klares Zeichen der Dissidenz gewertet werden, denn anders als vereinbart setze man sich für die Unabhängigkeit Panamas ein.

4.3.1 Status

Da Kolumbien den Status der USA nicht anerkannte (Delpar 1999) und mit ihnen keine Einigung mehr zu erzielen war (worüber Roosevelt sehr verärgert war, da sich ein lateinamerikanischer Staat seinem Willen widersetzte),[13] forcierten die am Bau des Panamakanals interessierten Akteure die Abspaltung Panamas (Brewer 2006, S. 85). Ein Akt doppelter Statusdemonstration (Indikator 2), indem man Kolumbien bestrafte und degradierte, hob man zeitgleich einen Staat aus der Taufe, der somit zwangsläufig den eigenen Status als regionaler Hegemon anerkennen musste. Auch wenn eine Verbindung zwischen Roosevelt und dem Unabhängigkeitskampf Panamas nie endgültig nachgewiesen werden konnte, ist es nur wenig wahrscheinlich, dass die Roosevelt-Administration hieran vollkommen unbeteiligt gewesen ist (Kryzanek 1990, S. 40). Roosevelt sah die USA in der Pflicht, die exponierte Lage Panamas und den zukünftigen Kanal vor dem Zugriff fremder Mächte zu schützen.[14]

Mit der Entsendung einer schlagkräftigen Flotille von neun Kriegsschiffen der US Navy gelang es Roosevelt, ein mögliches Eingreifen Kolumbiens zu verhindern und die Unabhängigkeit Panamas sicherzustellen (Brewer 2006, S. 86). Die Revolution Panamas hätte ohne diese US-Präsenz keinen Erfolg haben können (Conniff 1992, S. 67). Washington berief sich offiziell auf seine Beobachterfunktion sowie das 1846 im Bidlack-Mallarino-Vertrag festgehaltene Recht, die Landenge von Panama militärisch zu schützen, sollte diese bedroht sein. Die USA erkannten daraufhin die Republik Panama noch am selben Tag an. Legitimiert wurde die Revolution in Panama durch die Instabilität unter kolumbianischer Herrschaft. Roosevelt führte

---

[13] „Having these facts in view, there is no shadow of question that the Government of the United States proposed a treaty which was not merely just, but generous to Colombia, which our people regarded as erring, if at all, on the side of overgenerosity; which was hailed with delight by the people of the immediate locality through which the canal was to pass, who were most concerned as to the new order of things, and which the Colombian authorities now recognize as being so good that they are willing to promise its unconditional ratification if only we will desert those who have shown themselves our friends and restore to those who have shown themselves unfriendly the power to undo what they did" (Roosevelt 1904a).

[14] „Immediately after the adjournment of the Congress a revolution broke out in Panama. [...]The duty of the United States in the premises was clear. [...] [T]he United States gave notice that it would permit the landing of no expeditionary force, the arrival of which would mean chaos and destruction along the line of the railroad and of the proposed Canal, and an interruption of transit as an inevitable consequence" (Roosevelt 1903).

vor diesem Hintergrund eine ganze Aufzählung von Unruhen und Krisen in Panama an und betont, dass es aufgrund der Vielzahl von Vorkommnissen nicht möglich sei eine vollständige Liste nachzuzeichnen (Roosevelt 1903).

Der Hay-Bunau-Varilla-Vertrag mit Panama von 1903 sicherte den USA im zweiten Artikel neben einem 10 Meilen breiten Areal zum Kanalbau die Nutzung jeder zum Kanalbau notwendigen Fläche zu. Auf dieser Fläche verfügten die USA, gemäß dem dritten Artikel, über dieselben Rechte als wären sie der Souverän auf diesem Territorium und hatten das alleinige Recht inne, dieses zu verteidigen. Souveränitätsrechte Panamas wurden in der Kanalzone nur als residual anerkannt, sodass mitten in Panama de facto US-amerikanisches Territorium, also US-Besitz, verlief. Das Recht zum Bau des Kanals konnte nach Artikel fünf von keinem anderen Staat angetastet werden. Auch in den Städten Panama City und Colón ließen sich die USA das Recht zusichern zu intervenieren, sollten diese Städte in politischer Hinsicht oder durch den Ausbruch von Krankheiten oder Seuchen die Kanalarbeiten behindern (Roosevelt 1903). Dies hatte verheerende Konsequenzen: nicht nur wurden die Beziehungen zwischen beiden Staaten über Generationen hinweg schwer gestört, sondern darüber hinaus gelang es den USA auch aus ihrem Souveränitätsgebiet in Panama heraus die politischen Entscheidungsprozesse des Landes zu bestimmen (Conniff 1992, S. 70), sodass „[t]hese provisions [of the 1903 treaty] made Panama a potential colony of the United States" (LeFebre 1989, S. 36).

Auch der US-amerikanische Imperialismus wurde durch den Erwerb des Territoriums sowie durch den Bau des Panamakanals befördert: „[...] [T]he fact remains that the canal became a symbol in Latin America of U.S. imperialism" (Molineu 1993, S. 45 f.). Dementsprechend wurde die Verteidigung des Kanals ein zentrales Anliegen US-amerikanischer Außenpolitik. Die Kontrolle über den Panamakanal sensibilisierte die USA dabei weiterhin gegenüber Instabilität in Mittelamerika, da diese den Schutz des Kanals deutlich hätte erschweren können (Link 1993, S. 120 f.). Auf diese Weise veränderte sich die Region grundlegend, da die US-Hegemonie über Lateinamerika zur allgemeingültigen Tatsache, zum Status quo, geworden war und der Status der USA als regionale Vormacht nun endgültig als gefestigt zu bewerten ist. „Mit dem Kanalbau wurden die U.S.A. unbestrittene Vormacht im karibischen Raum – eine Tatsache, die Roosevelt schon immer von den europäischen Mächten verbindlich bestätig sehen wollte" (Schwabe 2006, S. 35).

Der Bau des Kanals kann zudem als Statusmarker (Indikator 1) gesehen werden, da die USA sowohl ihr technologisches Know How ebenso wie die Fähigkeit den Bau politische durchzusetzen unter Beweis stellen konnten. Zudem war mit der Fertigstellung eines solchen Großbauprojekts erneut die Dominanz der USA in der Region unter Beweis gestellt (Indikator 2 Statusdemonstration).

4.3.2 Lateraler Druck

Der Bau eines Kanals in Mittelamerika war schon sehr lange der Wunsch der USA. 1878 sagte ein Wallstreet Analyst voraus, „that an Isthmian canal would save world shipping $48 mio. per year, of which $36 mio. would accrue to the United States" (McCullough 1977, S. 39). Zwei Jahre später verkündete Präsident Haye: „The policy of this country is a Canal under American control. Our commercial interest

is greater than that of any other country" (Maurer und Yu 2006, S. 9). Unter der Roosevelt-Administration war es dann möglich den Bau des Kanals zu realisieren (Kryzanek 1990, S. 39 f.).

Hier ist unter anderem die Entdeckung Kaliforniens Mitte des 19. Jahrhunderts und des dort vorkommenden Ressourcenreichtums zu nennen, welchen die USA möglichst gewinnbringend transportieren wollten (Molineu 1993, S. 44). Dementsprechend wurde auch der Kanalbau als wirtschaftlich enorm wichtig begründet: „The canal will be of great benefit to America, and of importance to all the world. It will be of advantage to us industrially and also as improving our military position. It will be of advantage to the countries of tropical America" (Roosevelt 1902). Lateraler Druck kann als Ursache für den Kanalbau genannt werden. Der hier empfunden Engpass bezog sich nicht primär auf eine Ressource, sondern die Transportwege sollten optimiert werden, um auch in Zukunft weltweit neue Absatzmärkte zu generieren. Man erhoffte sich durch den Bau des Kanals, die mit der Annektierung der Philippinen begonnene Politik der „offenen Tür" in Ostasien effizienter durchsetzen zu können (Indikator 1 (gehemmtes Wachstum) und 2 (objektive Engpässe)) (Wehler 1974, S. 259–270; Healy 1970, S. 178). Zudem waren die Vereinigten Staaten bei massiven Verletzungen ihrer Handelsinteressen wie beispielweise durch die Blockade oder Schließung essentieller Handelsroute auch bereit, die staatliche Souveränität anderer Länder zu missachten und zum Schutz von Handelsrouten in den Staaten Lateinamerikas zu intervenieren:

> The control, in the interest of the commerce and traffic of the whole civilized world, of the means of undisturbed transit across the Isthmus of Panama has become of transcendent importance to the United States. We have repeatedly exercised this control by intervening in the course of domestic dissension, and by protecting the territory from foreign invasion (Roosevelt 1903).

Roosevelt macht hier explizit deutlich, dass der Kanal von tiefgreifender Bedeutung für die Vereinigten Staaten ist, denn „die See- und Handelsmacht Amerika [konnte nun] ungehindert in kürzester Zeit ihre Präsenz von einem Weltmeer auf das andere verlagern" (Schwabe 2006, S. 35). Die Kontrolle über die Funktionalität des Weltwirtschaftssystems schloss dabei, so Roosevelt, die Intervention in innere staatliche Angelegenheiten sowie die Abwehr fremder Interventionsmächte ein (Roosevelt 1903) (Indikator 5 (Revisionismus – letzte Chance)).

4.4 Interventionen 1906–1912

Kubaintervention Dem kubanische Präsident Thomas Estrada Palma gelang es nicht lange Frieden und Ordnung in Kuba zu gewährleisten. Estradas moderate Regierungspartei standen dabei die Liberalen entgegen, welche die Überzeugung vertraten, ihrerseits eine bessere Regierung für Kuba stellen zu können und zudem im Vergleich zu den staatlichen Ordnungskräften über eine vielfach größere Anzahl an paramilitärischen Kräften verfügten (Langley 1983, S. 36). Beide Seiten verließen sich dabei auf die Vereinigten Staaten und beide sahen ihren Regierungsanspruch durch das Platt Amendment abgesichert. Estrada glaubte an den Schutz der USA in seiner Funktion als amtierender Präsident, während die Liberalen aufgrund ihrer

großen Anhängerschaft den geforderten Schutz von Menschen, Besitz und Freiheit besser umsetzen zu können glaubten. Als die USA trotz einer Vielzahl gewalttätiger Ausschreitungen zögerten zu intervenieren, trat Estrada zurück. Damit wurde die militärische Intervention für die USA zur einzigen Option (Pérez 1997, S. 153 f.). Die Intervention war ein Bruch des Interventionsverbots und wird somit als dissidente Politik gewertet.

4.4.1 Status

Aufgrund des Platt Amendments war Kuba von allen Staaten Lateinamerikas am abhängigsten von den USA. Die USA hatten das vertraglich zugesicherte Recht bei Unruhen, Aufständen sowie innenpolitischen Problemlagen (Wahlbetrug, Verschuldung) in Kuba zu intervenieren. Zudem verfügten sie über das Recht Kuba gegenüber Interventionen von Drittstaaten zu verteidigen (Platt Amendment 1901; Pérez 1999). Im Jahr 1905 zeichnete sich die erste schwere Krise in Kuba ab. Als Präsident Estrada von seinem Amt zurücktrat[15] war Kuba de facto ohne Regierung. Roosevelt reagierte – wie immer, wenn lateinamerikanische Regierungen nicht die von ihm geforderte Disziplin aufzeigten und ihm politische Entscheidungen aufzwangen[16] – ausgesprochen verärgert auf Estradas Rücktritt. Vor dem Hintergrund der intensiven und anhaltenden innerstaatlichen Konflikte fürchten die USA eine Intervention der Europäer, da diese ihre Bürger, deren Besitz sowie staatliche Interessen in Kuba schützen wollen könnten, wenn die US-Regierung nicht selbst für Ordnung und Stabilität sorgen würde:

> It was evident that chaos was impending, and there was every probability that if steps were not immediately taken by this Government to try to restore order the representatives of various European nations in the island would apply to their respective governments for armed intervention in order to protect the lives and property of their citizens (Roosevelt 1906).

Nach der Befriedung der Aufstände wurde noch während der laufenden militärischen Intervention in Kuba durch den Kriegsminister und späteren Präsidenten William Howard Taft eine provisorische Regierung gebildet, welche die Karibikinsel bis 1909 im Sinne des US-Willen regierte (Kryzanek 1990, S. 43). Für die Kubaner brachte der Einmarsch US-amerikanischer Truppen die vollständige Unmündigkeit mit sich, da Taft durch seine provisorische Regierung das Land beherrschte und die Kubaner keine Möglichkeit hatten, selbst Einfluss auf die politische Entscheidungsfindung zu nehmen (Langley 1983, S. 43) und sich auf diesem Wege koloniale Verhaltensmuster verfestigten (Pérez 1997, S. 155). Ebenso wurden fast alle grundlegenden staatlichen, politischen und institutionellen Entscheidungen, Prozesse und

---

[15] „Last August an insurrection broke out in Cuba which it speedily grew evident that the existing Cuban Government was powerless to quell. This Government was repeatedly asked by the then Cuban Government to intervene, and finally was notified by the President of Cuba that he intended to resign [...]" (Roosevelt 1906, 6th annual message).

[16] „Hearing about Estrada's sulkiness and refusal to ‚act like a patriot', Roosevelt too became more determined to do something. Just as he head reacted angrily in 1903 when those ‚damned dagoes' in Bogotá destroyed his canal treaty with Columbia, he grew furious with the Cubans" (Langley 1983, S. 41).

Reformen ohne Beteiligung der Kubaner vollzogen (Langley 1983, S. 48). Vor diesem Hintergrund wird bereits deutlich, dass die US-Interventionen ihr grundlegendes Ziel, die Errichtung eines friedlichen, stabilen und florierenden kubanischen Staates an sich unmöglich machten. Durch die erste US-Intervention wurden im Folgenden immer wieder neue Interventionen notwendig:

> The problem with U.S. intervention in all its multiple forms was that it exacerbated the very problem it sought to remedy. More intervention seemed to require more intervention, and there seemed to be no end to the process (Pérez 1997, S. 166).

Für die USA wurde die Aufrechterhaltung und Demonstration des eigenen Statusanspruchs in Kuba somit zu einer dauerhaften Aufgabe (Indikator 2, Statusdemonstration). Die Verteidigung des Status als regionaler Hegemon und die Sicherung von Ordnung und Stabilität bedurfte eines ständigen Einsatzes des Militärs. Schließlich konnten die USA ein Machtvakuum weder als Keimboden für Revolutionen noch als einen Anlass für europäische Intervention dulden. Anderseits war diese Situation wohl keinesfalls nur von Nachteilen gekennzeichnet, da die Vereinigten Staaten ständig über eine Legitimationsgrundlage verfügten um ihren Status zu demonstrieren und kubanische Strukturen vollständig nach den eigenen Vorstellungen umzuformen und neu zu schaffen (vgl. Pérez, S. 1997).

Intervention in Nicaragua Zwischen den USA und Nicaraguas Präsident José Santos Zelaya kam es im Verlaufe des Jahres 1909 zu immer größeren Spannungen. US-Präsident William Howard Taft unterstütze daraufhin die nicaraguanischen Rebellen als die Regierungskrise in Managua für ihn untragbar wurde. In den darauf folgenden Bürgerkrieg musste Taft im Jahr 1910 militärisch intervenieren und als die neue Regierung unter Adolfo Díaz sich ebenfalls als nicht stabil herausstellte, war die US-Regierung gezwungen die Intervention 1912 zu wiederholen. Teile der US-Streitkräfte verließen erst wieder 1925 das Land. Dabei versuchte Taft eigentlich Interventionen zu vermeiden, da seine Administration ihre außenpolitische Strategie auf der Annahme begründete, dass eine massive Flutung der Märkte mit US-Kapital zu Entwicklung, Frieden und Demokratie in den Staaten Lateinamerikas führen würde, welche dann dem US-Außenhandel zugutekommen und militärische Interventionen überflüssig machen würden (Molineu 1993, S. 48–52). Auch im Fall Nicaragua brachen die USA somit sogar mehrfach das Interventionsverbot und zeigten somit erneut ihre dissidente Seite.

4.4.2 Lateraler Druck

Als William Howard Taft im Jahre 1908 zum Präsidenten der Vereinigten Staaten gewählt wurde, führte er den US-Interventionismus von McKinley und Roosevelt in Lateinamerika fort, allerdings vollzog sich ein Motivwechsel (Kryzanek 1990, S. 44). Taft stellte wesentlich expliziter die Wirtschaftsinteressen der USA in den Mittelpunkt, was somit lateralen Druck zur Grundlage seiner Lateinamerikapolitik machte:

The Republics of Central America and the Caribbean possess great natural wealth. They need only a measure of stability and the means of financial regeneration to enter upon an era of peace and prosperity, bringing profit and happiness to themselves and at the same time creating conditions sure to lead to a flourishing interchange of trade with this country (Taft 1912).

Taft begründete diese Handelsfokussierung durch die tiefgreifende Bedeutung, welche der Außenhandel für die Vereinigten Staaten einnahm und dass diese Entwicklung gestützt und weiter verstärkt werden müsse (Indikator 1, 2, 3).[17] Die Taft-Administration erhoffte sich durch die Förderung von Finanzinteressen einen enormen Außenhandelsaufschwung für die USA: „With regard to South America, the Taft administration's chief interest was in seeing this new Wall Street activity lead to a dramaric increase in U.S. trade" (Hannigan 2002, S. 74). In stabilen lateinamerikanischen Staaten sollte es, durch US-Kapital angestoßenes, Wirtschaftswachstum kommen, wovon wiederum der US-Handel profitieren sollte.[18] Außerdem versuchte die US-Regierung flächendeckend ausländische Regierungsaufträge an US-Unternehmen zu vermitteln sowie private Wirtschaftsinteressen zu stärken (Hannigan 2002, S. 77).

Tafts Strategie lässt sich dabei am besten am Fall von Nicaragua beobachten (Kryzanek 1990, S. 44). Zwischen der US-amerikanischen Regierung und den nicaraguanischen Präsidenten José Santos Zelaya war es bereits im Vorfeld zu Konflikten gekommen, da dieser sich einer US-Kanalroute durch Nicaragua widersetzt hatte, nun aber Verhandlungen mit Großbritannien und Japan zum Kanalbau aufnahm und damit gegen die Prinzipien der Monroe Doktrin verstieß (Molineu 1993, S. 49). Außerdem stellte Zelaya amerikanische Minenkonzession zur Disposition (Cortada 1985, S. 64), verschlechterte die Bedingungen für US-Unternehmer und verweigerte den Bau eines US-Marine-Stützpunktes (Kryzanek 1990, S. 44 f.). Taft kündigte hierauf Schritte an, welche aus seiner Sicht mit den US-Interessen sowie den ethischen Verpflichtungen gegenüber Zentralamerika in Einklang standen (Taft 1908) und erließ für Nicaragua die Vorgaben, Abhängigkeiten von britischen Banken durch US-amerikanische zu ersetzen sowie die Kontrolle über den nicaraguanischen Zoll zu übernehmen. Als es zur Verweigerung dieser Forderungen durch Präsident Zelayas kam, unterstützen die Vereinigten Staaten die Opposition Nicaraguas und mussten im darauf folgenden Bürgerkrieg zur Stabilisierung des Landes sowie zum Schutz

---

[17] „The tremendous growth of the export trade of the United States has already made that trade a very real factor in the industrial and commercial prosperity of the country. With the development of our industries the foreign commerce of the United States must rapidly become a still more essential factor in its economic welfare" (Taft 1912, Fourth Annual Message).

[18] „I cannot leave this subject without emphasizing the necessity of such legislation as will make possible and convenient the establishment of American banks and branches of American banks in foreign countries. Only by such means can our foreign trade be favorably financed, necessary credits be arranged, and proper avail be made of commercial opportunities in foreign countries, and most especially in Latin America" (Taft 1910).

 Springer

von US-Bürgern militärisch intervenieren[19] (Molineu 1993, S. 49). Im August 1910 übernahm der Konservative Adolfo Díaz die Regierungsgeschäfte. Es kam zur Verhandlung des Knox-Castrillo-Vertrages, welcher im Gegenzug für einen 15 Mio. US-Dollar Kredit den USA die Vollmacht über die Zollbehörde Nicaraguas überschrieb (Kryzanek 1990, S. 45). Die USA wickelten im Folgenden mithilfe von US-Banken die Rückzahlung der Auslandschulden Nicaraguas ab und dehnten ihren Einfluss in Nicaragua weithin aus (Link 1993, S. 126). Jedoch konnte die Situation nicht langfristig beruhigt werden, sodass die USA 1912 erneut intervenieren mussten. Zudem sah man Unruhen in Nicaragua als Gefahr für die Sicherheit des Panama Kanals: „[...] [I]t is obvious that the Monroe doctrine is more vital in the neighborhood of the Panama Canal and the zone of the Caribbean than anywhere else. There, too, the maintenance of that doctrine falls most heavily upon the United States" (Taft 1912). Dieses Mal blieben die USA rund dreizehn Jahre als Besatzungsmacht in Nicaragua und konnten durch ihre militärische Präsenz vor Ort „a free hand for U.S. business interests" sicherstellen (Molineu 1993, S. 50) (Indikator 5 (Revisionismus – letzte Chance)).

Durch die zweite Nicaragua-Intervention von 1912 wurde somit versucht, US-Finanz- und Wirtschaftsakteure zu schützen und deren Tätigkeiten in Nicaragua zu gewährleisten (Kryzanek 1990, S. 45).

5 Schluss

Wie Abb. 2 schon vermuten ließ, war der US-amerikanische Revisionismus stark durch lateralen Druck geprägt. Sowohl der Krieg gegen Spanien als auch die Intervention zum Bau der Panama Kanals und die Intervention in Nicaragua waren durch Wirtschaftsinteressen und dem Wunsch nach neuen Absatzmärkten bestimmt.

Jedoch spielt bei allen vier Beobachtungspunkten immer auch das Streben nach Status eine relevante Rolle (siehe Abb. 5). Im Gegensatz zum Deutschen Kaiserreich, der Weimarer Republik und dem Kaiserlichen Japan ging diesem Anspruch auf mehr Status aber keine Deklassierung voraus. Vielmehr traten die USA Ende des 19 Jahrhunderts als neuer Akteur auf die Weltbühne und etablierten eine neue Ordnung in

			lateraler Druck			Statusmismatch		
		Ausprägung der AV	niedrig	mittel	hoch	niedrig	mittel	hoch
USA	US-Spanien Krieg	Dissidenz		√				√
USA	Roosevelt Corollary	Dissidenz	√					√
USA	Panama Kanal	Dissidenz			√	√		
USA	Interventionen	Dissidenz			√	√		

Abb. 5 Erklärungskraft der unabhängigen Variablen für den Fall USA. Quelle: Eigene Darstellung

---

[19] „During the past year the Republic of Nicaragua has been the scene of internecine struggle. General Zelaya [...] was throughout his career the disturber of Central America [...]. When the people of Nicaragua were finally driven into rebellion by his lawless exactions, he violated the laws of war by the unwarranted execution of two American citizens [...]. This and other offenses made it the duty of the American Government to take measures with a view to ultimate reparation and for the safeguarding of its interests. [...] American forces were sent to both coasts of Nicaragua to be in readiness should occasion arise to protect Americans and their interests, and remained there until the war was over and peace had returned to that unfortunate country" (Taft 1909).

ihrer westlichen Hemisphäre. Die USA hatten nicht den Anspruch auf dem europäischen Kontinent eine Statuserhöhung zu erreichen, vielmehr beschränkte sich ihr Anspruch zunächst auf ihren eigenen Kontinent. Ziel der amerikanischen Statusambitionen war es, von den europäischen Mächten den Status als regionaler Hegemon des amerikanischen Kontinents zuerkannt zu bekommen. Für die USA lässt sich nach dem gewonnen Krieg gegen Spanien vor allem der Indikator „Statusdemonstration" (Indikator 2) nachweisen. Ab dann ging es ihnen um die Demonstration des bereits erreichten Status, um den europäischen Mächten zu verdeutlichen, wie stark die eigene Position auf dem amerikanischen Kontinent – sowohl im Norden als auch im Süden – bereits war. Wenn ihnen die europäischen Mächte diese Anerkennung nicht zustanden entstand ein Statusmismatch, welches die USA zu dissidenten Handlungen bewegte.

Die dazu notwendige Veränderung des Status quo gelang ihnen mit dem Sieg gegen Spanien 1898 und dem Verdrängen Spaniens aus Lateinamerika. Mit dem Platt Amendment und dem Roosevelt Corollary entwickelten sie eine neue Ordnung, die ihren Status festigte. Dass beide als Verstoß gegen Rechtsnormen welche auf dem Westfälischen Frieden von 1648 beruhen, wie beispielsweise staatliche Souveränität sowie das Interventionsverbot und das Prinzip der Nicht-Einmischung in innerstaatliche Angelegenheiten, zu sehen sind, bestätigt nur die komplette Loslösung der USA vom eurozentristischen Rechtsrahmen. Die USA entwickelten ihre eigene neue Ordnung. Durch das Platt Amendment und das Roosevelt Corollary schufen sie eigene Normen, um ihren Regelbrüchen ein regelkonformes Antlitz zu geben. Diese eigens geschaffenen Regeln erlaubte es ihnen, ihre Dissidenz in Lateinamerika rücksichtslos durchzusetzen. Jedoch kann auch die Etablierung eigener Rechtsnormen nicht darüber hinwegtäuschen, dass zentrale Grundprinzipien des damals herrschenden Völkerrechts verletzt wurden. Es bleibt nur zu bedenken: Die USA haben weder den Westfälischen Frieden noch die Wiener Ordnung mitbestimmt und daher ist es fraglich, ob sie sich an Regeln und Normen, denen sie selbst nicht aktiv zugestimmt haben, halten müssen. Die eurozentristische internationale Ordnung des 19. Jahrhunderts, passte im Verständnis der USA nicht zur regionalen Ordnung für den nordamerikanischen Kontinent. Es bleibt somit zu überdenken, ob die USA an eurozentristischen Normen gemessen werden können, die sie selbst nicht mitgestaltet haben.

Für den Fall USA vor dem Ersten Weltkrieg kann zusammengefasst werden: der laterale Druck 1880–1914 ließ die USA revisionistische Politik betreiben, deren Ambition man als tief bezeichnen kann. Im Folgenden festigte der Wunsch nach dem Status als alleiniger regionaler Hegemon und der Etablierung einer neuen Ordnung für die westliche Hemisphäre diese Politik und bestimmte ihre Radikalität. Somit machte der Wunsch nach Statuserhöhung die dissidente Politik breit und tief zugleich. Zudem kann festgestellt werden, dass das Commitment der USA als sehr hoch zu bewerten ist, da der amtierende Präsident nie einen Hehl aus den revisionistischen Absichten machte und die Handlungen in vollem Bewusstsein des Regelbruchs erfolgt sind.

Literatur

Berchtold, J. (2012). Exterritorialität im Zeitalter der ungleichen Verträge. In R. Klump & M. Vec (Hrsg.), *Völkerrecht und Weltwirtschaft im 19. Jahrhundert* (S. 221–245). Baden-Baden: Nomos.

Brewer, S. (2006). *Borders and bridges: a history of the U.S.-latin American relations.* Westport: Greenwood Publishing Group.

Coerver, D. M. (1999). Mexico: conflicting self-interests. In T. M. Leonard (Hrsg.), *United States – Latin American relations, 1850–1903* (S. 11–35). Tuscaloosa: The University of Alabama Press.

Congressional Record (1898). *55th congress, 2nd session.*

Conniff, M. L. (1992). *Panama and the United States: the forced alliance.* Athens: University of Georgia Press.

Cortada, J. N. (1985). *U.S. foreign policy in the Caribbean, Cuba and Central America.* New York: Praeger.

Delpar, H. (1999). Colombia: troubled friendship. In T. M. Leonard (Hrsg.), *United States – Latin American relations, 1850–1903* (S. 58–80). Tuscaloosa: The University of Alabama Press.

Dülffer, J., Kröger, M., & Wippich, R.-H. (1997). Napoleons mexikanisches Abenteuer. In J. Dülffer, M. Kröger & R.-H. Wippich (Hrsg.), *Vermiedene Kriege* (S. 85–95). München: Oldenbourg.

Emmes, M. P. (2013). *Interessenorientierung und Konfliktlinien der Vereinigten Staaten von Amerika und Deutschlands vom Ende des 19. Jahrhunderts bis zum Beginn des Ersten Weltkriegs.* Berlin: LIT.

Foner, P. S. (1972a). *The Spanish-Cuban-American war and the birth of American imperialism, 1895–1902.* Bd. I. New York: Monthly Review Press.

Foner, P. S. (1972b). *The Spanish-Cuban-American war and the birth of American imperialism, 1895–1902.* Bd. II. New York: Monthly Review Press.

Gassert, P. (2008). Geschichte: Expansion 1815–1917. In P. Lösche (Hrsg.), *Länderbericht USA* (S. 25–93). Bonn: Bundeszentrale für politische Bildung.

Gassert, P., Häberlein, M., & Wela, M. (2007). *Kleine Geschichte der USA.* Stuttgart: Reclam.

Hannigan, R. E. (2002). *The new world power. American foreign policy, 1898–1917.* Philadelphia: University of Pennsylvania Press.

v. Hase, R. F. (1997). Großmachtkonflikte in der westlichen Hemisphäre: Das Beispiel der Venezuelakrise vom Winter 1902/03. In J. Dülffer, M. Kröger & R.-H. Wippich (Hrsg.), *Vermiedene Kriege* (S. 527–578). München: Oldenbourg.

Healy, D. (1970). *US expansionism: the imperialist urge in the 1890s.* Madison: University of Wisconsin Press.

Heideking, J., & Mauch, C. (2008). *Geschichte der USA.* Tübingen: UTB.

Hudson, M. (1972). *Super imperialism: the economic strategy of american empire.* New York: Holt, Rinehart & Winston.

Klump, R., & Vec, M. (2012). Große Erwartungen. Völkerrecht und Weltwirtschaft im 19. Jahrhundert. In R. Klump & M. Vec (Hrsg.), *Völkerrecht und Weltwirtschaft im 19. Jahrhundert* (S. 1–18). Baden-Baden: Nomos.

Kryzanek, M. (1990). *U.S. Latin American relations.* New York: Praeger.

Küntzel, U. (1974). *Der nordamerikanische Imperialismus: Zur Geschichte der US-Kapitalausfuhr.* Darmstadt: Leuchterhand.

LaFebre, W. (1989). *The Panama canal: the crisis in historical perspective.* Oxford: Oxford University Press.

Langley, L. D. (1983). *The Banana Wars. An inner history of American empire 1900–1934.* Lexington: The University Press of Kentucky.

Less, B. (2007). *Die Explosion der USS Maine im Hafen von Havanna. Auslöser für den Spanisch-Amerikanischen Krieg 1898?* Saarbrücken: VDM.

Link, W. A. (1993). *War, reform, and society 1900–1945.* American Epoch. A History of the United States since 1900, Bd. I. New York: McGraw-Hill.

Liska, G. (1978). *Career of empire: America and imperial expansion over land and sea.* Baltimore, London: Johns Hopkins University Press.

Magdoff, H. (1970). *Das Zeitalter des Imperialismus: die ökonomischen Hintergründe der US-Aussenpolitik.* Frankfurt am Main: Neue Kritik.

Maurer, N., & Yu, C. (2006). What Roosevelt took: the economic impact of the Panama Canal, 1903–1937. Working paper 06-041. http://www.hbs.edu/faculty/Publication%20Files/06-041.pdf. Zugegriffen: 30. Nov. 2016.

McCullough, D. (1977). *The path between the seas: the creation of the Panama Canal, 1870–1914.* New York: Simon & Schuster.

McKinley, W. (1898). Message to congress requesting a declaration of war with Spain. http://www. presidency.ucsb.edu/ws/index.php?pid=103901&st=Spain&st1=Cuba. Zugegriffen: 05. Aug. 2015.

Molineu, H. (1993). *U.S. policy towards Latin America.* Boulder: Westview Press.

Northrop, F. S. C. (1957). Neutralism and the United States foreign policy. *Annals of the American Academy of Political and Social Science, 312*(1), 42–68.

Perkins, W. T. (1981). *Constraint of empire: the United States and Caribbean interventions.* Westport: Greenwood Press.

Platt Amendmet (1901). http://www.ourdocuments.gov/doc.php?doc=55&page=transcript. Zugegriffen: 06. Aug. 2015.

Powaski, R. E. (1991). *Toward an entangling alliance. American isolationism, internationalism, and Europe, 1901–1950.* New York: Greenwood Press.

Pérez, L. A. (1997). *Cuba and the United States: ties of singular intimacy.* Athens: University of Georgia Press.

Pérez, L. A. (1999). Cuba: sugar und independence. In T. M. Leonard (Hrsg.), *United States – Latin American relations, 1850–1903* (S. 35–58). Tuscaloosa: The University of Alabama Press.

Rigby, B. R. (1978). *American expansion in the Pacific and Caribbean Islands, 1865–1877.* Dissertation, Durham, NC.: Duke University.

Roosevelt, T. (1902). State of the Union Address. http://www.thisnation.com/library/sotu/1902tr.html. Zugegriffen: 30. Nov. 2016.

Roosevelt, T. (1903). Third annual message. http://www.presidency.ucsb.edu/ws/index.php?pid=29544& st=Venezuela&st1=. Zugegriffen: 10. Aug. 2015.

Roosevelt, T. (1904a). Roosevelt: special message, january 4. http://www.presidency.ucsb.edu/ws/index. php?pid=69417&st=special&st1=january. Zugegriffen: 12. Aug. 2015.

Roosevelt, T. (1904b). Fourth annual message. http://www.presidency.ucsb.edu/ws/index.php?pid=29545& st=Venezuela&st1=. Zugegriffen: 10. Aug. 2015.

Roosevelt, T. (1905). Fifth annual message. http://www.presidency.ucsb.edu/ws/index.php?pid=29546& st=Dominican&st1=. Zugegriffen: 11. Aug. 2015.

Roosevelt, T. (1906). Sixth annual message. http://www.presidency.ucsb.edu/ws/index.php?pid=29547& st=Cuba&st1=. Zugegriffen: 15. Aug. 2015.

Schulzinger, R. (1998). *U.S. diplomacy since 1900.* Oxford: Oxford University Press.

Schwabe, K. (2006). *Weltmacht und Weltordnung: Amerikanische Außenpolitik von 1898 bis zur Gegenwart – Eine Jahrhundertgeschichte.* Paderborn: Schöningh.

Taft, W. H. (1908). Address accepting the republican presidential nomination. http://www.presidency.ucsb. edu/ws/index.php?pid=76222&st=Cuba&st1=. Zugegriffen: 16. Aug. 2015.

Taft, W. H. (1909). Special message from June 5th, 1909. http://www.presidency.ucsb.edu/ws/index.php? pid=68516&st=Cuba&st1=. Zugegriffen: 16. Aug. 2015.

Taft, W. H. (1910). Second annual message. http://www.presidency.ucsb.edu/ws/index.php?pid=29551& st=Nicaragua&st1=. Zugegriffen: 24. Aug. 2015.

Taft, W. H. (1912). Fourth annual message. http://www.presidency.ucsb.edu/ws/index.php?pid=29553& st=Nicaragua&st1=. Zugegriffen: 22. Aug. 2015.

Tompkins, E. B. (1970). *Anti-imperialism in the United States: the great debate 1890–1920.* Philadelphia: University of Pennsylvania Press.

Wehler, H.-U. (1974). *Der Aufstieg des amerikanischen Imperialismus.* Göttingen: Vandenboeck & Ruprecht.

Z Außen Sicherheitspolit (2016) (Suppl 1) 10:71–93
DOI 10.1007/s12399-016-0598-5

ZFAS CrossMark

„Platz an der Sonne"?! Oppositionelle Außenpolitik des Deutschen Kaiserreichs 1890–1914

Lena Jaschob

Online publiziert: 6. Dezember 2016
© Springer Fachmedien Wiesbaden 2016

Zusammenfassung Das Deutsche Reich war vor dem Ersten Weltkrieg ein internationaler Aufsteiger, der sich durch mehrheitlich oppositionelles Verhalten mit der Internationalen Ordnung auseinandersetzte. Vor allem im Bereich der Wirtschafts-, Rüstungs- und Außenpolitik versuchte das Deutsche Reich die Ordnung aktiv umzugestalten. Der Veränderungswunsch drückte sich vor allem durch starke Statusambitionen und subjektiv empfundenen lateralen Druck aus.

Schlüsselwörter Deutsches Reich · Revisionismus · Statusanspruch · Lateraler Druck · Ordnung

"Place in the Sun"?! The German Reich and its oppositional foreign policy between 1890 and 1914

Abstract The German Reich was a rising power before World War I which challenged the international order through mostly oppositional behavior. Especially in economics, armaments and foreign policy it tried to actively recast the international order. The expected change in the international order was mostly motivated by status ambitions and subjectively perceived lateral pressure.

Keywords German Reich · Revisionism · Status ambitions · Lateral pressure · Order

L. Jaschob (✉)
Straße der ODF 20, 39307 Genthin, Deutschland
E-Mail: lena-jaschob@gmx.de

 Springer

1 Einleitung

Das Deutsche Kaiserreich war nach seiner Gründung 1871 im Spiegelsaal von Versailles nicht nur eine europäische Großmacht im Konzert der Mächte sondern auch der am stärksten aufsteigende Staat in Europa. Hinzu kommt, dass sich in den 1890er-Jahren ein weltpolitisches Bewusstsein in Politik und Gesellschaft herausbildete und damit die Position des Deutschen Kaiserreichs in der internationalen Ordnung in Frage gestellt wurde. Diese Faktoren qualifizieren das Deutsche Kaiserreich als einen Fall, in dem Statusambitionen und lateraler Druck die außenpolitische Handlungsfähigkeit eines Staates beeinflusst haben können. In diesem Artikel wird daher geprüft, ob die abhängige Variable „Revisionismus", das heißt die Neigung der deutschen Politik sich an der internationalen Ordnung zu orientieren, von den beiden unabhängigen Variablen „Status" und „Lateraler Druck" beeinflusst wurde[1].

Der wirtschaftliche Aufstieg des Deutschen Kaiserreichs setzte bereits kurz nach der Reichsgründung ein. Die Wirtschaftsleistung Frankreichs hatte man bereits 1871 übertroffen und ab den 1880er-Jahren konnte man sich deutlich von Frankreich absetzen (Madison 2015). Parallel dazu setzte eine Aufholjagd auf Großbritannien ein und 1909 wurde die Wirtschaftsleistung des Inselreichs durch das Deutsche Kaiserreich übertroffen (Madison 2015). In anderen Bereichen – wie zum Beispiel der Eisen- und Stahlproduktion – hatte man Großbritannien bereits um die Jahrhundertwende überholt (Correlates of War Project 2010). Auch der Anteil am Weltexport stieg im Deutschen Kaiserreich kontinuierlich und deutlich stärker als bei den anderen europäischen Mächten, der britische Anteil verzeichnete in selben Zeitraum sogar eindeutige Verluste (Lewis 1981, S. 53–59). Aus wirtschaftlichen und wirtschaftspolitischen Gesichtspunkten war das Deutsche Kaiserreich also ein aufsteigender Staat, gerade im Vergleich zu den anderen europäischen Großmächten und insbesondere gegenüber dem Hegemon Großbritannien. Dies drückt sich auch in der Machtentwicklung aus (Abb. 1).

Neben diese rasante wirtschaftliche Entwicklung trat die sukzessive Herausbildung eines weltpolitischen Bewusstseins, welches bis zum Ende der 1890er-Jahre sich in nahezu allen politischen und gesellschaftlichen Bereichen ausgedehnt hatte. In den Jahren nach der Reichsgründung verstand sich das Deutsche Kaiserreich als „saturierte Großmacht im Herzen Europas" (Gall 2001, S. 503). Doch bereits unter Reichskanzler Bismarck, dem Konstrukteur der Einheit und Verfechter der saturierten Großmachtpolitik, erwarb das Deutsche Kaiserreich 1884 die ersten deutschen Kolonien und signalisierte damit zumindest nach außen, dass auch das Deutsche Kaiserreich an der Aufteilung der Welt teilhaben wollte und sich ein überseeisches Sendungsbewusstsein entwickelte[2] (van Laak 2005, S. 66). Mit der Thronbesteigung Kaiser Wilhelm II. im Sommer 1888 und der Entlassung Bismarcks 1890 gewan

---

[1] Eine ausführliche Diskussion der abhängigen und unabhängigen Variablen findet in den ersten beiden Artikeln dieses Sonderheftes statt.

[2] Bismarck selber war jedoch kein Verfechter einer offensiven deutschen Weltpolitik. Vielmehr erwarb er die ersten Kolonien für das Deutsche Kaiserreich aus innenpolitischen Beweggründen heraus: Der Druck der Interessenverbände und auch die bereits durch Deutsche geschaffenen Tatsachen im Ausland veranlassten ihn in einer außenpolitisch günstigen Situation die Gebiete in Südwestafrika unter deutschen Schutz zu stellen (van Laak 2005, S. 66).

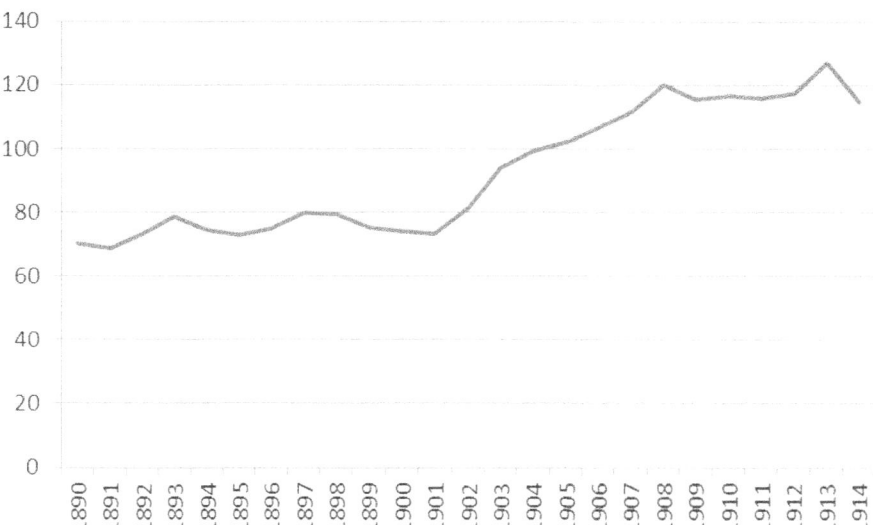

Abb. 1 Entwicklung des Machtverhältnisses zwischen dem Deutschen Reich und Großbritannien (in %). (Quelle: Eigene Berechnung auf Basis der Daten des Correlates of War Projects)

nen weltpolitische Überlegungen mehr und mehr an Gewicht in der politischen und gesellschaftlichen Debatte des Deutschen Kaiserreichs. Mit der berühmten „Platz an der Sonne"-Rede von Außenstaatssekretär Bernhard von Bülow am Nikolaustag 1897 kommunizierte das Deutsche Kaiserreich dann offiziell den Beginn seiner Weltpolitik und meldete öffentlich an, als gleichwertiger Partner im Kreis der Weltmächte behandelt werden zu wollen (Bülow 1897).

Spätestens ab diesem Zeitpunkt verfolgte das Deutsche Kaiserreich eine oppositionelle Politik, um den vorhanden Großmachtstatus in einen international anerkannten Weltmachtstatus zu überführen. Der wirtschaftliche Aufstieg sollte sich nun auch in außenpolitischen Erfolgen niederschlagen und den Status des Deutschen Kaiserreichs erhöhen. Mit oppositionellem Verhalten vor allem in der Außen- und Rüstungspolitik versuchte das Deutsche Kaiserreich seine Statusambitionen in die Tat umzusetzen und auch das enorme wirtschaftliche Wachstum trug dazu bei, dass die politische Führung des Deutschen Kaiserreichs immer unzufriedener mit der internationalen Position des Kaiserreichs wurde.

Das Deutsche Kaiserreich lässt sich also als aufsteigende Großmacht charakterisieren, die mit der internationalen Ordnung unzufrieden war. Das überproportionale wirtschaftliche Wachstum legt nahe, dass lateraler Druck als ein Problem für den weiteren Aufstieg wahrgenommen wurde und so mindestens oppositionelles Verhalten beförderte. Auch ist anzunehmen, dass die seit den 1890er-Jahren stetig steigenden Statusambitionen die Außenpolitik des Deutschen Kaiserreichs mitbestimmt haben und so ebenfalls als Quelle für revisionistisches Verhalten dienten.

2 Die internationale Ordnung vor dem Ersten Weltkrieg

Das Deutsche Kaiserreich versuchte in der Regierungszeit Kaiser Wilhelm II. die eigene Position in der internationalen Ordnung zu verbessern. Von der Ausgangsposition als europäische Großmacht wollte sich das Deutsche Kaiserreich wegbewegen und als Weltmacht international anerkannt werden: „die neue Generation aber wollte gerade diesen Status quo ändern, um ihn der deutschen Macht anzupassen [...] Eine gewisse Konzessionsbereitschaft im Innern [...] ging einher mit einem tiefgreifenden Wandel der äußeren Verhältnisse" (Hildebrand 1999, S. 179). Es zielte also auf eine Veränderung der internationalen Ordnung ab und war damit ein revisionistischer Staat (siehe Jaschob et al. in diesem Heft). Doch wie sah die internationale Ordnung aus, in der sich das Deutsche Kaiserreich bewegte und die es zu verändern suchte? Welche Elemente enthielt die Ordnung, die den deutschen Aufstieg bremsten oder subjektiv sogar verhinderten? Und welche Mittel setzte das Deutsche Kaiserreich ein, um die gewünschte Veränderung der internationalen Ordnung herbeizuführen?

Die internationale Ordnung vor dem Ersten Weltkrieg zeichnete sich vor allem durch eine Zentrierung auf Europa und durch die fünf europäischen Großmächte – Großbritannien, Preußen (ab 1871 Deutsches Kaiserreich), Russland, Österreich-Ungarn und Frankreich – als Hauptakteure der Ordnung aus. Mit dem Sieg über Napoleon und dem Wiener Kongress 1814/15 kam es zu einer Neuordnung der geografischen und politischen Landkarte Europas (King 2014, S. 13). Mit der Fortführung der in Kriegszeiten geschlossenen Quadrupelallianz etablierten sich die vier Siegermächte als Großmächte im neuen System, um Stabilität und Frieden zu garantieren (Sheehan 1996, S. 123). Um dieses Ziel auch langfristig zu erreichen wurde bereits 1818 Frankreich wieder in den Kreis der Großmächte aufgenommen (Dülffer 2012, S. 175) und das internationale System hatte seine grundlegende Form, die es bis zum Ersten Weltkrieg beibehielt, gefunden. Die wesentlichen Merkmale dieser internationalen Ordnung waren

- die fünf europäischen Großmächte als Garanten des Friedens und des Status Quo,
- das Konzertsystem als lose institutionalisiertes Organ der Großmächte zur Konflikt- und Krisenbewältigung,
- der Eurozentrismus und der geringe Einfluss der kleineren Staaten und internationalen Organisationen (Dülffer 2012, S. 176; Schulz 2009b, S. 48–70).

Die Wiener Ordnung fußte auf den Ordnungsvorstellungen und Prinzipien die seit dem Westfälischen Frieden 1648 das Zusammenleben der Staaten regelten. Vor allem das Prinzip der Nichteinmischung, die Souveränität der Staaten und das Interventionsverbot bildeten die grundlegenden Normen, die auch nach dem Wiener Kongress weiterhin Bestand hatten. Diese basalen Vorstellungen von Ordnung beeinflussten den Wiener Kongress und überdauerten auch sämtliche Wandlungsprozesse. Die klassische Konferenzdiplomatie des Konzerts rückte beispielsweise schon seit dem Krimkrieg immer mehr in den Hintergrund und mit der Gründung des Königreichs von Italien 1861 und der Reichseinigung des Deutschen Kaiserreichs 1871 kam das System immer mehr in Bewegung. Die Konferenzdiplomatie wurde Schritt für Schritt durch sich herausbildende Bündnisse abgelöst, die nun die Hauptakteure auf den Konferenzen zur Friedenssicherung und Konfliktlösung waren. Auch nahm

der Anteil an internationalen Organisationen ab den 1860er-Jahren stetig zu und auch sie übernahmen Teile des Konferenzsystems (Herren 2009, S. 20; Reinalda 2009, S. 11). Ebenfalls wuchs die Bedeutung der kleineren Staaten, weil sie immer häufiger Anlass für Konflikte zwischen den Großmächten waren und es immer schwieriger wurde, diese Konflikte an die Peripherie abzuleiten (Reinalda 2009, S. 27; Herren 2009, S. 21–22). Die größte Veränderung setzte aber in den 1890er-Jahren ein. Aus dem System der Bündnisse entwickelte sich ein Blocksystem, welches von zwei sich gegenüberstehenden Lagern dominiert wurde (Hildebrand 1999, S. 199).

3 Einführung in den Fall

Diese neue Ära wurde mit der Nichtverlängerung des Rückversicherungsvertrages mit Russland durch das Deutsche Kaiserreich 1890 eingeläutet (Schieder 1977, S. 247). Mit dieser Entscheidung löste sich die politische Führung von der bismarckschen Bündnisdiplomatie, um Großbritannien perspektivisch an den Dreibund (Deutsches Kaiserreich, Österreich-Ungarn, Italien) zu binden und um den Widerspruch mit dem Zweibundvertrag mit Österreich-Ungarn aufzulösen (Hildebrand 1999, S. 182). Ein weiterer Effekt dieser politischen Entscheidung war die nun möglich gewordene Annäherung von Frankreich und Russland, die sich Ende 1893 mit einer Militärkonvention zunächst lose verbanden, dieses Bündnis aber immer weiter ausbauten und verfestigten und damit den Grundstein für die späteren Ententen legten (Afflerbach 2002, S. 385). Damit war genau der Fall eingetreten, den Bismarck mit seiner Bündnisdiplomatie zu verhindern suchte: Die beiden Flügelmächte verbanden sich gegen das Deutsche Kaiserreich und ein kontinentaler Krieg wäre nun garantiert an zwei Fronten zu führen (Halder 2006, S. 133). Das Scheitern der deutschen Bemühungen, Großbritannien an den Dreibund zu binden, verfestigte diese Situation noch weiter. Auch gelang es dem Deutschen Kaiserreich nicht, ein bilaterales Bündnis mit Großbritannien zu erreichen, obwohl es um die Jahrhundertwende mehrere Initiativen auf deutscher und britischer Seite dazu gab. Ein Bündnis scheiterte immer an den unterschiedlichen Vorstellungen, die beide Verhandlungspartner an ein solches Bündnis stellten: Das Deutsche Kaiserreich wollte nicht der „Festlandsdegen" für Großbritannien sein und Großbritannien hatte wenig Interesse substantielle Zugeständnisse an den größten wirtschaftlichen Rivalen zu machen (Ullrich 2000, S. 29–30).

Vielmehr verbündete sich Großbritannien 1902 mit Japan und gab so die lange aufrecht erhaltene „Splendid isolation" auf (Charmley 1999, S. 304). So sicherte sich das Vereinigte Königreich größere Handlungsfreiheit in Asien, gerade gegen russische Interessen im Fernen Osten (Nish 1976, S. 216–217). 1904 erfolgte dann der Abschluss der Entente Cordiale mit Frankreich (Charmley 1999, S. 311). Die lange schwelenden kolonialen Streitigkeiten in Afrika wurden beigelegt und der Weg zu einer engeren Kooperation dadurch frei. Diese bündnispolitischen Entwicklungen schienen das Deutsche Kaiserreich nach und nach zu isolieren. Die politische Führung in Berlin musste reagieren: Mit der Landung des Deutschen Kaisers in Tanger am 31. Mai 1905 löste das Deutsche Kaiserreich die erste Marokkokrise aus, um zu

versuchen, die Entente aufzubrechen und die drohende bündnispolitische Isolation abzuwenden (Hildebrand 1999, S. 270–271). Das Deutsche Kaiserreich versuchte noch einmal durch den Rekurs auf das Konferenzsystem die alten Funktionsweisen des Konzerts wiederzubeleben, indem es auf eine internationale Konferenz zur Lösung der Marokkofrage bestand (Hildebrand 1999, S. 271). Die Konferenz wurde zwar einberufen und alle Großmächte nahmen teil, die Entente konnte jedoch nicht gelöst werden und die Isolation des Deutschen Kaiserreichs wurde in Algeciras zum ersten Mal deutlich sichtbar (Canis 2011, S. 145, 186). Als sich 1907 dann auch die Triple Entente (Großbritannien, Frankreich, Russland) formierte, war endgültig klar, dass das Deutsche Kaiserreich in eine bündnispolitische Sackgasse geraten war (Taylor 1980, S. 443). Weitere Versuche der Schwächung oder Sprengung der Entente schlugen fehl und in der Konsequenz verfestigte das Deutsche Kaiserreich immer mehr den Zweibund mit Österreich-Ungarn, um den Gefahren, die sich aus der bündnispolitischen Situation ergaben, zu begegnen (Angelow 2000, S. 170). Vor allem sollte so einem möglichen Angriff Russlands vorgebeugt werden. Auf dem Balkan prallten russische und österreich-ungarische Interessen immer wieder aufeinander und durch eine Stärkung Österreich-Ungarns erhoffte sich das Deutsche Kaiserreich, dass Russland vor einem offenen Konflikt zurückschrecken würde und so die Zwei-Fronten-Gefahr minimiert werden könne (Schmidt 2004, S. 9). Mittelfristig verfestigten sich die beiden Blöcke – die Mittelmächte Deutsches Kaiserreich, Österreich-Ungarn und Italien auf der einen Seite und die Ententemächte Großbritannien, Frankreich und Russland auf der anderen – so dass die ursprünglichen Mechanismen der internationalen Ordnung, vor allem das Zusammenwirken aller Großmächte zur Konflikt- und Krisenprävention, nicht mehr funktionierten.

Teilweise forcierte das Deutsche Kaiserreich durch seine Politik diese Wandlungsprozesse. Vor allem das zunehmende Statusbewusstsein in der deutschen Politik und Öffentlichkeit führte dazu, dass die internationale Ordnung immer mehr als Hindernis für den eigenen weiteren Aufstieg in die Position einer Weltmacht wahrgenommen wurde. Insbesondere vom Hegemon Großbritannien erwartete man Anerkennung und Zugeständnisse. Ab 1897 verfolgte das Deutsche Kaiserreich eine offensive und unruhige Politik, um seinen Weltmachtanspruch durchzusetzen (Hildebrand 1999, S. 200). Hierbei nutzte es die Handlungsspielräume der nur sehr lose kodifizierten internationalen Ordnung aus und versuchte durch aktives, aber regelkonformes Verhalten die Ordnung zu den eigenen Gunsten umzugestalten. Vor allem in der Außen- und Rüstungspolitik zeigen sich die deutschen Bemühungen, um als Weltmacht anerkannt zu werden und sein Statusstreben zu befriedigen.

„Wir sind endlich gern bereit, in Ostasien den Interessen anderer Großmächte Rechnung zu tragen, in der sicheren Voraussicht, daß unsere eigenen Interessen gleichfalls die ihnen gebührende Würdigung finden (Bravo!). Mit einem Worte: Wir wollen niemanden in den Schatten stellen, aber wir verlangen auch unseren Platz an der Sonne (Bravo!). In Ostasien wie in Westindien werden wir bestrebt sein, getreu den Überlieferungen der deutschen Politik, ohne unnötige Schärfe, aber auch ohne Schwäche unsere Rechte und unsere Interessen zu wahren (Lebhafter Beifall.)." (Bülow 1897). Mit dieser Rede Bülows im Reichstag läutete das Deutsche Kaiserreich offiziell die Phase der Weltpolitik ein. Ziel der deutschen Politik war es, einen gleichberechtigten Status als Weltmacht neben Großbritannien zu er-

langen. Zu diesem Zweck wurden die Möglichkeiten der internationalen Ordnung voll ausgenutzt. Vor allem mit der Flottenpolitik, die ab 1898 in Gesetze gegossen wurde, versuchte man die eigene Position in der Ordnung zu verändern: Vom Großmachtstatus und halbhegemonialer Stellung als starke Landmacht im Zentrum Europas wollte man in die Position einer Weltmacht mit weltumspannenden Interessen und Einflusssphären aufsteigen. Der seit dem Wiener Kongress 1814/15 gesicherte Großmachtstatus reichte nicht mehr aus, um dem wachsenden deutschen Geltungsbewusstsein Rechnung zu tragen (Schulz 2009a, 2009b). Auch im Bereich der Kolonialpolitik versuchte man Fuß zu fassen und die eigene Position zu verbessern. Um dies zu erreichen versuchte das Deutsche Kaiserreich so viel Territorium zu erwerben oder unter deutschen Einfluss zu stellen wie nur möglich (van Laak 2005, S. 9; Henning 1993, S. 260–261). Hierbei bediente man sich der gesamten Bandbreite an Möglichkeiten, die das System zur Verfügung stellte. Durch Landtausch (Helgoland-Sansibar-Vertrag 1890), durch internationale Zusammenarbeit (Samoa 1899 oder Venezuela 1902/03), oder durch den Erwerb des Landes mittels Pachtvertrag (Kiautschou 1898) erweiterte man das deutsche Kolonialreich und demonstrierte überseeisches Sendungsbewusstsein, ein Hauptmerkmal einer Weltmacht (Schöllgen 1989, S. 82). Dieses Vorgehen entsprach zwar den anerkannten Mitteln des Imperialismus, dennoch strebte man hier eine Veränderung der territorialen Ordnung an und verhielt sich somit oppositionell-revisionistisch. Auch die Initiierung verschiedener diplomatischer Initiativen (Aufteilung der portugiesischen Kolonien 1898, Marokko 1905/06 und 1911 oder auch die Londoner Konferenz zur Lösung der Balkanfrage 1913) war ein Mittel, mit dem das Deutsche Kaiserreich versuchte, die eigene Position aufzuwerten, beziehungsweise sich aus der bündnispolitischen Isolation zu befreien.

Die deutsche Politik versuchte also auf verschiedenen Ebenen die eigene Position innerhalb der bestehenden Ordnung zu verbessern: „Ruhmessucht und Tatendurst traten an die Stelle von Nüchternheit und Bescheidenheit; nicht das Besinnen aufs Vertraute, sondern die Lust aufs Neue wurde zum Bewegungsgesetz der Nation und verdrängte die überlieferte Räson des Staates." (Hildebrand 1999, S. 179). Das deutsche Verhalten wirkte zwar in einigen Fällen radikal oder unangemessen – wie später noch gezeigt wird –, aber es wurden in keinem Fall die Regeln und Normen der internationalen Ordnung verletzt oder bewusst gebrochen. Die nur lose kodifizierte Ordnung und der Ausgangspunkt als europäische Großmacht begünstigten den Aufstieg des Deutschen Kaiserreichs in vielen Bereichen, jedoch mangelte es dem Deutschen Kaiserreich an internationaler Anerkennung des von Politik und Öffentlichkeit geforderten Weltmachtstatus. Auch in internen Kreisen – sieht man von den gelegentlichen Kriegsdrohungen Kaiser Wilhelm II. gegenüber Großbritannien ab – wurde nicht ernsthaft über Regelbrüche zur Verbesserung der eigenen Position diskutiert, vielmehr versuchte man zunächst durch eine „Politik der freien Hand" und ein Überall-dabei-sein-wollen seinen Anspruch zu demonstrieren.

Betrachtet man also die abhängige Variable „Revisionismus" im Fall des Deutschen Kaiserreich dann lässt sich feststellen, dass sich das Deutsche Kaiserreich zum Beginn des Untersuchungszeitraums Anfang der 1890er-Jahre noch stark an der Status-quo-orientierten Politik Bismarcks ausrichtete und nur moderat oppositionelle Politiken verfolgte. Dies zeigt sich nicht nur an den hier ausgewählten

Fallbeispielen sondern auch bei der Nichtverlängerung des Rückversicherungsvertrages oder in den Kolonialverhandlungen mit Großbritannien, die zum Helgoland-Sansibar-Vertrag führten. Die Nichtverlängerung des Rückversicherungsvertrages stellt zwar einen Eingriff in den Status-quo der Ordnung dar, jedoch erfolgt dieser nicht, weil man einen grundsätzlichen Änderungsanspruch hatte, sondern eher um nach der langen Ära Bismarck einen eigenen Zugriff auf die Außenpolitik zu bekommen (Fellner 1994, S. 45; Schieder 1977). Auch der Helgoland-Sansibar Vertrag veränderte die Ordnung, vor allem territorial, und stellt somit grundsätzlich eine oppositionell-revisionistische Politik dar. Aber auch hier ging es nicht um einen grundlegenden Politikwechsel, der zum Ziel hatte die deutsche Kolonialpolitik völlig auf den Kopf zu stellen, sondern es ging vielmehr um die Beilegung eines klar umgrenzten kolonialen Konfliktes und einen für beide Seiten scheinbar günstigen Landtausch (Kennedy 1980, S. 205). Die Handelsvertragspolitik Caprivis ist in dieser Phase eher die Ausnahme als die Regel, denn ein grundsätzlicher Änderungsanspruch an die Ordnung lag noch nicht vor. Erst mit dem Einsetzen der Weltpolitik am Ende des Jahrzehnts bewegte sich das Deutsche Kaiserreich in Richtung eindeutiger revisionistischer Politik, die sie durch oppositionelles Verhalten umsetzte. Hier sind es vor allem gewachsene Statusansprüche, die als Grundlage der revisionistischen Politik dienen. Diese drücken sich neben den hier ausgewählten Fallbeispielen auch in dem Konflikt mit Großbritannien und den USA um die Vorherrschaft auf Samoa (Kennedy 1974) oder der Beteiligung an der Niederschlagung des Boxeraufstands und dem Bestehen auf das Entsenden eines „Weltmarschalls" aus (Petter 2002). Gerade die zweite Marokkokrise 1911 verdeutlicht die hohe Statusmotivation in der revisionistischen deutschen Außenpolitik und ist Ausdruck der zunehmenden Intensität der Ausprägung der abhängigen Variable im gesamten Untersuchungszeitraum.

4 Beobachtungspunkte

Um zu überprüfen, ob die beiden unabhängigen Variablen – Status und lateraler Druck[3] – Einfluss auf den Entscheidungsprozess im Deutschen Kaiserreich und damit auch auf das revisionistische Verhalten hatten, wird in drei Phasen der deutschen Politik vor dem Ersten Weltkrieg analysiert, ob sie sich 1) nachweisen lassen und 2) ob sie den erwarteten Einfluss in Richtung revisionistisches Verhalten hatten. Für diese Untersuchung wurden die Handelsvertragspolitik in der Ära Caprivi, die Flottenrüstung des Deutschen Kaiserreichs und die beiden Marokkokrisen 1905/06 und 1911 ausgewählt. Es wird erwartet, dass die Debatten um die Handelsvertragspolitik mehrheitlich Argumente der Theorie des lateralen Drucks enthalten und Status eine eher untergeordnete Rolle spielt. Bei der Flottenrüstung und den beiden Marokkokrisen dagegen wird erwartet, dass Status der Hauptantrieb für das politische Handeln war. Damit stehen diese drei Fälle exemplarisch für die deutsche Außen- und Rüstungspolitik im Zeichen der Weltpolitik und eignen sich besonders für die

---

[3] Eine theoretische Betrachtung der beiden unabhängigen Variablen, inklusive Begriffsklärungen, findet im Artikel „Lateraler Druck, Statusansprüche und die Ursachen revisionistischer Großmachtpolitik" in diesem Heft statt.

Analyse der Forschungsfrage, warum aufsteigende Staaten die internationale Ordnung, von der sie eigentlich profitieren, verändern oder anpassen wollen und unter welchen Bedingungen sie dies tun. Es wird ein *within-Case-Vergleich* vorgenommen, der es ermöglicht, die Unterschiede in der Ausprägung der unabhängigen Variablen innerhalb eines größeren Forschungszeitraums sichtbar zu machen, um so die Gesamtentwicklung des Deutschen Kaiserreichs analysieren zu können. Mit dieser Fallauswahl sind zum einen unterschiedliche Politikfelder abgedeckt, zum anderen liegen sie zeitlich weit genug auseinander, um überprüfen zu können, wie die politische Entwicklung verlaufen ist und ob sich über die Zeit Radikalisierungen hin zu dissidentem Revisionismus herausbilden oder ob Zeit und damit verbundene Veränderungen der Ausgangsbedingungen kein maßgeblicher Faktor bei der politischen Entscheidungsfindung sind.

4.1 Die Handelsvertragspolitik unter Reichskanzler Caprivi

Die Handelsvertragspolitik unter Reichskanzler Leo von Caprivi Anfang der 1890er-Jahre kann als ein erster Ausreißer in Richtung oppositionell-revisionistischer Politik gesehen werden. Hier zeigen sich schon erste Ansätze des Willens zur Veränderung der internationalen Ordnung, aber es fehlt der weltpolitische Anspruch, der oppositionelles Verhalten zur Maßgabe der Politik machte wie auch ein dahinterliegendes außenpolitisches Programm, wie es zu Zeiten der Weltpolitik vorherrschte. Dennoch eignet sich diese wirtschaftspolitische Episode des Deutschen Reichs für die Analyse von revisionistischem Verhalten, weil sich bereits hier die Muster und Verhaltensweisen herausbilden, die sich unter dem Zeichen der Weltpolitik eindeutig gegen die bestehende Ordnung richten und die Politik des Kaiserreichs prägten.

Leo von Caprivi löste im Frühjahr 1890 Otto von Bismarck als Reichskanzler und preußischer Ministerpräsident ab. Kaiser Wilhelm II. wollte ein „persönliches Regiment" (Röhl 1995) etablieren und selber die Geschicke der deutschen Politik leiten. Die Besetzung der Position des Reichskanzlers mit Leo von Caprivi, einem Offizier der preußischen Armee, kann als erster Schritt in diese Richtung gesehen werden (Halder 2006, S. 97). Caprivi veränderte dann auch das außenpolitische Verhalten des Deutschen Kaiserreichs mit seiner Politik des „Neuen Kurses" (Schwarze 2013, S. 153–154; Wehler 1995, S. 1005). Damit fing das Deutsche Kaiserreich an, aus dem Schatten der bismarckschen Status-quo Politik heraus zu treten und mit der dann einsetzenden Handelsvertragspolitik begann das Deutsche Kaiserreich die internationale Ordnung zum eigenen Vorteil aktiv umzugestalten[4].

Weltpolitik spielte für diese Überlegungen noch keine große Rolle (Hildebrand 1999, S. 177), vielmehr ging es Caprivi darum die mitteleuropäische Stellung des Deutschen Kaiserreichs durch günstige Handelsverträge zu verbessern. Caprivi reagierte mit seiner Handelsvertragspolitik auf die zunehmenden Gefahren der Abhängigkeit der hochgradig weltmarkorientierten deutschen Volkswirtschaft. Die deut-

---

[4] Auch die Entscheidung zur Nichtverlängerung des Rückversicherungsvertrages mit Russland, die Caprivi kurz nach seinem Amtsantritt traf, zeigt schon in diese Richtung. Diese Entscheidung leitete eine Entwicklung mit ein, die die internationale Ordnung vor dem Ersten Weltkrieg nachhaltig veränderte: Die Herausbildung der zwei antagonistischen Blöcke (Schwarze 2013, S. 155).

sche Außenhandelsabhängigkeit nahm immer weiter zu, gleichzeitig setzte Anfang der 1890er-Jahre eine Phase des Hochprotektionismus ein. Besonders die USA und Russland versuchten durch Schutzzölle ihre Wirtschaft zu schützen. Hinzu trat der drohende Zusammenbruch des europäischen Handelsvertragssystems, von dem das Deutsche Kaiserreich profitierte ohne selbst eine Gegenleistung erbringen zu müssen. Caprivi wollte durch langfristige Handelsverträge diesen Trend stoppen und der deutschen Wirtschaft kalkulierbare Rahmenbedingungen schaffen, in denen sie weiter wachsen konnte (Torp 2005, S. 179–180). Sein Ziel war die Schaffung eines mitteleuropäischen Wirtschaftsraums unter deutscher Führung, um die deutsche Hegemonie auf dem Kontinent mit friedlichen Mitteln zu erreichen (Ullrich 2000, S. 31).

Caprivi glaubte fest daran, dass die Wirtschaft eines Staates immer mehr Einfluss auf dessen Entwicklung nehmen würde und damit der Handlungsspielraum der Staatsmänner einerseits beschränkt wurde, andererseits ihnen aber auch neue Macht verleihe (Hildebrand 1999, S. 193). Mit dieser Meinung stand er nicht allein, denn auch andere führende Köpfe waren sich einig, dass „auf national-ökonomischen Fragen [...] sich heutzutage die innere und äußere Politik [aufbaue, L.J.]" (Eulenburg 1979, S. 1029). Aus dieser neuen Entwicklung suchte Caprivi Vorteile für das Deutsche Kaiserreich zu ziehen, indem er sowohl die Innen- wie die Außenpolitik „mit ökonomischem Schwung" befördern wollte (Hildebrand 1999, S. 194). Mit Hilfe einer ökonomisch ausgerichteten Außenpolitik wollte er im Innern für einen sozialen Ausgleich sorgen und durch „die rechtzeitige Einleitung zukunftweisender Reformen von oben das gefährliche Aufkommen revolutionärer Forderungen von unten gar nicht erst entstehen zu lassen." (Hildebrand 1999, S. 195). Damit handelte seine Regierung oppositionell-revisionistisch, weil die Handelsvertragspolitik darauf abzielte, die internationale Ordnung zum eigenen Vorteil auszunutzen und den eigenen Bedingungen anzupassen. Durch die Etablierung eines eigenen Handelsvertragsregimes zielte man auf die Veränderung der internationalen Wirtschaftsordnung ab. Reichskanzler Caprivi konnte seine Handelsvertragspolitik dann auch erfolgreich umsetzen, aber kurz nach dem Vertragsschluss mit Russland Anfang 1894 war seine Regierung am Ende. Letztendlich scheiterte Caprivi mit seinem modernen Ansatz am Widerstand der mächtigen Agrarier, der Stütze des preußischen Staates, und an den sozialen Beharrungstendenzen, denn selbst dem sonst so modernen Kaiser gingen die politischen Veränderungen zu weit (Schwarze 2013, S. 157).

4.1.1 Lateraler Druck

Caprivi begründete seine Handelsvertragspolitik mit lateralem Druck: „Wir müssen exportieren: entweder wir exportieren Waren, oder wir exportieren Menschen. Mit dieser steigenden Bevölkerung ohne die gleichmäßig zunehmende Industrie sind wir nicht in der Lage, weiter zu leben." (Caprivi 1892, S. 3307). Diese Einschätzung wurde auch von weiten Teilen des Reichstags geteilt. Das bisherige Handelsvertragssystem – das in den 1860er-Jahren von Frankreich und Großbritannien etabliert worden war und sich vor allem durch die Meistbegünstigung auszeichnete und damit für sinkende Zölle in ganz Europa sorgte – drohte zusammenzubrechen und durch starken Protektionismus ersetzt zu werden. Dies bedrohte vor allem die deut-

sche Position, denn die deutsche Wirtschaft hatte sich immer mehr zu einem auf Export basierenden System entwickelt. Ein Übergang zum Protektionismus hätte zum wirtschaftlichen Niedergang des Deutschen Kaiserreichs geführt (Torp 2005, S. 181–182). Hinzu kam, dass die Existenz des Deutschen Kaiserreichs in gleichem Maße vom Import abhing und auch hier hätte eine protektionistische Phase zu massiven wirtschaftlichen und gesellschaftlichen Problemen geführt. Ziel der deutschen Handelsvertragspolitik war somit nicht die Erschließung neuer Absatzmärkte sondern die Verhinderung der Abschließung der bereits bestehenden Märkte für deutsche Waren (Torp 2005, S. 182–183). Es ging der deutschen Regierung also nicht nur um das Ausnutzen von wirtschaftlichen Vorteilen, sondern die Politik wurde mit dem Verweis auf Wachstumsbarrieren legitimiert.

Ein weiterer Faktor warum die Abgeordneten und auch die Reichsleitung subjektiv lateralen Druck verspürten, ist in einer statistischen Umstellung zu sehen. Die Handelsbilanz wies für das Jahr 1889 plötzlich ein Defizit von 825 Millionen Mark aus, weil die Berechnungsgrundlage angepasst wurde. Durch den Zollanschluss der Städte Bremen und Hamburg 1888 veränderte sich die Datenbasis anhand derer die Handelsbilanz ermittelt wurde:

Obwohl dieser Zusammenhang den gut informierten Zeitgenossen durchaus bewußt war, prägte die statistische Manifestation des Handelsbilanzdefizits ihre Realitätswahrnehmung. Erst jetzt konnte es zu einem beunruhigenden Problem werden, da es anzuzeigen schien, daß „wir ... auf die Dauer nicht im Stande [sind], das zu bezahlen, was wir brauchen, um zu leben und um unser Industrie in schwunghaftem Betriebe zu erhalten.". Erst durch den Umbruch in der statistischen Konstruktion der Wirklichkeit, heißt das, entstand in der zeitgenössischen Wahrnehmung überhaupt ein außenwirtschaftlicher „Uebelstand", dem es durch Exportförderung abzuhelfen galt. (Torp 2005, S. 183).

Vergleicht man diesen subjektiven Eindruck mit dem verfügbaren Zahlenmaterial und dem sich daraus ergebenden Index des lateralen Drucks für das Deutsche Kaiserreich, zeigt sich, dass sich für den Zeitraum 1888–1892 kein signifikant ansteigender lateraler Druck nachweisen lässt (Abb. 2). Erst nach 1892 steigt der Wert langsam an, was damit zu erklären ist, dass man erst im März 1894 zu einer Einigung mit Russland kam.

Die deutsche Handelsvertragspolitik lässt sich somit nur in einigen Bereichen mit lateralem Druck erklären. Subjektive Indikatoren für das Vorhandensein von lateralem Druck sind eindeutig vorhanden (Indikator „Gehemmtes Wachstum") und die Handelsvertragsabschlüsse deuten auch auf die Existenz des Handlungsindikators hin (Indikator „Subjektive Engpässe"). Jedoch fehlt ein belastbarer objektiver Indikator.

4.1.2 Status

Für Caprivi hatte die Handelsvertragspolitik den Zweck, das System von dem das Deutsche Kaiserreich in den letzten 20 Jahren profitiert hatte durch eigene Handelsverträge aufrecht zu erhalten und so zu verhindern, dass dem exportorientierten Deutschen Kaiserreich keine Nachteile erwuchsen. Statusfragen spielten dabei kei-

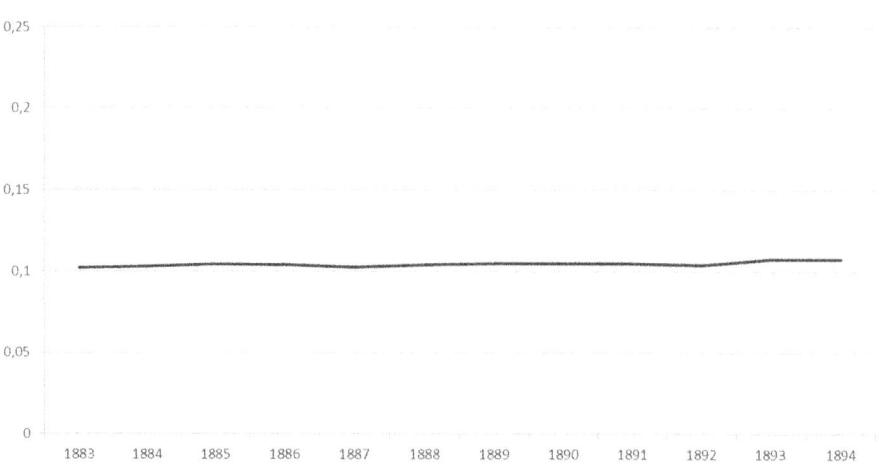

Abb. 2   Lateraler Druck Index Deutsches Reich, 1883–1894. (Quelle: Eigene Berechnung auf Basis des Lateral Pressure Index http://lateralpressure.mit.edu/lateral-pressure-index)

ne Rolle, es ging hier nicht um die Aufwertung der deutschen Position, sondern in erster Linie um die Erhaltung des bisher Erreichten.

Im Bereich der Statusindikatoren kommen somit im Gegensatz zum Lateralen Druck nur die quasi-objektiven Indikatoren in Betracht (Indikator „Status auf höchster Ebene"). Wenn es dem Deutschen Kaiserreich nicht gelungen wäre ein neues Handelsvertragssystem zu etablieren, hätte sich die eigene Position in der internationalen Ordnung verschlechtert. Jedoch fehlen hier Äußerungen von führenden Politikern und Entscheidungsträgern, in denen sie die Notwendigkeit der Handelsverträge mit Statusansprüchen verbinden. Auch bei den Handlungsindikatoren lassen sich keine Aktivitäten finden, die auf die Erlangung von Statusmarkern oder die Umwertung oder Neudefinition von Statusmarkern abzielten.

4.2 Die deutsche Flottenrüstung

Bis Ende der 1890er-Jahre lag der Fokus der deutschen Rüstung auf der Armee; als große Landmacht im Herzen Europas benötigte das Deutsche Kaiserreich eine große, gut ausgebildete und ausgerüstete Armee, um seine Stellung auf dem Kontinent verteidigen zu können (Berghahn 1971, S. 47). Als potentieller Gegner galt immer noch Frankreich, welches seit 1894 durch eine Militärkonvention lose mit Russland verbündet war (Fellner 1960, S. 45; Schieder 1977, S. 247). Damit war die Wahrscheinlichkeit eines Landkrieges deutlich höher als die eines Seekrieges. Jedoch konnte eine starke und schlagkräftige Armee nicht den erwünschten Weltmachtstatus für das Deutsche Kaiserreich sichern (Mahan 1974). Um diesem Umstand zu begegnen, nahm Kaiser Wilhelm II. personelle Veränderungen vor. Mit der Ernennung von Alfred von Tirpitz zum Staatssekretär des Reichsmarineamtes und Bernhard von Bülow zum Staatssekretär des Auswärtigen Amtes im Sommer 1897 verschob sich der Fokus von der Notwendigkeit eine schlagkräftige Armee auf dem Kontinent zu haben in Richtung der Schaffung einer Schlachtflotte, die es mit der Royal Navy aufnehmen könne (Berghahn 1971; Hobson 2004).

Um diesen Anspruch in die Tat umzusetzen legte Tirpitz dem Reichstag im Frühjahr 1898 das erste Flottengesetz vor. Dieses sah die Bildung von zwei Geschwadern vor, jedes durch acht Linienschiffe gebildet, sowie einige zusätzliche Schiffe, zu Trainingszwecken und zur Vervollständigung der Geschwader. Nach 25 Jahren sollten diese Schiffe automatisch erneuert werden, ohne erneute Prüfung durch den Reichstag (Epkenhans 1991; Berghahn 1971). Dieses eingebrachte Flottengesetz war das erste, welches ein systematisches Aufbauprogramm für eine große, schlagkräftige Flotte darstellte und im Gegensatz zu den bisherigen Gesetzesentwürfen aus dem Reichsmarineamt, die häufig durch bunt zusammengewürfelte Ansprüche oder durch ausufernde und nicht zu kalkulierende Forderungen gekennzeichnet waren, eine innere logische Konsistenz aufwies und einen überschaubaren und vor allem planbaren finanziellen Rahmen hatte. Die schleichende Untergrabung des Budgetrechts des Reichstags (durch die automatische Erneuerung der Schiffe nach 25 Jahren) wurde so geschickt hinter den strategischen Plänen versteckt und auch die scheinbar moderat formulierten Forderungen bewegten den Reichstag zur Zustimmung (Hobson 2004, S. 259; Berghahn 1971, S. 116).

Die rasch zunehmenden deutschen Interessen in der Welt, vor allem an Kolonialgebieten und wirtschaftlichen Einflusssphären, bildeten den Hintergrund für die folgenden Flottengesetze und Novellen 1900, 1906 und 1908. Mit dem zweiten Flottengesetz im Juni 1900 forderte Tirpitz die Verdoppelung der deutschen Schlachtflotte. Dieses Gesetz richtete sich stärker an militärischen Aspekten als an ökonomischen aus und im Gegensatz zum ersten Flottengesetz hatte es bereits eine direkte Stoßrichtung gegen Großbritannien (Aktenstück Nr. 548 1900, S. 3360). Ab 1906 änderte sich die strategische Situation für die deutsche Marine dramatisch. Großbritannien war zum Bau von Großkampfschiffen – Dreadnoughts – übergegangen. Dies führte dazu, dass die alten Schlachtschiffe in ihrem Wert drastisch gemindert wurden, weil die neue Schiffsklasse sowohl in der Bewaffnung als auch bei der Panzerung und Geschwindigkeit, überlegen war (Hobson 2004). Damit war der Wendepunkt im deutsch-britischen Flottenwettrüsten erreicht. Spätestens ab diesem Zeitpunkt war das Deutsche Kaiserreich nicht mehr in der Lage, der britischen maritimen Vorherrschaft gefährlich zu werden. Die Flottengesetznovelle von 1906 forderte zwar eine Steigerung des Schiffbautempos und versuchte so den Innovationsprung der Briten zu kontern, um Großbritannien doch noch überholen zu können, aber dem Bau der Dreadnoughts konnte so nicht effektiv begegnet werden (Lambi 1984, S. 264). Die Novelle von 1908 forderte erneut eine Steigerung des Schiffbautempos, aufgrund der enormen Kostgensteigerung durch die Entwicklung von eigenen Dreadnoughts konnte Tirpitz jedoch keine zusätzlichen Schiffe durchsetzen (Lambi 1984, S. 277–280).

Die deutsche Flottenpolitik ist somit als oppositionell-revisionistisch zu bewerten. Rüstung im Allgemeinen war keinerlei internationalen Beschränkungen unterworfen und das Deutsche Reich fügte sich grundsätzlich mit seiner Rüstungspolitik in die Politiken der anderen Großmächte ein. Jedoch zielte die deutsche Flottenrüstung nicht auf eine Erhöhung der Verteidigungsfähigkeit oder auf eine Verbesserung der Sicherheit sowohl offensiv als auch defensiv, sondern sie sollte dazu beitragen, die Position des Deutschen Reichs in der internationalen Ordnung zu verändern. Auch ist zu bemerken, dass das deutsche Flottenrüstungsprogramm auf massiven

Widerstand bei den anderen europäischen Mächten – insbesondere bei Großbritannien – stieß und von ihnen als Bedrohung des Status quo gesehen wurde. Diese beiden Argumente verdeutlichen, dass die deutsche Flottenrüstung nicht mehr dazu dienen sollte, den Status quo aufrecht zu erhalten, sondern als eine oppositionell-revisionistische Strategie zur Veränderung der Ordnung gesehen werden kann.

4.2.1 Lateraler Druck

Die unabhängige Variable lateraler Druck spielte bei der deutschen Flottenpolitik eher eine untergeordnete Rolle. Die Begründung der Flottengesetze verschob sich immer mehr in Richtung Bereitschaft für den großen Kampf und wirtschaftliche Argumente rückten in den Hintergrund. Das erste Flottengesetz wird von Reichskanzler Hohenlohe-Schillingsfürst in den Beratungen des Reichstags sowohl mit Status- als auch Wirtschaftsargumenten begründet: „Deutschland kann und darf keine quantité négligeable sein [...] Wollen wir unsere weitere gedeihliche Entwicklung auf wirthschaftlichem Gebiete und unsere Stellung im Konzert der Mächte sichern, so müssen wir auch hier ein, wenn auch bescheidenes Wort, jedenfalls aber ein deutsches Wort mitzureden haben." (Hohenlohe-Schillingsfürst 1898, S. 43). In der schriftlichen Gesetzesbegründung heißt es: „die Seeinteressen Deutschlands [sind, L.J.] in Folge des Aufschwungs von Handel und Industrie, der Steigerung von Aus- und Einfuhr, der zunehmenden Anlage deutscher Kapitalien im Auslande, der Erwerbungen der Kolonien, des kräftigen Aufblühens des Seefischerei und der stetig zunehmenden Bevölkerung in damals kaum geahnter Weise gestiegen. [...] Will das deutsche Volk derartigen Folgen vorbeugen, will es in den kommenden Jahren seine wirthschaftliche Stellung behaupten und auf dieser Bahn weiter fortschreiten, so ist eine mäßige Verstärkung der heute vorhandenen Marine unerläßlich." (Aktenstück Nr. 4 1898, S. 2). Bereits hier zeichnet sich ab, dass die wirtschaftlichen Interessen zwar als Begründung für eine Erweiterung der Marine herangezogen werden, jedoch ist auch abzulesen, dass es nicht um Wachstumsbarrieren oder lateralen Druck geht, der abgebaut werden müsse, sondern um den Schutz des bereits Erreichten.

Bei der Verteidigung des zweiten Flottengesetzes 1900 im Reichstag verzichtete die Reichsleitung nahezu vollständig auf wirtschaftliche Argumente. Sie tauchen nur noch in der Informationsschrift „Die Steigerung der Deutschen Seeinteressen von 1896 bis 1898" auf, die im Anhang des Gesetzesentwurfs abgedruckt ist (Aktenstück Nr. 548 1900). Hier wird zusammengefasst, dass „die deutschen Seeinteressen eine raschere Vermehrung erfahren haben als der äußere Landverkehr [...] Mehr als je sind sie zu einem integrierenden Bestandtheil der ganzen deutschen Volkswirtschaft geworden." (Aktenstück Nr. 548 1900, S. 3405). Dadurch würden auch die Anforderungen an den Schutz dieser Entwicklung wachsen, und daher benötige man eine Verdoppelung der Flotte (Aktenstück Nr. 548 1900, S. 3405). Tirpitz begründet seinen Gesetzentwurf primär mit militärischen Aspekten. Er verweist auf die Überlegenheit der ausländischen Schlachtflotten und die Gefahren eines Krieges, der ohne Beteiligung von Landarmeen zu führen sei. Diesen Problemen will er mit der Verdoppelung der Flotte begegnen (Tirpitz 1900).

Dieser Befund lässt darauf schließen, dass auf der subjektiven Wahrnehmungsebene die Flotte nicht mit wachsendem lateralen Druck in Verbindung gebracht

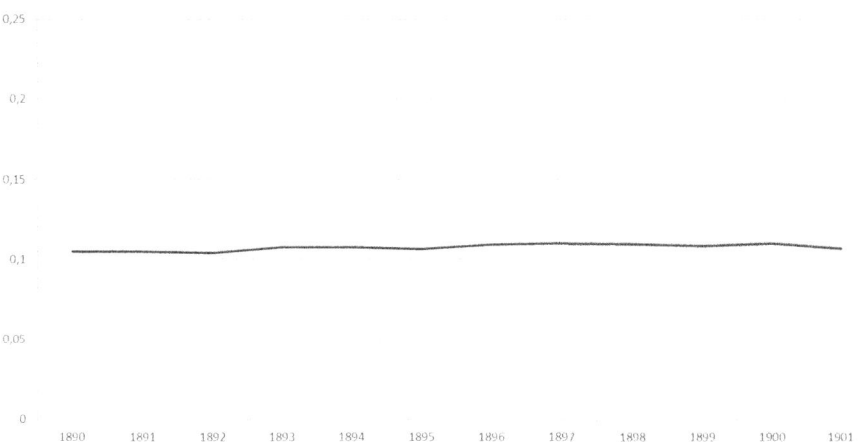

Abb. 3 Lateraler Druck Index Deutsches Reich, 1890–1901. (Quelle: Eigene Berechnung auf Basis des Lateral Pressure Index http://lateralpressure.mit.edu/lateral-pressure-index)

wurde. Vielmehr sei die Flottenentwicklung eine Notwendigkeit den eigenen wirtschaftlichen Aufschwung zu begleiten und gegen äußere Gefahren abzusichern. Dies deckt sich mit einer objektiven Betrachtung der wirtschaftlichen Entwicklung des deutschen Kaiserreichs und des lateralen Drucks (Abb. 3). In der Phase der stärksten Flottenrüstung verändert sich der laterale Druck dem das Deutsche Kaiserreich gegenüberstand kaum. Aus dieser Veränderung lässt sich nicht ableiten, dass lateraler Druck eine maßgebliche Rolle bei der Flottengesetzgebung gespielt hat.

4.2.2 Status

Die deutsche Flottenpolitik war der schlagkräftige Ausdruck der deutschen Weltpolitik und die Führung des Kaiserreichs erhoffte sich, so aus der Position der Großmacht heraustreten zu können und als Weltmacht anerkannt zu werden (Indikator „Beklagte Statuslücke"). Das deutsche Flottenprogramm sollte zur Statuserhöhung des Deutschen Kaiserreichs beitragen und stellt somit einen sowohl materiellen wie auch symbolischen Statusmarker dar. Kaiser Wilhelm II. war schon von Kindesbeinen an ein begeisterter Fan von Schiffen und Flottenverbänden. Seine Verwandtschaft zum britischen Königshaus, Queen Victoria war seine Großmutter, brachte ihn schon früh in Kontakt mit der Royal Navy und als er 1889 zum „Admiral of the Fleet" ernannt wurde freute er sich wie ein Schneekönig (Röhl 2001, S. 128). Durch diese Erfahrungen geprägt, wollte Wilhelm II. auch eine starke und schlagkräftige Schlachtflotte, weil ihm bewusst war, dass sie der Schlüssel zu Weltgeltung und Weltmachtstatus war (Balfour 1967, S. 208): „What Wilhelm I accomplished for the army, he [Wilhelm II; L.J.] wanted to achieve for the navy. While Wilhelm I succeeded in the unification of Germany, Wilhelm II wanted to found German naval importance [Seegeltung] and thereby German world position." (Lambi 1984, S. 32). Für ihn hatte die Schaffung einer Schlachtflotte einen hohen symbolischen Wert und war Mittel zum Zweck, um als Weltmacht anerkannt zu werden (Lambi 1984, S. 34). Wie groß diese symbolische Bedeutung der Schlachtflotte war zeigt sich in der

Entscheidung Schlachtschiffe anstelle von Kreuzern zu bauen. Beide Schiffstypen stellen materielle Statusmarker der Zeit dar, jedoch nur Schlachtschiffe ermöglichten den Zugang zum exklusiven Club der Weltmächte. Sicherheitsinteressen wurden zur Erlangung dieses Symbols hinten angestellt. Ein weiteres Indiz für den Einfluss von Status auf den politischen Entscheidungsprozess ist die Ausrichtung des Flottenplans auf Großbritannien. Vom ersten Flottengesetz an wurde Großbritannien als einziger möglicher Gegner ausgemacht gegen den es sich maritim zu verteidigen galt: „Sobald Ziel erreicht ist, haben Euer Majestät eine effektive Macht von 45 Linienschiffen nebst komplettem Zubehör. So gewaltige Macht, daß nur noch England überlegen. [...] Abgesehen von den für uns durchaus nicht aussichtslosen Kampfverhältnissen wird England aus allgemeinen politischen Gründen und von rein nüchternem Standpunkt des Geschäftsmannes aus, jede Neigung uns anzugreifen, verloren haben und infolgedessen Euer Majestät ein solches Maß an Seegeltung zugestehen und Euer Majestät ermöglichen eine große überseeische Politik zu führen." (Tirpitz 1988, S. 160–161). Aus militärischer Perspektive war Großbritannien jedoch gar nicht der wahrscheinlichste Gegner in einem künftigen Krieg. Bis zur Schaffung der Entente Cordiale zwischen Großbritannien und Frankreich 1904 und der Triple Entente mit Russland 1907 ging die größte Bedrohung des Deutschen Kaiserreichs von Frankreich aus, welches nach der Niederlage 1870/71 immer noch als Erzfeind galt und durchaus realistische Absichten hegte zum Beispiel Elsass-Lothringen zurück zu erobern. Seit 1894 war Frankreich durch eine geheime Militärkonvention mit Russland verbunden (Kennan 1990), das machte also auch Russland zu einem potentiellen Gegner des Deutschen Kaiserreichs. Um diesem Umstand Rechnung zu tragen, hätte das Deutsche Kaiserreich seine Heeresrüstung massiv steigern müssen und nicht eine Schlachtflotte bauen, denn größere Seeschlachten waren bei diesem eindeutig kontinentalen Konfliktschauplatz nicht zu erwarten.

Dass man auf Heeresrüstung zu Gunsten des Schlachtschiffbaus verzichtete, zeigt eindeutig, dass hier nicht nur Sicherheitsfragen eine Rolle spielten sondern vor allem die symbolische Wirkung der Flotte genutzt werden sollte, um dem deutschen Wunsch nach Anerkennung als Weltmacht – und damit der Aufstieg in der Statushierarchie – gerecht zu werden. Selbst als das Wettrüsten gegen Großbritannien längst verloren war, hielt die deutsche Führung noch mehrere Jahre an ihren Flottenplänen fest: „England zuliebe auf unsere Flottenpolitik zu verzichten, wäre die Bankerotterklärung Deutschlands als aufstrebende Weltmacht gewesen." (Bülow 1916, S. 31). Daher können auch neorealistische Annahmen das deutsche Flottenprogramm nicht hinreichend erklären, denn dann hätte die Flotte die Sicherheit des Kaiserreichs maximieren müssen. Man kann jedoch festhalten, dass diese Art von Flottenprogramm, wie es von Alfred von Tirpitz geplant wurde, nicht in der Lage war die Sicherheit des Deutschen Kaiserreichs signifikant zu erhöhen.

Tirpitz' Plan sah den Bau einer großen Schlachtschiffflotte vor. Diese Art von Schiffen eignete sich aufgrund ihrer Größe, Bewaffnung und Geschwindigkeit vor allem für große Entscheidungsschlachten auf See. Die Reichweite dieser Schiffe war im Gegensatz zu beispielsweise Kreuzern deutlich geringer, das heißt die entscheidende Schlacht durfte nicht allzu weit von den Heimathäfen entfernt stattfinden. Die Führung des Deutschen Kaiserreichs wollte sich mit dieser Art von Schiffen auf den entscheidenden Kampf mit Großbritannien in der Nordsee wappnen. Zur

Jahrhundertwende war die Royal Navy die stärkste Seemacht der Welt und Großbritannien die unumstrittene Weltmacht. Die deutsche Politik und allen voran der Deutsche Kaiser gingen davon aus, dass nur durch einen Sieg in der entscheidenden Seeschlacht gegen die Royal Navy der deutsche Weltmachtanspruch durchgesetzt werden könne (Murray 2010, S. 676). Diesem Zweck wurde der deutsche Flottenbau untergeordnet. Aus einer militärstrategischen Perspektive hätte die deutsche Marine Küstenverteidigung, Kreuzer, Torpedoboote und später U-Boote gebraucht, um die deutschen See- und Sicherheitsinteressen zu schützen (Hildebrand 1999, S. 202). Schlachtschiffe eigneten sich nicht dafür, für eine effektive Küstenverteidigung hatten sie zu viel Tiefgang und konnten so nicht in küstennahen Gewässern oder der Ostsee operieren. Auch der Schutz der deutschen Kolonien konnte von ihnen nicht gewährleistet werden, denn aufgrund ihrer geringeren Reichweite im Vergleich zu Kreuzern schafften sie es nicht bis in die deutschen Kolonien ohne Zwischenstopp; gerade in Krisen- oder gar Kriegszeiten war es schwierig geeignete Häfen zum Bekohlen zu finden. Ähnliche Argumente treffen auf den Schutz des deutschen Überseehandels zu. Schlachtschiffe waren nicht dazu geeignet Geleitschutz zu bilden, zum einen trat hier auch wieder das Reichweitenproblem auf und zum anderen waren sie viel langsamer als moderne Handelsschiffe und konnten so nicht zu dessen Schutz eingesetzt werden.

Die Fähigkeit, eine Schlachtflotte zu bauen und zu unterhalten, war für die damalige Ordnungsvorstellung dagegen der wirkmächtigste Statusmarker (Indikator „Begehrte Statusmarker"). Die soziale Konstruktion Seemacht = Weltmacht blieb noch bis in den Ersten Weltkrieg hinein existent und eine Schlachtflotte, die es mit der Royal Navy aufzunehmen gedachte war ein starkes Argument, um einen großen Sprung in der damaligen Statushierarchie zu machen. Die Flottenpolitik erfüllt damit sowohl offensichtliche Indikatoren für einen nicht erfüllten Statusanspruch als auch die subjektiven Indikatoren („Begehrte Statusmarker", „Statusdemonstration", „Status auf höchster Ebene"). Ohne einen systematischen Schlachtflottenbau stagnierte die deutsche Position in der internationalen Ordnung, ein weiterer Aufstieg wäre nicht möglich gewesen. Dies spiegelte sich auch auf der subjektiven Ebene wieder. Nicht nur der Kaiser sah in dem Bau einer Schlachtflotte die Erfüllung von nationalen Statusansprüchen, sondern auch die gesamte Reichsleitung und dank einer ausgeklügelten Propaganda auch eine Mehrheit in der Öffentlichkeit sahen in der Flottenpolitik ein Mittel, um die eigene Position verbessern zu können (Indikator „Status auf höchster Ebene"). Mit der Flottengesetzgebung ist dann auch der Handlungsindikator erfüllt (Indikator „Statusdemonstration"). Der Aufbau einer Schlachtflotte diente der Schaffung des allgemein anerkannten und wichtigsten Statusmarker in Bezug auf eine Weltmachtposition.

4.3 Die Marokkokrisen 1905/06 und 1911

Die erste Marokkokrise wurde durch die Reaktion des Deutschen Reichs auf die französischen Ansprüche auf Marokko ausgelöst. Kaiser Wilhelm II. wollte unbedingt am Grundsatz der „Open Door", der in der Madrider Konvention von 1880 festgeschrieben worden war, festhalten und war nicht bereit Marokko Frankreich zu überlassen (Lambi 1984, S. 261). Um seiner Position Nachdruck zu verleihen

und um zu testen, wie stabil die gerade geschlossene Entente Cordiale zwischen Großbritannien und Frankreich war, landete er am 31. Mai 1905 im Hafen von Tanger (Ullrich 2007, S. 206). Mit dieser Landung wollte die deutsche Führung Macht und Stärke demonstrieren und der internationalen Gemeinschaft zeigen, dass ohne das Deutsche Kaiserreich keine Entscheidung über Marokko gefällt werden könne (Canis 2011, S. 85). Zu diesem Zweck bestand das Deutsche Kaiserreich auf die Einberufung einer Konferenz, so wie es das Europäische Konzert vorsah. Die Algecirasskonferenz, welche von Januar bis April 1906 tagte, entwickelte sich dann jedoch zu einem diplomatischen Desaster für das Deutsche Kaiserreich: Die deutsche Delegation konnte ihre Vorstellungen und Bedingungen kaum durchsetzen und auch die politische Isolation des Deutschen Kaiserreichs wurde nun offensichtlich (Craig 1980, S. 321). Die zweite Marokkokrise 1911 war nahezu eine Blaupause der ersten. Ausgelöst wurde sie durch den deutschen „Panthersprung nach Agadir" am 1. Juli 1911. Erneut wollte das Auswärtige Amt testen, wie stabil die Entente war, war sie doch seit 1907 um Russland erweitert (Ullrich 2007, S. 226). Auch dieser Versuch scheiterte und führte die Isolation des Deutschen Kaiserreichs deutlich sichtbar vor Augen. Das Verhältnis zwischen dem Deutschen Kaiserreich und der Triple Entente verschlechterte sich in der Folge dramatisch, das Wettrüsten mit Großbritannien erreichte einen neuen Höhepunkt und die politischen Optionen für Reichskanzler Bethmann Hollweg verringerten sich massiv, sowohl innen- wie auch außenpolitisch (Craig 1980, S. 329).

Beiden Marokkokrisen lag der Gedanke zu Grunde, die Ordnung umzugestalten und die empfundenen Abwertungen – verursacht durch das unilaterale französische Vorgehen – rückgängig zu machen. Damit verhielt sich das Kaiserreich oppositionell-revisionistisch, weil das politische Ziel der beiden Krisen eine Veränderung der Ordnung zu den eigenen Gunsten war und damit erneut heftiger Widerstand beim Hegemon Großbritannien und seinen Verbündeten hervorgerufen wurde.

4.3.1 Lateraler Druck

Die unabhängige Variable lateraler Druck lässt sich in beiden Krisen nicht eindeutig nachweisen. Das deutsche Interesse an Marokko war relativ gering, es gab kaum wirtschaftliche oder kulturelle Beziehungen und es lag auch weit entfernt von deutschem Kolonialgebiet in Afrika (Murray 2012, S. 136). Bislang gab es auch nur kleinere koloniale Streitfragen zwischen dem Deutschen Kaiserreich und Frankreich, der Hauptgegner war auch in solchen Fragen bislang immer Großbritannien gewesen[5]. Der Ausbau von wirtschaftlichen Interessen oder gar der Abbau von lateralem Druck kommen somit als Erklärungsvariablen nicht in Betracht.

---

[5] Hauptstreitpunkte in Kolonialfragen zwischen dem Deutschen Kaiserreich und Großbritannien waren vor allem Samoa (Kennedy 1974) oder auch Gebiete in Südafrika (Jaschob 2014). Deutsche Interessen an nordafrikanischen Gebieten tauchten bis zur Marokkofrage nicht auf.

4.3.2 Status

Das Deutsche Kaiserreich nutzte Marokko für die Forcierung einer eigenen aggressiven Prestigepolitik, um dem erwünschten Weltmachtstaus näher zu kommen, denn seit der Gründung der Entente Cordiale verengte sich der Handlungsspielraum für das Deutsche Kaiserreich auf der weltpolitischen Bühne erheblich. Die einzige Chance aus dieser Situation auszubrechen sah die deutsche Führung im Versuch diese Allianz zu sprengen, ansonsten bliebe dem Deutschen Kaiserreich nur der Platz einer „quantité négliable" (Kennedy 1980, S. 276). Ähnliche Motive lagen auch der zweiten Marokkokrise zugrunde. Die Situation hatte sich für das Deutsche Kaiserreich durch die Schaffung der Triple Entente noch weiter verschlechtert, die Einkreisung auf dem Kontinent war nun offensichtlich (Canis 2011, S. 417). Wieder sollte mit einer gezielten Provokation versucht werden, aus dieser Situation auszubrechen. Als Großbritannien jedoch signalisierte, dass es für französische Interessen in Marokko kämpfen werde, wurde der deutschen Führung die Ausweglosigkeit ihrer Situation bewusst: Der ersehnte Weltmachtstatus war nun auf diplomatischem Weg nicht mehr zu erreichen (Fröhlich 1994, S. 119; Craig 1980, S. 329).

Die Marokkopolitik des Deutschen Kaiserreichs war mehrheitlich statusmotiviert. Durch den Einsatz von diplomatischen Mitteln und dem Beharren auf den alten Verfahrensweisen der Ordnung wollten sie symbolische Statusmarker erlangen, die beim Aufstieg in der Statushierarchie helfen sollten und die Ordnung langfristig nach den eigenen Vorstellungen transformieren (Indikatoren „Begehrte Statusmarker", „Statusdemonstration", „Status auf höchster Ebene"). Ähnlich wie bei der Flottenpolitik lassen sich hier alle drei Formen der Indikatoren für das Vorhandensein einer Statusmotivation nachweisen. Durch das unilaterale französische Vorgehen in Marokko fühlte sich das Deutsche Kaiserreich in seiner Position als Signatarmacht der Madrider Konvention herabgesetzt (Hildebrand 1999, S. 271). In der Reichsführung und auch in der Öffentlichkeit wurde dies als drohender Statusverlust gewertet, auf den die Politik mit der Landung des Kaisers in Tanger beziehungsweise dem Panthersprung nach Agadir reagierte (Murray 2012, S. 138) (Indikator „Subjektives Leid").

Besonders die Beteiligung der deutschen Reichsleitung am Rücktritt des französischen Außenministers Delcassés im Sommer 1905 deutet auf eine enge Verknüpfung von Statusinteressen und Revisionismus hin. Berlin sah in Delcassé das größte Hindernis für eine Einigung in der Marokkofrage und versuchte aktiv auf die französische Regierung – insbesondere auf Premierminister Rouvier – einzuwirken und Delcassé so unhaltbar zu machen. Unterstützt wurde die deutsche Regierung dabei von der deutschen Presse, die Delcassé zum Hauptverantwortlichen für die Verschleppung der Verhandlungen machte. Das Auswärtige Amt ließ Paris sogar ausrichten, dass mit Delcassé als Außenminister die Marokkoangelegenheit nicht mehr friedlich zu lösen sei (Wippich 1997, S. 574). Dieses Vorgehen Berlins war auch zum damaligen Zeitpunkt völlig unüblich und zeigt eine Bereitschaft notfalls auch dissident-revisionistisch zu handeln, stellte man mit diesem Ultimatum doch das Nichteinmischungsgebot mindestens in Frage. Dieser kurze dissidente Moment läutete jedoch nicht einen grundlegenden Politikwechsel in der deutschen Führung

ein, nachdem Delcassé zurückgetreten war setzte das Deutsche Reich seinen oppositionellen Kurs fort.

5 Schlussbetrachtung

Die Auswertung der Fallstudie zum Deutschen Kaiserreich zeigt, dass sich beide unabhängige Variablen im Untersuchungszeitraum nachweisen lassen (Abb. 4). Subjektiver lateraler Druck spielte vor allem bei der Handelsvertragspolitik Anfang der 1890er-Jahre eine Rolle, weil die politische Führung verhindern wollte, dass sich die internationale Ordnung – in diesem Fall das Handelsvertragsregime – zu den eigenen Ungunsten veränderte. Die nicht erfüllten Statusansprüche spielten bei den beiden anderen Beobachtungspunkten – Flottenpolitik und Marokkokrisen – eine größere Rolle. Besonders deutlich tritt dies in den beiden Marokkokrisen hervor, wo das politische Verhalten direkt mit Statusargumenten verknüpft wird. Bei der Flottenpolitik wird zunächst versucht, durch wirtschaftliche Argumente die Notwendigkeit einer starken Flotte zu begründen und so einen breiten Konsens zum Thema zu erreichen. Jedoch tritt diese Argumentation, die auch noch nicht zwingend auf lateralen Druck verweist, immer mehr in den Hintergrund und bereits die Begründung des zweiten Flottengesetzes stütz sich vor allem auf militärische Notwendigkeiten im Konzert der Groß- und Weltmächte.

Die abhängige Variable blieb während des gesamten Untersuchungszeitraums konstant im oppositionellen Bereich, jedoch veränderte sich die Intensität des deutschen oppositionell-revisionistischen Verhaltens. Das Deutsche Reich verfolgte seit den 1890er-Jahren eine oppositionell-revisionistische Politik. Anfang der 1890er-Jahre setzte ein Politikwechsel ein, der die Status-quo orientierte Politik Bismarcks durch eine zunächst moderat oppositionelle Politik ersetzte. Die revisionistischen Ziele waren noch nicht sehr breit und tief und auch das Commitment war noch eher gering. Mit dem Eintritt in die Weltpolitik änderte sich dies. Die revisionistischen Ziele gewannen an Breite und Tiefe – besonders deutlich an der deutschen Flottenpolitik zu erkennen – und auch das Commitment stieg deutlich an. Die deutsche Reichsleitung forderte immer aktiver Gleichberechtigung ein und schuf sich mit der Schlachtflotte ein Instrument, welches zum Ziel hatte den Hegemon Großbritannien direkt zu bedrohen.

Die Betrachtung des Einflusses der unabhängigen Variablen auf die Ausprägung der abhängigen Variable zeigt für das Deutsche Kaiserreich ein disparates Bild. Anhand eines within-Case-Vergleichs lässt sich zeigen, dass beide unabhängigen

Kaiserreich		lateraler Druck			Statusmismatch		
		niedrig	mittel	hoch	niedrig	mittel	hoch
Handelspolitik	Opposition			√	√		
Flotte	Opposition	√				√	
Marokkokrisen	Opposition	√					√

Abb. 4 Erklärungskraft der unabhängigen Variablen für den Fall des Deutschen Kaiserreichs (Quelle: Eigene Darstellung)

Variablen einen deutlich unterschiedlichen Einfluss auf die abhängige Variable „Revisionismus" haben. Gerade der laterale Druck kann nicht herangezogen werden, um die Radikalisierung des oppositionellen Verhaltens des Kaiserreichs zu erklären. Die stärkste Ausprägung des lateralen Drucks, zumindest im Bewusstsein der handelnden Akteure, findet sich Anfang der 1890er-Jahre in den Debatten zur Handelsvertragspolitik. Jedoch korrespondiert sie nicht mit einer eindeutigen Veränderung der abhängigen Variable, eine direkte Beeinflussung ist nicht zu erkennen. In dieser Phase der nur moderat oppositionellen Politik wäre eigentlich ein geringer lateraler Druck zu erwarten, der dann über die Zeit zunimmt. Das Gegenteil ist aber für den hier gewählten Untersuchungszeitraum der Fall, lateraler Druck spielt im weiteren Verlauf eine immer stärker untergeordnete Rolle im Vergleich zu der anderen unabhängigen Variable Status. Diese nimmt im Untersuchungszeitraum zu. Zu Beginn tauchen Statusargumente wenn überhaupt nur sehr vereinzelt und nicht auf höchster Regierungsebene auf, erst mit dem Beginn der Weltpolitik werden sie zur Begründung von politischen Handlungen herangezogen. Damit verhält sich die Ausprägung der unabhängigen Variable Status wie erwartet. Sie korrespondiert mit dem zunehmenden Revisionismus des Deutschen Kaiserreichs. Auch im within-Case-Vergleich zeigt sich, dass Statusansprüche die Radikalisierung der abhängigen Variable im Spektrum der Opposition beeinflusst haben. Mit zunehmender wahrgenommener Isolation in der internationalen Ordnung – einhergehend mit nicht erfüllten Statusansprüchen – steigt die Neigung radikal-oppositionelles Verhalten als Mittel der Politik zu wählen.

Literatur

Afflerbach, H. (2002). *Der Dreibund. Europäische Grossmacht- und Allianzpolitik vor dem Ersten Weltkrieg.* Veröffentlichungen der Kommission für Neuere Geschichte Österreichs, Bd. 92. Wien: Böhlau.

Aktenstück Nr. 4. (1898). Entwurf eines Gesetzes, betreffend die Deutsche Flotte. In *Stenographische Berichte über die Verhandlungen des Reichstags, 9. Legislatur-Periode, V. Session 1895/97* (Bd. 2, S. 1–10).

Aktenstück Nr. 548 (1900). Entwurf einer Novelle zum Gesetze, betr. die deutsche Flotte. In *Stenographische Berichte über die Verhandlungen des Reichstags, 10. Legislatur-Periode, I. Session 1898/1900* Bd. 5 Berlin: Norddeutsche Buchdruckerei und Verlagsanstalt.

Angelow, J. (2000). *Kalkül und Prestige. Der Zweibund am Vorabend des Ersten Weltkrieges.* Köln: Böhlau.

Balfour, M. L. G. (1967). *Der Kaiser Wilhelm II. und seine Zeit.* Berlin: Propyläen.

Berghahn, V. R. (1971). *Der Tirpitz-Plan. Genesis und Verfall einer innenpolitischen Krisenstrategie unter Wilhelm II.* Düsseldorf: Droste.

v. Bülow, B. (1897). Rede Bülows im Reichstag. Deutsche wirtschaftliche und politische Interessen in China; „Platz an der Sonne", 6.12.1897. Stenographische Berichte über die Verhandlungen des deutschen Reichstages. In M. Behnen (Hrsg.), *Quellen zur deutschen Außenpolitik im Zeitalter des Imperialismus 1890–1911* (S. 165–166). Darmstadt: Wissenschaftliche Buchgesellschaft.

v. Bülow, B. (1916). *Deutsche Politik.* Berlin: hobbing.

Canis, K. (2011). *Der Weg in den Abgrund. Deutsche Außenpolitik 1902–1914.* Paderborn: Schöningh.

v. Caprivi, L. (1892). *Reichstagsrede vom 10. Dezember 1891.* In *Stenographische Berichte über die Verhandlungen des Reichstags, 8. Legislatur-Periode, I. Session 1890/92.* Bd. 5 (S. 3301–3309). Berlin: Norddeutsche Buchdruckerei und Verlagsanstalt.

Charmley, J. (1999). *Splendid isolation? Britain, the balance of power, and the origins of the First World War.* London: Hodder & Stoughton.

Correlates of War Project (2010). Correlates of War Project. http://www.correlatesofwar.org/data-sets/folder_listing. Zugegriffen: 23. Sept. 2015.

Craig, G. A. (1980). *Germany, 1866–1945.* Oxford New York: Oxford University Press.

Dülffer, J. (2012). Recht, Normen und Macht. In J. Dülffer & W. Loth (Hrsg.), *Dimensionen internationaler Geschichte* (S. 169–188). München: Oldenbourg.

Epkenhans, M. (1991). *Die wilhelminische Flottenrüstung, 1908–1914. Weltmachtstreben, industrieller Fortschritt, soziale Integration.* München: Oldenbourg.

Eulenburg, P. (1979). Eulenburg an Caprivi vom 24. Februar 1893. In J. C. G. Röhl (Hrsg.), *Im Brennpunkt der Regierungskrise: 1892–1895* Philipp Eulenburgs politische Korrespondenz, (Bd. 2, S. 1029). Boppard a. R.: Harald Boldt.

Fellner, F. (1960). *Der Dreibund. Europäische Diplomatie vor dem Ersten Weltkrieg.* Wien: Verlag für Geschichte und Politik.

Fellner, F. (1994). *Vom Dreibund zum Völkerbund. Studien zur Geschichte der internationalen Beziehungen, 1882–1919. Unter Mitarbeit von Heidrun Maschl und Brigitte Mazohl.* Wien München: Verlag für Geschichte und Politik, Oldenbourg.

Fröhlich, M. (1994). *Imperialismus. Deutsche Kolonial- und Weltpolitik, 1880–1914.* Deutsche Geschichte der neuesten Zeit vom 19. Jahrhundert bis zur Gegenwart. München: dtv.

Gall, L. (2001). *Bismarck. Der weiße Revolutionär.* München: Ullstein.

Halder, W. (2006). *Innenpolitik im Kaiserreich. 1871–1914* (2. Aufl.). Geschichte kompakt: 19./20. Jahrhundert. Darmstadt: Wiss. Buchgesellschaft.

Henning, F.-W. (1993). *Die Industrialisierung in Deutschland 1800 bis 1914* (8. Aufl.). Paderborn, München, Wien, Zürich: Schöningh, (UTB 145).

Herren, M. (2009). *Internationale Organisationen seit 1865. Eine Globalgeschichte der internationalen Ordnung.* Darmstadt: Wissenschaftliche Buchgesellschaft.

Hildebrand, K. (1999). *Das vergangene Reich. Deutsche Aussenpolitik von Bismarck bis Hitler, 1871–1945.* durchgesehene Ausgabe: Stuttgart: Deutsche Verlags-Anstalt.

Hobson, R. (2004). *Maritimer Imperialismus. Seemachtideologie, seestrategisches Denken und der Tirpitzplan, 1875–1914.* München: Oldenbourg.

zu Hohenlohe-Schillingsfürst, C. (1898). *Reichstagsrede vom 6. Dezember 1897.* Stenographische Berichte über die Verhandlungen des Reichstags, 9. Legislatur-Periode, V. Session 1895/97 (Bd. 2, S. 42–43).

Jaschob, L. (2014). (Dis-)respect and (non-)recognition in world politics: the Anglo-Boer war and German policy at the turn of the nineteenth/twentieth century. *Global Discourse, 4*(4), 499–512.

Kennan, G. F. (1990). *Die schicksalhafte Allianz. Frankreich und Rußland am Vorabend des Ersten Weltkrieges.* Köln: Kiepenheuer & Witsch.

Kennedy, P. M. (1974). *The Samoan tangle. A study in Anglo-German-American relations, 1878–1900.* Dublin: Irish University Press.

Kennedy, P. M. (1980). *The rise of the Anglo-German Antagonism 1860–1914.* London: Allen & Unwin.

King, D. (2014). *Wien 1814. Von Kaisern, Königen und dem Kongress, der Europa neu erfand. Unter Mitarbeit von Helmut Dierlamm, Hans Freundl und Norbert Juraschitz.* München: Piper.

van Laak, D. (2005). *Über alles in der Welt. Deutscher Imperialismus im 19. und 20. Jahrhundert.* Beck'sche Reihe, Bd. 1650. München: C.H. Beck.

Lambi, I. N. (1984). *The navy and German power politics. 1862–1914.* Boston: Allen & Unwin.

Lewis, W. A. (1981). The rate of growth of world trade. 1830–1973. In S. Grassman & E. Lundberg (Hrsg.), *The world economic order. Past and prospects* (S. 11–81). New York: St. Martin's Press.

Madison, A. (2015). Madison historical GDP data. http://www.worldeconomics.com/Data/MadisonHistoricalGDP/Madison%20Historical%20GDP%20Data.efp. Zugegriffen: 11. Sept 2015.

Mahan, A. T. (1974). *Der Einfluß der Seemacht auf die Geschichte. Erster Band 1660–1783. Übersetzung herausgegeben auf Veranlassung der Redaktion der Marine Rundschau.* Kassel: Horst Hamecher.

Murray, M. (2010). Identity, insecurity, and great power politics: the tragedy of German naval ambition before the First World War. *Security Studies, 19*(4), 656–688.

Murray, M. (2012). Recognition, disrespect, and the struggle for Morocco. Rethinking imperial Germany's security dilemma. In T. Lindemann & E. Ringmar (Hrsg.), *The international politics of recognition* (S. 131–151). Boulder: Paradigm.

Nish, I. H. (1976). *The Anglo-Japanese alliance. The diplomacy of two Island empires, 1894–1907.* Westport: Greenwood Press.

Petter, W. (2002). Die deutsche Marine auf dem Weg nach China. Demonstration deutscher Weltgeltung. In S. Kuss & B. Martin (Hrsg.), *Das Deutsche Reich und der Boxeraufstand* Erfurter Reihe zur Geschichte Asiens, (Bd. 2, S. 145–165). München: Iudicium.

Reinalda, B. (2009). *Routledge history of international organizations. From 1815 to the present day.* London, New York: Routledge.

Röhl, J. C. G. (1995). *Kaiser, Hof und Staat. Wilhelm II. und die deutsche Politik* (4. Aufl.). München: C.H. Beck.

Röhl, J. C. G. (2001). *Der Aufbau der persönlichen Monarchie. 1888–1900.* München: C.H. Beck.

Schieder, T. (1977). *Staatensystem als Vormacht der Welt. 1848–1918.* Frankfurt am Main: Propyläen.

Schmidt, R. F. (2004). Einleitung. In R. F. Schmidt (Hrsg.), *Deutschland und Europa. Aussenpolitische Grundlinien zwischen Reichsgründung und Erstem Weltkrieg: Festgabe für Harm-Hinrich Brandt zum siebzigsten Geburtstag* HMRG, (Bd. 58, S. 7–9). Stuttgart: F. Steiner.

Schöllgen, G. (1989). Die Grossmacht als Weltmacht. Idee, Wirklichkeit und Perzeption deutscher ‚Weltpolitik' im Zeitalter des Imperialismus. *Historische Zeitschrift, 248*(1), 79–100.

Schulz, M. (2009a). *Das 19. Jahrhundert. (1789–1914).* Stuttgart: Kohlhammer.

Schulz, M. (2009b). *Normen und Praxis. Das Europäische Konzert der Großmächte als Sicherheitsrat, 1815–1860.* München: Oldenbourg.

Schwarze, U. (2013). *Die Einkreisug 1871–1914. Vom saturierten Bismarckchen bis zum konkurrierenden Wilhelminischen Reich.* Veröffentlichung der Stiftung Kulturkreis 2000, Bd. 19–22. Tübingen: Hohenrain.

Sheehan, M. (1996). *The balance of power. History and theory.* New York: Routledge.

Taylor, A. J. P. (1980). *The struggle for mastery in Europe. 1848–1918* (3. Aufl.). Oxford: Oxford University Press.

v. Tirpitz, A. (1900). Reichstagsrede vom 8. Februar 1900. In Stenographische Berichte über die Verhandlungen des Reichstags (Hrsg.), *10. Legislatur-Periode, I. Session 1898/1900* (Bd. 5, S. 955–3957). Berlin: Norddeutsche Buchdruckerei und Verlagsanstalt. http://www.reichstagsprotokolle.de/Blatt_k10_bsb00002780_00307.html.

v. Tirpitz, A. (1988). Notizen des Staatssekretärs des Reichsmarineamts, Kontreadmiral Tirpitz zum Immediatvortrag am 28. September 1899 über die Vorbereitung und Zielsetzung der Novelle zum Flottengesetz. In V. R. Berghahn & W. Deist (Hrsg.), *Rüstung im Zeichen der wilhelminischen Weltpolitik. Grundlegende Dokumente 1890–1914* (S. 159–162). Düsseldorf: Droste.

Torp, C. (2005). *Die Herausforderung der Globalisierung. Wirtschaft und Politik in Deutschland 1860–1914.* Kritische Studien zur Geschichtswissenschaft, Bd. 168. Göttingen: Vandenhoeck & Ruprecht.

Ullrich, V. (2000). Zukunft durch Expansion? Die wilhelminische Weltpolitik. In L. Gall (Hrsg.), *Otto von Bismarck und Wilhelm II. Repräsentanten eines Epochenwechsels?* (S. 27–39). Paderborn: Schöningh.

Ullrich, V. (2007). *Die nervöse Großmacht.* Frankfurt am Main: Fischer TB.

Wehler, H.-U. (1995). *Von der ‚Deutschen Doppelrevolution' bis zum Beginn des Ersten Weltkrieges 1849–1914.* Deutsche Gesellschaftsgeschichte, Bd. 3. München: Beck. 4 Bände

Wippich, R.-H. (1997). Das Deutsche Reich auf europäischem Konfrontationskurs. Die erste Marokkokrise 1905/06. In M. Kröger, R.-H. Wippich & J. Dülffer (Hrsg.), *Vermiedene Kriege. Deeskalation von Konflikten der Grossmächte zwischen Krimkrieg und Erstem Weltkrieg (1865–1914)* (S. 557–579). München: R. Oldenbourg.

Z Außen Sicherheitspolit (2016) (Suppl 1) 10:95–122
DOI 10.1007/s12399-016-0596-7

Online publiziert: 13. Dezember 2016
© Springer Fachmedien Wiesbaden 2016

Unzufrieden geboren – Revisionismus und Dissidenz in der deutschen Außenpolitik 1918–1933

Carsten Rauch

Zusammenfassung Im vorliegenden Beitrag werden zunächst (Macht-)Position und Revisionismusausprägung der Weimarer Republik herausgearbeitet. Dabei wird deutlich, dass oppositionelle und dissidente Politik nicht erst im Dritten Reich sondern bereits in der Weimarer Republik verbreitet waren, aber in Grad, Tiefe und Breite variierten. Schließlich wird analysiert, inwieweit das Vorhandensein und die jeweilige Ausprägung von lateralem Druck (eher schwächer) und Statusansprüchen (eher stärker) mit dem jeweiligen Vorkommen von Revisionismus in der deutschen Politik korrespondieren.

Schlüsselwörter Weimarer Republik · Außenpolitik · Revisionismus · Statusdeprivation · Lateral Druck

Born Dissatisfied – Revisionism and Dissidence in German Foreign Policy 1918–1933

Abstract The article first traces the power position and the degree of revisionism of the Weimar Republic. It shows that oppositional and dissident politics did not emerge with the beginning of the Third Reich but were already prevalent during the Weimar Republic, where they varied, however, in terms of degree, breadth and depth. The article analyses to what extent the occurrence and manifestation of lateral pressure (rather weak) and status claims and grievances (rather high) correspond with the respective form of German revisionism.

Keywords Weimar Republic · Foreign policy · Revisionism · Status deprivation · Lateral pressure

Dr. C. Rauch (✉)
Leibniz-Institut HSFK, Baseler Str. 27–31, 60329 Frankfurt, Deutschland
E-Mail: rauch@hsfk.de

1 Einleitung

Dem Deutschen Reich nach 1918 Unzufriedenheit mit der und Widerstand gegen die internationale Ordnung zu unterstellen, ist keine originelle These. Im Gegenteil: Gerade das Dritte Reich gilt geradezu als idealtypischer Fall einer radikal-revisionistischen aufsteigenden Macht. Häufig wird dabei jedoch übersehen, dass bereits die Weimarer Republik, spätestens seit der Phase der Präsidialkabinette, mehr oder weniger offenes oppositionelles oder gar dissidentes Verhalten zeigte. Den deutschen Revisionismus allein auf den Einfluss der Nationalsozialisten zurückzuführen, führt daher in die Irre. Dennoch gibt es natürlich gewaltige Unterschiede sowohl in der Breite und Tiefe der revisionistischen Ziele, wie auch im revisionistischen Engagement in den verschiedenen Epochen der Zwischenkriegszeit. Diese verschiedenen Phasen des deutschen Revisionismus während der Weimarer Republik aufzuzeigen und zu überprüfen, inwiefern sie mit den potentiellen Revisionismustreibern „lateraler Druck" und „unerfüllte Statusansprüche" korrelieren und eventuell von diesen erklärt werden können, ist das Ziel dieses Beitrags.

Zu diesem Zweck wird im Folgenden zunächst die internationale Ordnung der Zwischenkriegszeit erläutert. Danach folgen drei Abschnitte zu jeweils distinkten Phasen der deutschen Außenpolitik in dieser Zeit, die sich klar durch unterschiedliche Revisionismusausprägungen auszeichnen. In jedem der Abschnitte wird ein Gesamtüberblick über deutschen Revisionismus vorgenommen und einige Beispiele werden kurz diskutiert. Darauf folgend analysiere ich die Entwicklung der beiden unabhängigen Variablen lateraler Druck und Status (siehe Sauerland/Wolf in diesem Heft) für den Untersuchungszeitraum, mit der Fragestellung inwieweit diese mit der jeweiligen Ausprägung des Revisionismus korrespondieren. Im Schluss fasse ich die Ergebnisse zusammen, beleuchte einige weitere Faktoren und werfe einen kurzen Blick auf die totale Dissidenz des Dritten Reichs.

2 Die internationale Ordnung zwischen den Kriegen

2.1 Die internationale Machtverteilung

Die internationale Ordnung ist immer auch eine Frage der Machtverteilung. Gerade Großmächte prägen die Ordnung durch ihre Politik in besonderem Maße. In dem diesem Sonderheft zugrunde liegenden Forschungsprojekt geht es um den Revisionismus von *aufsteigenden* Großmächten (siehe Jaschob/Rauch/Wolf/Wurm in diesem Heft). Deutschland in der Zwischenkriegszeit scheint daher als nicht ganz typischer Fall. Häufig wird der Zeitraum der Weimarer Politik als einer der machtpolitischen und wirtschaftlichen Agonie angesehen und ein deutscher Aufstieg erst wieder in den 1930er-Jahren unter nationalsozialistischen Vorzeichen konstatiert. Einige Beobachter jedoch sprechen auch von der Weimarer Republik als einer aufsteigenden Macht – Tammen et al. (2000) meinen dabei sogar Phasen der Parität zwischen Deutschland und dem absteigenden Großbritannien feststellen zu können. Verwendet man GDP-Daten (also die Wirtschaftskraft gemäß Bruttoinlandsprodukt)

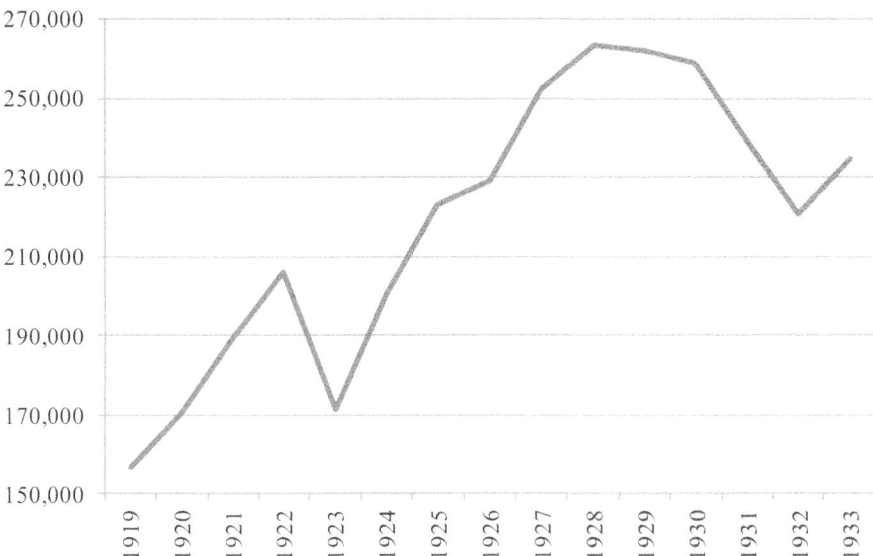

Abb. 1 Machtentwicklung des Deutschen Reiches 1919–1933 auf Basis von GDP-Daten (Millionen 1990er Dollar). Quelle: Eigene Darstellung nach Maddison (2010)

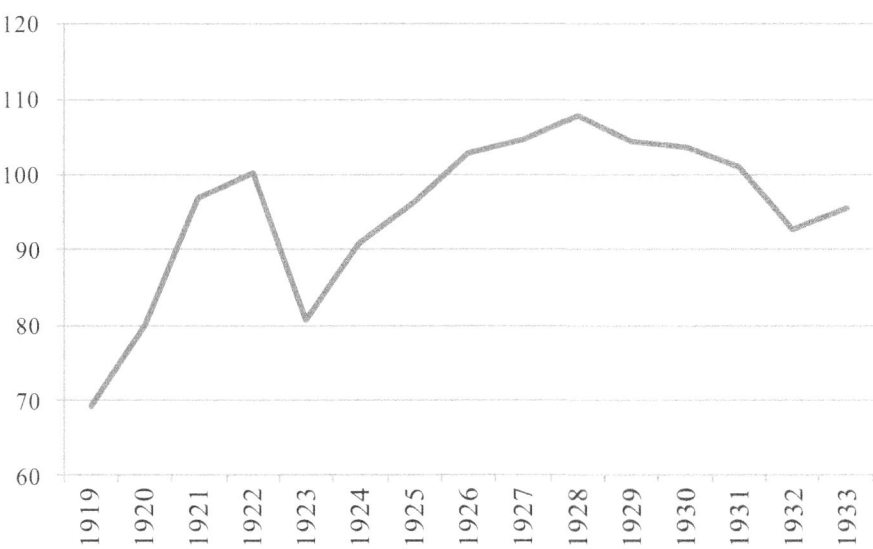

Abb. 2 Entwicklung des Machtverhältnisses zwischen Deutschem Reiche und Großbritannien 1919–1933 auf Basis von GDP-Daten (in %). Quelle: Eigene Berechnung und Darstellung nach Maddison (2010)

 Springer

als Indikator für Macht, so kann man diesem Urteil durchaus zustimmen (siehe Abb. 1 und 2).

Tatsächlich zeigt – trotz aller wirtschaftlicher Krisen und Einschränkungen – die Tendenz der Machtentwicklung zwischen 1919 und 1933 durchaus nach oben. Um als aufsteigende Macht gelten zu können, muss man jedoch nicht nur *absolut*, sondern auch *relativ* aufsteigen, das heißt den Abstand zur vorherrschenden Macht verringern. Auch dies gelingt der Weimarer Republik bei zwischenzeitlichen Einbrüchen. In diesem Sinne ist es also durchaus möglich die Weimarer Republik als aufsteigende Macht zu betrachten.[1]

Dennoch gibt es einen gewaltigen Unterschied zwischen der Weimarer Republik auf der einen und den anderen in diesem Sonderheft untersuchten aufsteigenden Großmächten auf der anderen Seite. Als Verlierer des 1. Weltkrieges hatte es Deutschland in den Jahren 1919–1933 mit einer internationalen Ordnung zu tun, von der es zweifelsohne – anders als eine idealtypische aufsteigende Macht (siehe Jaschob/Rauch/Wolf/Wurm in diesem Heft) – sowohl subjektiv wie auch objektiv nicht profitierte, was das Auftreten von deutschem Revisionismus weniger überraschend macht, als in den anderen Fällen.

2.2 Die Ordnung von Versailles

Im Unterschied zur Epoche vor dem 1. Weltkrieg, in der Informalität – zum Beispiel in Gestalt des „Konzerts der Mächte" – die internationale Ordnung kennzeichnete, war die Zwischenkriegszeit von einer sehr expliziten Ordnung geprägt, die durch den Versailler Vertrag und die Völkerbundsatzung (siehe Wolf in diesem Heft) formalisiert war.

Der 1. Weltkrieg endete mit der militärischen Niederlage der Mittelmächte und ihrer Verbündeten. Das Ende der Kampfhandlungen markierte allerdings erst den Beginn der politischen Neuordnung (vor allem) Europas. Während die Waffenstillstandsbedingungen eine Reihe von ad hoc Maßnahmen beinhalteten, sollte eine große Friedenskonferenz das Fundament der dauerhaften neuen Ordnung bilden.

Gerade für Deutschland war der aus 15 Teilabschnitten und 440 Artikeln bestehende *Versailler Vertrag* zentral, da sich zahlreiche seiner Bestimmungen explizit auf Deutschland richteten. Die für Deutschland relevantesten Bestimmungen des Vertrages, die entsprechend auch die deutschen Revisionswünsche am meisten befeuerten, waren die folgenden (Hildebrand 1999, S. 463–465; Mommsen 2009, S. 130–131):

- Verlust zahlreicher Gebiete (10 % des Territoriums, 50 % der Eisenerzversorgung, 25 % der Steinkohleförderung, 17 % der Kartoffelernte, 13 % der Weizenanbaufläche).
- Verbot der Vereinigung mit Deutsch-Österreich.

---

[1] Folgt man hingegen dem *Composite Index of National Capabilities*, dem Macht-Index des *Correlates of War*-Projekts, so erkennt man nach einem unmittelbaren Machtanstieg nach dem Tiefpunkt der militärischen Niederlage zunächst den Trend eines schleichenden Machtverlusts, der während der gesamten Phase der Weimarer Republik anhält. Dies gilt allerdings nur für die absoluten Zahlen. Im *Verhältnis* zu Großbritannien ist auch in den CINC Daten ein deutlicher deutscher Aufstieg erkennbar. Siehe die Homepage des COW-Projektes: http://www.correlatesofwar.org/; 30.11.2016.

- Verpflichtungen zur militärischen Abrüstung (Beschränkung der Berufsarmee auf 100.000 Mann mit beschränkter Dienstzeit, Beschränkung der Marine auf 15.000 Mann, Verbot einer Luftwaffe, Verbot der Wehrpflicht, Beschränkungen von Waffenvorräten, Verbot von schweren Waffen, Verbot des Festungsbaus).[2]
- Langjährige Besetzung und dauerhafte Demilitarisierung des Rheinlands (und eines 50 km breiten Streifen östlich des Rheins).
- Wirtschaftliche Einschränkungen (Verkleinerung der deutschen Handelsflotte, Internationalisierung der deutschen Schifffahrtswege, fünfjährige einseitige Gewährung der Meistbegünstigung an die Siegermächte).
- Zahlung von Reparationen (Gesamtsumme wurde in Versailles nicht festgelegt).

Artikel 231 wies dem Deutschen Reich und seinen Verbündeten zudem die alleinige Verantwortung für den 1. Weltkrieg zu. Obwohl dieser Artikel besonders in Deutschland als ehrabschneidende moralische Schuldzuweisung verstanden wurde, diente er den Alliierten eher dazu die Reparationsforderungen an Deutschland zu rechtfertigen (Michalka 1988, S. 306). Schließlich wurde dem Deutschen Reich der Eintritt in den Völkerbund, der die neue Ordnung regulieren sollte und dessen Satzung in Teil 1 des Versailler Vertrages verankert wurde, verwehrt (Niedhart 2012, S. 8; Mommsen 2009, S. 140).[3]

Dass der Friedensvertrag, der den Kriegsverlierern aufoktroyiert wurde, zahlreiche Bestimmungen enthielt, die auf Seiten Deutschlands und seiner Verbündeten auf scharfen Protest stießen, liegt in der Natur der Sache. Das Besondere an der Versailler Ordnung, war jedoch nicht die Skepsis, die ihr von *deutscher* Seite gegenüberstand. Das Besondere war viel mehr, dass fast *kein* Staat wirklich zufrieden mit dieser internationalen Ordnung war (Krüger 1985, S. 88; Möller 1998, S. 168; Michalka 1988, S. 305). Das galt sowohl für die „Kriegsverlierer" (Deutschland, Österreich, Ungarn, Türkei, Bulgarien), wie auch für zahlreiche „Kriegsgewinner" (Italien, USA, Frankreich), die die Ordnung aus unterschiedlichen Gründen ablehnten. Selbst Frankreich, das häufig als der wichtigste Verteidiger der Versailler Ordnung gilt, war keineswegs ein lupenreiner Status quo-Staat, der mit der internationalen Ordnung durchweg zufrieden war. Zwar stellte sich Paris häufig am exponiertesten gegen die deutschen Revisionswünsche und kann insofern als Verteidiger der Ordnung gelten. Andererseits blieb das mit dem Versailler Vertrag Erreichte deutlich hinter den französischen Hoffnungen zurück, die Paris ein manches Mal nachträglich zu realisieren suchte, was dann mitunter zu der paradoxen Situation führte, dass das Deutsche Reich einen Bruch des Versailler Vertrages beklagte, wie etwa bei der Besetzung des Ruhrgebiets 1923 (vgl. Bergmann 1926, S. 223). Der Versailler Vertrag und das Völkerbundsystem[4] stellten also eine keineswegs unumstrittene internationale Ordnung dar. Diese allseitige Unzufriedenheit mit dem Status quo mag

---

[2] Die Abrüstungsmaßnahmen wurden dabei als Vorgriff auf „allgemeine Beschränkungen der Rüstungen aller Nationen" – so der Text des Versailler Vertrages – verstanden.

[3] Nicht alle Staaten waren Mitglied des Völkerbunds, die USA etwa blieben freiwillig fern, die ehemaligen Kriegsgegner Deutschland, Österreich, Ungarn, die Türkei und Bulgarien, sowie die Sowjetunion wurden zunächst ausgeschlossen (Möller 1998, S. 38).

[4] Deutscher Revisionismus in der Weimarer Republik richtete sich meist konkret gegen Bestimmungen, die sich direkt aus dem Versailler Vertrag ergaben, als gegen das Völkerbundsystem als solches. Zu den

auch seine Instabilität erklären. Nichtsdestotrotz war dies die (imperfekte) nach eigenem Anspruch gültige internationale Ordnung der Zwischenkriegszeit (Möller 1998, S. 118). Dementsprechend werden im Folgenden deutsches Verhalten und Äußerungen deutscher Politiker, die eine Akzeptanz der Versailler Ordnung zeigen, beziehungsweise dazu beitragen diese zu stabilisieren als „Status quo", Verhalten und Äußerungen, die auf eine Änderung der Versailler Ordnung abzielen als „oppositionell-revisionistisch" und Verhalten und Äußerungen, die auf einen Bruch der Versailler Ordnung bzw. des Versailler Vertrags abzielen und diesen zumindest in Kauf nehmen als „dissident-revisionistisch" verstanden.

3 Deutscher Revisionismus in der Zwischenkriegszeit

Die erste deutsche Republik, die sich 1933 nach der Machtübernahme der Nationalsozialisten in das Dritte Reich verwandelte, wurde gewissermaßen bereits unzufrieden „geboren". Wie oft in der Geschichte folgte die Etablierung einer internationalen Ordnung auf einen großen systemweiten Krieg. Das zeigt sich schon daran, dass einer Eckpunkt dieser neuen Ordnung – der Völkerbund – direkt in den Friedensvertrag, den die Alliierten Deutschland gleichsam aufoktroyierten, integriert wurde. Zwischen dem Versailler Vertrag, der den 1. Weltkrieg beendete und den Bestimmungen, die die neue internationale Ordnung bestimmen sollten, konnte somit kaum differenziert werden.

Die ablehnende Haltung gegen diese „Versailler" Ordnung nahm über den gesamten Untersuchungszeitraum die Stellung eines außenpolitischen Grundkonsenses ein. Nicht nur die (republikfeindlichen) radikalen Ränder des politischen Spektrums, sondern auch die demokratischen – die Weimarer Republik tragenden – Parteien waren sich in dem grundlegenden Revisionswunsch einig. Dass es diesen Wunsch grundsätzlich gab ist zunächst einmal weder verwunderlich noch verwerflich, sondern fügt sich nahtlos in die Tradition der europäischen Geschichte:

> Auf außenpolitischem Feld wurde es den Deutschen [...] nahezu unmöglich gemacht, einen [...] Kurs an der Seite der Briten und Franzosen zu steuern – es sei denn, sie hätten, anders als es in der europäischen Geschichte seit Jahrhunderten üblich war, auf die Revision des Verlorenen verzichtet und das Diktat der Sieger anerkannt (Hildebrand 1999, S. 488, siehe auch 501–502).

Bei grundsätzlicher Konstanz in diesem übergeordneten Ziel sind jedoch gleichsam Varianzen sowohl in der Radikalität der Revisionsziele als auch in der Bereitschaft für diese Ziele Regelbrüche in Kauf zu nehmen oder absichtlich herbeizuführen (Dissidenz) erkennbar.[5] Dabei lassen sich klar drei Phasen der Weimarer Außenpolitik entscheiden, die von unterschiedlichen Ausprägungen des Revisionismus geprägt waren (siehe Abb. 3). Die von Dissidenz gegen einzelne Bestimmungen

---

wichtigsten normativen Grundlagen der internationalen Ordnung des Völkerbunds siehe Wolf in diesem Heft.

[5] Eine größtmögliche Radikalität und Dissidenz kulminierte dann – unter der Herrschaft der Nationalsozialisten – in der Entfesselung des 2. Weltkrieges.

Abb. 3 Revisionismusentwicklung der Weimarer Republik. Quelle: Eigene Darstellung

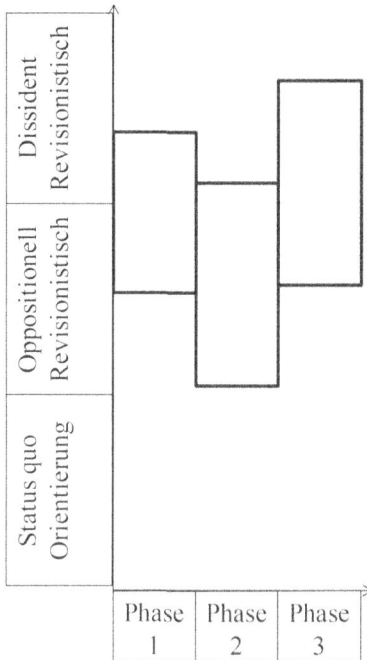

des Versailler Vertrages geprägte Phase der unmittelbaren Nachkriegszeit zwischen 1919 und 1923, eine Phase der abnehmenden Dissidenz in der sich das Reich als oppositionelle Macht stabilisierte zwischen 1924 und 1928 und schließlich eine Phase der wieder anschwellenden Dissidenz zwischen 1929 und 1933.

3.1 Phase 1: Die Nachkriegszeit, 1919–1923

Die erste Phase begann mit der Abdankung von Wilhelm II. und dauerte bis zum Ende der Ruhrkrise (1923). Nachdem das Kaiserreich den 1. Weltkrieg verloren hatte, hoffte die neue republikanische Regierung aus Sozialdemokraten, katholischer Zentrumspartei und Linksliberalen vergeblich auf einen Vertrauensbonus der Alliierten für das „neue" Deutschland. Während die führenden Personen der Weimarer Republik die Unterschiede zum alten Regime betonten, sahen die Alliierten mehr Gemeinsamkeit zwischen dem Deutschland von 1914 und 1919 (Kolb 1988, S. 269; Steiner 2007, S. 9).

Entsprechend war der Friedensvertrag von Versailler ausgesprochen hart (siehe oben). In der deutschen Öffentlichkeit galten die Friedensbedingungen als gewaltiger Schock, da man sich einerseits lange auf der Siegerstraße glaubte und andererseits hoffte, dass beim Versailler Vertrag vor allem die Vierzehn Punkte Woodrow Wilsons gelten und einen milden Frieden ermöglichen würden. Dennoch gilt der Vertrag der Forschung heute nicht als karthagischer Friede und beispielsweise sehr viel milder, als der Vertrag von Brest-Litowsk, den das Kaiserreich dem geschlagenen Russland aufgezwungen hatte. Die deutsche Position wurde zwar deutlich geschwächt, aber

der Versailler Vertrag erschütterte sie nicht im Mark und stand einem deutschen Wiederaufstieg nicht prinzipiell im Wege. Manch einem Beobachter gilt er damit als gleichzeitig zu hart und zu weich (Michalka 1988, S. 308).

Die Zeitgenossen mochten diese Ambivalenz indes nicht entdecken. Im Reichstag erklärte etwa Regierungschef Scheidemann von der SPD energisch: „Welche Hand müsste nicht verdorren, die sich und uns in solche Fesseln legtet" (zitiert nach Gellinek 2006, S. 42). Danach handelte er entsprechend und seine Regierung zog es vor, lieber zurückzutreten als den Versailler Vertrag zu akzeptieren. Das Reich wurde letztendlich zur Annahme des Vertrages gezwungen, allerdings hielt sich in Deutschland von Beginn an die illusionäre „Erwartung, ihn durch passive Nichterfüllung unterlaufen zu können" (Mommsen 2009, S. 103).

In den Jahren unmittelbar nach Kriegsende war die deutsche Politik ausgesprochen instabil und das Reich stand mehrfach an der Schwelle zum Bürgerkrieg, aber die Abneigung gegen den Versailler Vertrag und die internationale Ordnung, die dieser begründete vereinte – bei allen anderen Unterschieden – alle deutschen Parteien (Böckenförde 1988; Grupp 1988, S. 288; Meyer 1988, S. 330; Möller 1998, S. 26; Schmidt et al. 2007, S. 27; Krüger 1985, S. 14–15; Mommsen 2009, S. 121). Egal ob die Strategie, die dabei verfolgt wurde, eher populistisch und schroff ablehnend war, oder aber rein taktisch Kooperation vorsah (wie etwa im Rahmen der Erfüllungspolitik) war das Ziel dabei doch klar: Deutschland wollte die Fesseln von Versailles abwerfen, während die anderen Mächte und insbesondere Frankreich diese eher noch fester anziehen wollten, um die Versailler Ordnung zu festigen (Krüger 1985).

Beispiele für besonders starken deutschen Revisionismus in dieser Phase kann man im Verhältnis zu Russland, sowie in den Bereichen der militärischen Beschränkungen und der Reparationen beobachten. Die Sowjetunion war nach dem 1. Weltkrieg ebenso wie die Weimarer Republik ein Paria-Staat in der neuen internationalen Ordnung. So wie Deutschland war sie nicht in den Völkerbund eingeladen worden und wurde von den Alliierten eher als Gegner denn als Partner wahrgenommen. 1922 versuchte der britische Premierminister Lloyd George diese Situation zu beheben und lud zu einer Reihe von Konferenzen, insbesondere der Weltwirtschaftskonferenz nach Genua, wo ein internationales Konsortium – unter Beteiligung Deutschlands – für den wirtschaftlichen Wiederaufbau Russlands beschlossen werden sollte. Berlin jedoch zog es vor am 16.04.1922 einen bilateralen Vertrag mit Moskau abzuschließen (Vertrag von Rapallo) und damit die Westmächte zu verärgern, die den Vertrag als „Kriegserklärung an den Status quo" verstanden (Mommsen 2009, S. 161, siehe auch Schmidt et al. 2007, S. 28; Krüger 1985, S. 177). Schon vorher hatte es Kontaktfäden nach Russland gegeben, etwa während des russisch-polnischen Krieges 1919–1921, als von russischer Seite des Angebot gemacht wurde, gemeinsam die polnischen Grenzen zu korrigieren (Krüger 1985, S. 114–115). Einstweilen lehnte Berlin ab, ohne den Kontakt jedoch komplett einschlafen zu lassen. Die Reichswehr jedenfalls war schon früh daran interessiert nicht nur wirtschaftliche Kontakte zu Moskau zu schließen, sondern dieses auch als Bündnispartner gegen die Ordnung von Versailles zu gewinnen (Krüger 1985, S. 149). Auch Reichskanzler Wirth vom Zentrum machte sich diese Zielsetzung in einem Gespräch mit dem deutschen Diplomaten Brockdorff-Rantzau zu Eigen:

Aber was wollen Sie mit Parteien, die sich zu dem Wahlspruch „Nie wieder Krieg" bekennen? Diesen Standpunkt kann ich nicht teilen und eines erkläre ich Ihnen unumwunden: Polen muß erledigt werden. Auf dieses Ziel ist meine Politik eingestellt (zitiert nach Niedhart 2012, S. 15; siehe auch Krüger 1985, S. 149).

Ebenfalls mit Russland verbunden war deutscher Revisionismus auf dem Gebiet der militärischen Rüstung. Dem Versailler Vertrag nach war Deutschland zur Abrüstung verpflichtet und viele militärische Bereiche blieben ihm versperrt. Schon vor der Unterzeichnung des Versailler Vertrages lässt sich allerdings ein erster Akt der Dissidenz gegen diese Regelungen feststellen: Die (kaiserliche) Hochseeflotte, die im schottischen Scapa Flow interniert war und laut Friedensvertrag an die Alliierten hätte ausgelieferten werden sollen, versenkte sich selbst, um eben jenes zu verhindern, dies allerdings ohne Wissen und Zustimmung der zivilen Reichsregierung. Ein erstes Zeichen dafür, dass auf deutscher Seite mehrere Akteure eine Rolle für den Revisionismus spielten.[6] Zwar lies sich Deutschland in der Folgezeit einigermaßen problemlos abrüsten, so dass die Deutsche Entwaffnung im Frühjahr 1921 weitgehend abgeschlossen war (Krüger 1985, S. 137). Im selben Atemzug jedoch begann die Anknüpfung streng geheimer militärischer Kontakte mit der jungen Sowjetunion und einer Zusammenarbeit zwischen Reichswehr und Roter Armee (Krüger 1985, S. 149; Piper 2012, S. 69). Auf diese Weise sollten diverse Beschränkungen des Versailler Vertrages umgangen werden; unter anderem lieferte die Reichswehr „moderne Technologie und erhielten dafür die Möglichkeit, auf russischem Boden ihre Soldaten auszubilden und eine getarnte Fliegerausbildung zu betreiben, was beides nach dem Versailler Friedensvertrag nicht erlaubt war" (Piper 2012, S. 69). Maßgeblich vorangetrieben von der Reichswehr und insbesondere General von Seeckt, deckte doch auch die zivile Reichsregierung – indem ein Staatssekretärausschuss diese Zusammenarbeit kontrollierte und es verdeckte Etattitel gab, in denen sie verbucht wurde – diese eindeutig dissident-revisionistische Handlung Deutschlands (Mommsen 2009, S. 253; Broszat 1994, S. 74–75).[7]

Das dritte Beispiel für deutschen Revisionismus in dieser Phase bezieht sich auf die Reparationspolitik. Im Versailler Vertrag wurde Deutschland die Kriegsschuld zugewiesen und es auf dieser Basis zur Leistung von Reparationen verpflichtet. Die endgültige Höhe dieser Reparationen wurde in Versailles allerdings nicht festgelegt und blieb ein ständiger Streitherd zwischen den Alliierten und dem Deutschen Reich. Einige Zeit glaubte Berlin damit ein wichtiges Pfand in der Hand zu ha-

---

[6] Eine ähnliche dissidente Aktion der Reichswehr betraf die „Aktion Ferienkind", mit der Offiziere, die Kriegsverbrechen beschuldigt wurden und laut Versailler Vertrag hätten ausgeliefert werden müssen, dem Zugriff der Siegermächte entzogen werden sollten (Mommsen 2009, S. 102).

[7] Auch schon zuvor hatte die Reichsregierung, unter Umgehung der Bestimmungen des Versailler Vertrages, Freikorps und Grenzschutzfreiwillige mobilisiert, Einwohnerwehren aufgestellt und geheime Waffenlager unterhalten (Broszat 1994, S. 74–75). Im Gegensatz zu diesem absichtliche Revisionismus kam es aber auch zu Fällen von „Kollateraldissidenz", etwa als die Reichswehr im Frühjahr 1920 in der neutralisierten Zone an Rhein und Ruhr zur Aufstandsbekämpfung operierte und dafür die Alliierten um Erlaubnis bat, die allerdings nicht gewährt wurde (Krüger 1985, S. 101–102). Im Gegenteil nahmen die Alliierte diesen Verstoß zum Anlass einige deutsche Städte zeitweise zu besetzen.

ben und versuchte – etwa im Rahmen der Londoner Konferenz 1921 – Leistungen zu verweigern, wenn sich die Alliierten nicht bereit erklären würden ihrerseits auf wichtige Bestimmungen des Versailler Vertrages zu verzichten (Krüger 1985, S. 132; Mommsen 2009, S. 148). Als sich zeigte, dass die Alliierten zu solchen Zugeständnissen nicht bereit waren und im Gegenteil weitere Sanktionen androhten, änderte Berlin seine Strategie. Nun wollte man durch maximale Erfüllungsanstrengungen die Unerfüllbarkeit der Alliierten Bedingungen demonstrieren (Michalka 1988, S. 309). Diese „Erfüllungspolitik" war also nur vordergründig eine gewisse Akzeptanz der internationalen Ordnung und nicht wirklich ein Strategiewechsel (Krüger 1985, S. 132–133).[8] Das Scheitern dieser Politik führte 1923 zur Ruhrkrise. Nachdem das Reich einige Reparationslieferungen nicht rechtzeitig lieferte[9], besetzten Frankreich und Belgien das Ruhrgebiet und übernahmen dort Kohle-Minen als „produktive Pfänder".[10]

Insgesamt lässt sich für die erste Phase festhalten, dass die deutsche Politik einheitlich bemüht war die Versailler Fesseln so schnell wie möglich abzuwerfen. Das hieß, in teilweiser Verkennungen des eigenen Handlungsspielraums, umfassende Dissidenz, die allerdings – so realitätsblind war man dann doch nicht – eher situativ eingesetzt wurde. Sie blieb daher in ihrer Breite und Tiefe insofern beschränkt, dass man vor allem gegen die akuten Benachteiligungen, die sich aus dem Versailler Vertrag ergaben, agierte. Dabei fehlte allerdings ein klares Gesamtkonzept (Krüger 1985, S. 166). Auch in dieser Phase gab es jedoch Momente, die in eine andere Richtung zeigten, etwa bei der Entwaffnung, bei der sich das Reich relativ kooperativ zeigte und bei der Forderung der Alliierten sogenannte „Kriegsverbrecher" auszuliefern, als Berlin vernünftige Kompromissvorschläge auf Basis des gerichtlichen Verfahrens wählte statt die Auslieferung rundweg abzulehnen (Krüger 1985, S. 96–97). Dennoch dominierte in der Summe klar ein dissidenter Revisionismus.

3.2 Phase 2: Der Geist von Locarno, 1924–1928

Mit der Regierungsübernahme von Gustav Stresemann (DVP) 1923, der auch nach dem Ende seiner Kanzlerschaft die Außenpolitik der Weimarer Republik bis zu seinem Tode 1929 maßgeblich als Außenminister prägte, trat eine gewisse Änderung der deutschen Außenpolitik ein. Stresemann, der während des Weltkrieges Monarchist und Annektionist gewesen war, wurde zum Vernunftrepublikaner (Wirsching/ Eder 2008) und zu einem Vertreter der internationalen Entspannung (Mommsen 2009, S. 251; Niedhart 2012, S. 23; Wright 1995, S. 119). Er erkannte, dass die Machtverhältnisse einseitige deutsche Schritte nicht zuließen bzw. zu Reaktionen

---

[8] Das zeigte sich auch daran, dass die deutsche Regierung versuchte den zeitweiligen ökonomischen Aufschwung möglichst zu verschleiern, damit die Sachverständigen, die Deutschlands Leistungsfähigkeit einschätzen sollten, auf eine möglichst niedrige Bewertung kommen sollten (Mommsen 2009, S. 231).

[9] Unter Historikern wird immer noch diskutiert, ob es sich dabei um absichtliche oder wie Berlin behauptete unvermeidliche Verfehlungen handelte (Krüger 1985, S. 132 ff.).

[10] Deutschland reagierte mit der Strategie des „passiven" Widerstands und kam an den Rande eines neuen Krieges mit Frankreich (Layne 1996). Der passive Widerstand, der von der Reichsregierung in Berlin finanziert wurde, verstärkte die ohnehin schon galoppierende Inflation und führte zu Hyperinflation.

der Alliierten führen würden. Dementsprechend beendete er den Ruhrkampf und begann die Aussöhnung mit Frankreich.

Stresemann setzte sich für eine immer stärkere Kooperation mit Frankreich ein und fand in Aristide Briand einen kongenialen Partner. Gemeinsam erhielten sie für ihre Bemühungen den Friedensnobelpreis. Stresemann setzte sich – gegen innenpolitische Widerstände – für den Vertrag von Locarno ein, der sogar auf seine Initiative zurückgeht. In diesem Vertrag, der im Oktober 1925 zwischen Deutschland, Frankreich, Großbritannien, Italien und Belgien verhandelt wurde, erkannte Deutschland die im Versailler Vertrag festgelegten Westgrenzen[11], sowie die Entmilitarisierung des Rheinlands ausdrücklich an. Streitfragen sollten an den Völkerbund oder internationale Gerichte übergeben werden. Auch für die deutschen Ostgrenzen wurden die Einführung von Schiedsgerichten und die friedliche Streitbeilegung beschlossen, wobei das Reich nur auf gewaltsame Revision verzichtete (Niedhart 2012, S. 21–22; Hildebrand 1999, S. 535; Möller 1998, S. 51). Weil Locarno der erste Nachkriegsvertrag war, der gemeinsam ausgehandelt wurde, war auch vom „ersten Friedensvertrag" die Rede (Hildebrand 1999, S. 519). 1926 trat Deutschland zudem in den Völkerbund ein und erhielt – nach längeren Verhandlungen und dem Widerstand einiger anderer Nationen zum Trotz – direkt einen ständigen Sitz im Völkerbundsrat (Niedhart 2012, S. 23). Am 23.9.1927 unterzeichnete das Reich darüber hinaus als erste Großmacht die Fakultativklausel zum Statut des Ständigen Internationalen Gerichtshofes, womit es sich bei internationalen Streitfällen den Urteilen dieses Gerichts unterwarf (Niedhart 2012, S. 147). Zudem war Stresemann entscheidend daran beteiligt, dass aus dem Briand-Kellog-Pakt, der ursprünglich als ein bilateraler Nichtangriffspakt zwischen Frankreich und den USA geplant war, ein internationaler Kriegsächtungsvertrag wurde (Hildebrand 1999; Möller 1998; Krüger 1985).

Die Stimmung in Europa verbesserte sich in diesen Jahren und insbesondere durch den Abschluss des Locarno-Vertrags fraglos. Der „Geist von Locarno", der die Zusammenarbeit Deutschlands mit den Siegermächten ausdrücken sollte, wurde zum geflügelten Wort. Zeitweise schien sogar eine noch weitergehende Verständigung möglich zu sein (Steiner 2007, S. 422–426). Und auch wenn dies nicht verwirklicht werden konnte, so agierten die Großmächte in der Folge von Locarno doch oft gemeinsam und trafen auch Entscheidungen gemeinsam, was einige Beobachter an ein Wiederaufleben des Europäischen Konzerts erinnerte.

Einige Autoren werten die Stresemann'sche Außenpolitik daher als „einen grundlegenden Wandel im außenpolitischen Konfliktverständnis" (Niedhart 2012, S. 20). Dennoch war es vor allem ein Wandel der Mittel „nämlich [der] Gewaltverzicht für jegliche Revisionspolitik gegenüber dem Vertrag von Versailles" (Möller 1998, S. 51; siehe auch Krüger 1985, S. 88). Für Stresemann war klar, dass unter den gegebenen Machtverhältnissen eine Revision des Status quo nur im Rahmen seiner grundsätzlichen Anerkennung möglich war: „Bevor die Realität verändert werden konnte, musste sie anerkannt werden" (Niedhart 2012, S. 18).[12] Aber auch unter Stresemann bestand nie ein Zweifel, dass Deutschland langfristig weitergehende

---

[11] Diese wurden von London und Rom garantiert, falls Berlin oder Paris sie verletzen würde.

[12] Das betonte Stresemann auch in der innerdeutschen Diskussion (Niedhart 2012, S. 21–22).

Revisionen der internationalen Ordnung anstrebte.[13] Daher blieb grundsätzlicher Revisionismus (wenn auch oppositioneller Natur) wichtiger Bestandteil der deutschen Politik. So bedeutete etwa der Beitritt zum Völkerbund auf der einen Seite einen Schritt in Richtung Status quo Akzeptanz, da mit dem Völkerbund die wichtigste Organisation der damaligen Ordnung anerkannt wurde. Auf der anderen Seite hatte der Beitritt „jedoch nach der Überzeugung der deutschen Experten überhaupt nur Sinn, wenn sie die Möglichkeit bot, die Abänderung des Friedensvertrags zu betreiben" (Mommsen 2009, S. 248; Michalka 1988, S. 317). Und selbst der Locarno-Vertrag, der eigentlich eine Bewegung Deutschlands in Richtung Status quo bedeutete, zeigte zugleich dass das Deutsche Reich die Grenzen im Osten keineswegs akzeptierte (Möller 1998, S. 52; Wright 1995, S. 122–123). Darüber hinaus sind selbst in dieser Phase des oppositionelle Revisionismus mit einer Schlagrichtung hin zur Akzeptanz des Status quo, einige Momente der Dissidenz deutlich sichtbar: Bezüglich Locarno etwa war General von Seeckt fest entschlossen, die Vereinbarungen wieder umzuwerfen, sobald die Möglichkeit (sprich: die militärischen Fähigkeiten) dazu existieren würden: „Sobald wir diese Macht haben, holen wir uns selbstverständlich alles wieder, was wir verloren haben" (zitiert nach Hildebrand 1999, S. 529). Auch der deutsche Botschafter in Moskau Graf Brockdorff-Rantzau bemerkte bei Bündnissondierungen mit den Sowjets eine potentielle Zusammenarbeit könnte darauf gerichtet sein „Polen auf seine ethnographischen Grenzen zurückzudrängen" (zitiert nach Hildebrand 1999, S. 545). Und auch Stresemann selbst betonte gegenüber sowjetischen Gesprächspartnern, dass beiderseitige Interesse an territorialer Revision in Osteuropa (Niedhart 2012, S. 21–22).[14] Selbst wenn es dazu letztlich nicht kam, unterstreicht dies doch die dissidente Einstellung von zumindest Teilen der deutschen Elite auch in dieser Phase. Zudem unternahm auch Stresemann nichts, um den geheimen und dem Versailler Vertrag wiedersprechenden Aufrüstungsbemühungen der Reichswehr ein Ende zu setzen (Mommsen 2009, S. 267; Niedhart 2012, S. 66).

Zusammenfassend bleibt festzuhalten, dass Stresemann insofern immer ein entschiedener Revisionist blieb, als es auch sein ultimatives Ziel war, den Versailler Vertrag und die darin festgeschriebene Ordnung zu überwinden (Wright 1995, S. 112; Schmidt et al. 2007, S. 28–29). Allerdings erkannte er, ausgehend von den vergeblichen deutschen Versuchen in den frühen 1920er-Jahren, dass es Deutschlands beste Chance wäre, innerhalb der Ordnung zu agieren, um diese den deutschen Wünschen anzupassen – die klassische oppositionell-revisionistische Strategie. Gleichzeitig hoffte er, dass durch deutsches Entgegenkommen und seine Form der Entspannungspolitik der vielbeschworene *Geist von Locarno* zum Leben erweckt werden könnte und damit die ehemaligen Kriegsgegner den deutschen Revisionszielen offener gegenüberstehen würden (Wright 1995, S. 114). Während das Deutsche

---

[13] Zudem war die Hinwendung zur Akzeptanz der internationalen Ordnung nicht bedingungslos. Vielmehr erhoffte sich Deutschland „die baldige Räumung der besetzten Rheinlande, die Anerkennung seiner Gleichberechtigung und die Wiederherstellung der nationalen Souveränität" (Hildebrand 1999, S. 527). Diese Hoffnung schwand mit der Zeit und ließ Stresemann gegen Ende seines Lebens zunehmend frustriert werden (Mommsen 2009, S. 264–265; Michalka 1988, S. 322).

[14] Die grundsätzliche anti-polnische Politik Berlins wurde auch in einem regelrechten Wirtschaftskrieg, den Berlin 1924/1925 gegen Warschau führte, deutlich (Michalka 1988, S. 318).

Reich in dieser Phase also immer noch unzufrieden mit der Versailler Ordnung war und darauf abzielte, diese zu verändern, war man nun entschlossen weitgehend den bestehenden Regeln zu folgen und diese zum eigenen Vorteil zu nutzen.

3.3 Phase 3: Neo-Wilhelminismus, 1929–1933

Die dritte Phase beginnt mit dem Tod Stresemanns. Schon gegen Ende seines Lebens zeigte sich Stresemann enttäuscht von den fehlenden Früchten seiner Aussöhnungspolitik[15] – hielt aber mit seinen engsten Mitarbeitern bis zuletzt an seinem Ansatz fest (Krüger 1985). Dennoch verschärfte auch er gegen Ende der 1920er-Jahre das Tempo in revisionspolitischen Fragen (Niedhart 2012, S. 29; Hildebrand 1999, S. 571). Auch der sozialdemokratische Kanzler Hermann Müller, der die letzte parlamentarischen Regierung der Weimarer Republik anführte, nannte die Außenpolitik in seiner Regierungserklärung vom Mai 1928 an erster Stelle und forderte weitere Revisionserfolge, wie die vorzeitige Räumung des Rheinlandes (Niedhart 2012, S. 29). Zusätzlich wurden bereits unter Müller Vorbereitungen für eine neue Aufrüstungsrunde betrieben (Steiner 2007, S. 764–765).

Nach Stresemanns Tod und nach dem Ende der großen Koalition schlug das Pendel, das sich unter Stresemann langsam in Richtung Akzeptanz des Status quo bewegt hatte, dann deutlich stärker in Richtung Revisionismus um und überschritt unter den sogenannten Präsidialkabinetten dabei teilweise (wie schon zuvor, zu Beginn der 1920er-Jahre) die Grenze zur Dissidenz (Mommsen 2009, S. 462). Die verschiedenen Präsidialkabinette Brüning, von Papen und von Schleicher verfolgten unterschiedliche Taktiken, aber ihnen war gemein, dass sie die Außenpolitik – worunter vor allem Revisionspolitik verstanden wurde – als ihr wichtigstes Programm ansahen. Selbst in der Weltwirtschaftskrise, die die Weimarer Republik besonders stark traf, war Brünings erstes Interesse nicht etwa diese Krise zu mildern, viel mehr sah er sie als

> günstige Voraussetzung für eine verschärfte und auf endgültige Revision abzielende Politik. [...] Stresemanns nur zum Teil erfolgreiche Salamitaktik der lokalisierten und partiellen Revision wurde nun von Brüning in eine generelle „Alles-oder-Nichts"-Strategie umgewandelt (Michalka 1988, S. 323–324; siehe auch Mommsen 2009, S. 439).[16]

Während jedoch die Revisionspolitik deutlich stärker in den Vordergrund geschoben wurde als zuvor und der Stil der Außenpolitik sich änderte und somit manche Beobachter an die Spätphase des Wilhelminischen Kaiserreichs erinnerte, blieben die revisionistischen Ziele in ihrer Breite und Tiefe beschränkt und unterschieden sich nicht maßgeblich von dem was Stresemann auf kooperativem Wege zu erreichen

---

[15] Stresemann schrieb im März 1929 an den ehemaligen britischen Botschafter Lord d'Abernon, dass diejenigen „die für die Locarno-Politik eingetreten sind, nur die Trümmer ihrer Hoffnungen sehen" (Mommsen 2009, S. 265). Den größten Erfolg seiner Revisionsbemühungen, die vorzeitige Räumung des Rheinlandes 1930, erlebte er nicht mehr.

[16] Der Historiker Hildebrand berichtet Brüning wolle am 5. Oktober 1930 gegenüber Hitler davon gesprochen haben, man müsste nun „im Laufe von anderthalb bis zwei Jahren den ganzen Versailler Vertrag ... ins Wanken zu bringen ... bis zum Äußersten zu gehen. [...]" (Hildebrand 1999, S. 624).

suchte (Niedhart 2012, S. 35; Hildebrand 1999, S. 648). Versailles sollte revidiert und sämtliche Deutschland betreffenden Beschränkungen und Diskriminierungen sollten aufgehoben werden (Hildebrand 1999, S. 606–607).

Ein konkretes Beispiele für das veränderte Vorgehen der deutschen Außenpolitik in dieser Phase war etwa der Plan eine Zollunion mit Österreich einzugehen. „Im Kern sollte sie dazu dienen, einen wirtschaftlichen Zusammenschluss Europas in Gang zu bringen, der sich unter deutschen Vorzeichen zu gestalten hatte" (Hildebrand 1999, S. 616–617). Obwohl klar war, dass dieser Plan das Anschlussverbot des Versailler Vertrages zumindest tangieren würde – und tatsächlich urteilte der Haager Gerichtshof 1931, dass die geplante Zollunion vertragswidrig gewesen wäre – versuchte die deutsche Regierung nicht multilateral zu sondieren wie das Projekt aufgenommen werden würde und entsprechend zu verhandeln, sondern versuchte sich der Zollunion auf geheimen und bilateralen Weg zu nähern (Hildebrand 1999, S. 617–618; Möller 1998, S. 56–57). Damit verspielte das Reich fast auf einen Schlag den zuvor von Stresemann mühsam erarbeiteten Vertrauenskredit (Hildebrand 1999, S. 612–613). Ein weiteres Beispiel für die deutsche Abkehr vom Multilateralismus war der Umgang mit der Weltwirtschaftskrise, in der Reichskanzler Brüning „gedachte, die Auslandsverschuldung in eine taktische Waffe umzuschmieden, um die Aufhebung der Reparationen zu erreichen und ‚die Völker für eine Gesamtlösung reif zu machen', welche die Revision des Versailler Vertrages ausdrücklich einbezog" (Mommsen 2009, S. 439; siehe auch Broszat 1994, S. 133). Auch hier wurden die internationalen Partner häufig vor den Kopf gestoßen, vor Ultimaten gestellt und mit unilateralen Schritten verärgert.[17] Schließlich – und auch hier gehen die ersten Ansätze sogar in die vorhergehende Phase zurück – begann Deutschland wieder mit Aufrüstungsbemühungen, die – letzten Endes – in einen Bruch des Versailler Vertrages münden mussten. Zwar nahm das Reich an der internationalen Abrüstungskonferenz in Genf 1932 teil und forderte dort lautstark, die anderen Mächte sollten auf das deutsche Niveau abrüsten. In der Zwischenzeit war jedoch das Scheitern schon antizipiert und die eigene Aufrüstung beschlossen worden (Steiner 2007, S. 783). Das zwischenzeitliche Verlassen der Abrüstungskonferenz unter Reichskanzler von Schleicher, als sich die anderen Mächte nicht auf Deutschlands Forderungen einlassen wollten, war dann bereits ein Vorgriff auf die deutlich radikalere Dissidenz der Nationalsozialisten (Michalka 1988, S. 325).

Man kann festhalten: In der Zeit nach Stresemanns Tod kam es zu einem erkennbaren Wandel in den eingesetzten Methoden, die wieder stärker auf Unilateralismus setzten und Vertragsbruch in Kauf nahmen, etwa in der Frage der Zollunion und der Aufrüstung (Hildebrand 1999, S. 605). Obwohl damit das Deutsche Reich in dieser Phase wieder deutlich näher in Richtung dissident-revisionistisches Denken und Handeln kam, gab es allerdings noch gewisse Grenzen, die die Präsidialkabinette nicht überschreiten wollten. So „dominierte zu keiner Zeit der Gedanke, den militärischen Waffengang zu suchen, um außenpolitische Ziele zu verwirklichen"

---

[17] Auch auf die Schwäche des Völkerbundes im Zusammenhang mit der Mandschurei-Krise reagierte das deutsche Außenministerium 1931 eher mit Genugtuung. So äußerte der Diplomat von Weizsäcker die Hoffnung, der Völkerbund möge nach deutschen Vorstellungen umgebaut werden oder alternativ komplett in der Versenkung verschwinden (Hildebrand 1999. S. 632).

 Springer

(Hildebrand 1999, S. 649; siehe auch Niedhart 2012, S. 79; Möller 1998, S. 61). Und auch die revisionistischen Ziele, blieben in ihrer Breite und Tiefe auf die Wiederherstellung des Status quo von 1914 beschränkt und gingen nicht darüber hinaus.

4 Lateraler Druck und Status als Erklärungsfaktoren für den deutschen Revisionismus

Die Existenz oder Wahrnehmung von lateralem Druck, sowie Statusdeprivation und die Nicht-Erfüllung von Statusansprüchen stellen zwei potentielle Treiber für den Revisionismus von Großmächten dar (Sauerland/Wolf in diesem Heft). Sollten diese beiden Faktoren tatsächlich die Ausprägung des Revisionismus der Weimarer Republik erklären können, dann müssten sie mindestens mit der Entwicklung der Revisionismusausprägung korrespondieren.

Obwohl der deutsche Revisionismus in allen drei Phasen fluktuierte (das heißt oppositionelle Momente koexistierten mit dissidenten Momenten) zeigt sich doch ein gewisser U-förmiger Verlauf (siehe Abb. 3): Die Deutsche Reich startete mit einem hohen Grad an Dissidenzbereitschaft, bewegte sich in der zweiten Phase deutlich in Richtung Status quo, bevor in der dritten Phase die Dissidenz zurückkehrte. Eine ähnliche Entwicklung müssten auch die beiden Kandidatenvariablen nehmen, wenn sie Erklärungskraft für dieses Phänomen für sich beanspruchen wollen.

4.1 Lateraler Druck

Ein angeblicher Einfluss von lateralem Druck auf die Ausprägung des deutschen Revisionismus lässt sich recht einfach zurückweisen. Während Choucri und North (1975, 1989) keine eindeutigen Hinweise gaben, wie lateraler Druck zu bemessen sei, haben Forscher vom *Massachusetts Institute of Technology* eine Formel vorgeschlagen, mit der man die drei Mastervariablen der Theorie in eine Indexzahl zusammenfassen kann.[18] Für die Weimarer Republik weist dieser laterale Druck Index eine bemerkenswerte Konstanz auf (siehe Abb. 4).[19] Wenn aber auf dieser unabhängigen Variable keine Veränderung erkennbar ist, kann sie nicht Anlass für Veränderung der abhängigen Variable – des deutschen Revisionismus – sein.[20]

Diesen Daten zum Trotz gab es allerdings immer wieder Äußerungen deutscher Politiker, in denen diese konkrete Wachstums- und Wirtschaftsschranken beklagten und etwa neue Exportmöglichkeiten oder gar Lebensraum einforderten. So wurde beispielsweise in der Nationalversammlung ausgiebig über die Furcht vor einem totalen wirtschaftlichen Zusammenbruch und die Unmöglichkeit – angesichts der

---

[18] http://lateralpressure.mit.edu/lateral-pressure-index; 30.11.2016.

[19] Zudem liegt der Indexwert mit Werten um 0,08 noch einmal deutlich niedriger als während des Deutschen Kaiserreichs, wo er sich stets über 0,1 bewegte (vgl. Jaschob in diesem Heft).

[20] Das bedeutet indes nicht eine grundsätzliche Falsifizierung des lateralen Druck. Dazu wäre es nötig eine gegenläufige Tendenz anzuzeigen, also etwa steigender lateraler Druck bei sinkendem Revisionismus. Allerdings kann man damit festhalten, dass lateraler Druck definitiv nicht als notwendige Bedingung für Revisionismus angesehen werden kann.

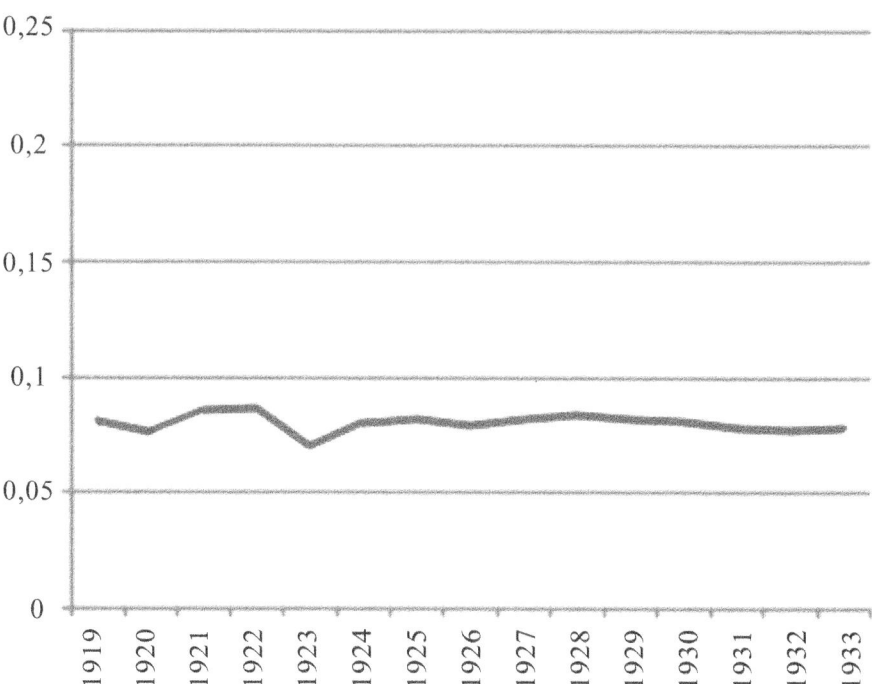

Abb. 4   Entwicklung des Lateralen Drucks der Weimarer Republik. Quelle: Eigene Berechnung auf Basis des Lateral Pressure Index

wirtschaftlichen Schwächung Deutschlands durch den Versailler Vertrag – die Forderungen der Alliierten zu erfüllen, diskutiert. In einer Rede des Abgeordneten Hirsch hieß es etwa:

> noch schlimmer als diese so schlimmen territorialen Veränderungen, die vorgenommen werden sollen, sind eigentlich die finanziellen Fesselungen und wirtschaftlichen Bindungen, die Deutschland auferlegt werden sollen und die nicht erfüllt werden könnten, wenn dem letzten Deutschen das letzte Hemd vom Leibe gezogen wird. [...] Wie sollen wir denn überhaupt ein zahlungsfähiges Volk bleiben, wenn wir mit aller Gewalt vom Weltmarkte abgeschnürt werden, wenn uns unsere Kolonien geraubt werden, wenn uns unsere Handelsflotte geraubt wird, wenn uns die Kabel weggenommen werden und, wie der Herr Ministerpräsident mit Recht geschildert hat, jeder Auslandsdeutsche einfach völlig wehrlos dasteht und, seiner Besitzungen beraubt, jeden Tag seiner Ausweisung gewärtig sein muß? (39. Sitzung der Nationalversammlung vom 12. Mai 1919: Erklärung der Reichsregierung, S. 1086).[21]

---

[21] Ähnlich äußerte sich der Abgeordnete Graf Bosadowsky-Wehner: „Dazu kommen zu dem Landraub die wirtschaftlichen Klauseln. Wir sollen durch diesen Friedensvertrag verlieren 70 % unserer Eisenerze, 30 % unserer Steinkohlen, unsere Zinkgruben, 12 % unserer Nahrungsmittelzufuhr. Deutschland ist ein hochentwickeltes Land, man kann jetzt sagen, ein hochentwickeltes Industrieland, das 25 % seiner Nahrungsmittel

Wirtschaftliche Hintergründe spielten ohne Zweifel eine Rolle für den deutschen Revisionismus. Wirtschaftliche Bestimmungen des Versailler Vertrages und zuvorderst die Reparationen belasteten die deutsche Wirtschaft stark und waren Adressat deutscher Revisionsbemühungen. Zweifellos war der wirtschaftliche Druck auf die Weimarer Republik in den Anfangsjahren ihrer Existenz durch die Belastungen des verlorenen Krieges, die Bestimmungen des Versailler Vertrages und die galoppierende Inflation besonders hoch. Mit der Einführung der Rentenmark stabilisierte sich die Lage mit der 1920er-Jahre wieder etwas. Mit der Weltwirtschaftskrise, die auch Deutschland besonders stark traf und durch Brünings Deflationspolitik teilweise noch verschärft wurde, verstärkten sich die wirtschaftlichen Probleme wieder deutlich. In *dieser* Form korrespondiert die Ausprägung des deutschen Revisionismus durchaus mit der wirtschaftlichen Gesamtlage. Entfernt man sich also ein wenig von der recht starren Theorie des lateralen Drucks und nimmt stattdessen „wirtschaftliche Wachstumsschranken" im Allgemeinen in den Blick, kann ein gewisser Einfluss auf den deutschen Revisionismus angenommen werden.

Diese Wachstumsschranken waren aber künstlicher Natur und von außen, etwa durch den Versailler Vertrag und seine wirtschaftspolitischen und reparationspolitischen Bestimmungen aufgezwungen; sie entstanden nicht – wie in der Theorie des lateralen Drucks – durch immer weiteres Wachstum, das sich selbst nicht mehr aufrechterhalten kann. Allerdings ist der Clou an der Theorie des lateralen Drucks gerade, dass er (wirtschaftlich) erfolgreiche Staaten besonders trifft. Im Falle Deutschlands scheint dagegen eher der (wirtschaftliche) Misserfolg mit Revisionismus zu korrespondieren.

4.2 Status

Anders sieht es im Bereich des Status aus. Tatsächlich war das Deutsche Reich schon zur Kaiserzeit ein äußerst Status-bewusster Akteur und fühlte sich zur Weltmacht berufen. Das Deutsche Reich unter Willhelm II. war ohne Zweifel eine angesehene europäische Großmacht, wenn nicht gar eine Weltmacht. Für die deutschen Eliten mag das mitunter anders ausgesehen haben (vgl. Jaschob in diesem Heft), aber am deutschen Großmachtstatus gab es keine Zweifel. Daher war schon die Niederlage im Weltkrieg an sich sehr schmerzlich. Gleichzeitig wurde Deutschland durch Inhalt und Form des Versailler Vertrages – zumindest dem eigenen Empfinden nach – empfindlich in seinem Status angegriffen und beschnitten. Inhaltlich können dabei einerseits die Bestimmungen genannt werden, die (sei es durch Gebietsabtretungen, durch Rüstungsbeschränkungen oder Reparationen) Deutschlands Stellung als Großmacht materiell gefährdeten. Andererseits spielten auch jene Ar-

---

einführen muss. Wir hatten einen starken Einfuhrüberschuß, weil wir eine große Veredelungsindustrie hatten. Wir waren angewiesen zum Teil auf die Rohstoffe, die in unserem eigenen Lande vorhanden waren, zum Teil auf die Rohstoffe, die uns vom Auslande zugeführt wurden. Jetzt soll uns der größte Teil unserer Rohstoffe geraubt werden, und wir bleiben für die Zufuhr von Rohstoffen in der Hand unserer haßerfüllten Feinde. Unter diesen Bedingungen ist es unmöglich. Daß die deutsche Industrie auch nur einigermaßen ihren bisherigen Bestand aufrechterhält. Aber nur durch unsere mächtige Industrie sind wir in der Lage, die finanziellen Lasten zu tragen, die wir auf uns genommen haben und auf uns nehmen sollen" (40. Sitzung der Nationalversammlung vom 22. Juni 1919: Erklärung der neuen Reichsregierung Bauer, S. 1122).

tikel eine große Rolle, die das Reich symbolisch trafen, wie etwa die Auslieferung von Kriegsverbrechern und insbesondere die normative Kriegsschuldfrage, die in Artikel 231 VV besprochen wird. Diese Bestimmungen wurden als besonders verletzende „Ehrenpunkte" angesehen (Mommsen 2009, S. 102). Auch die Gegner des kaiserlichen Regimes im Reich waren über diese Punkte empört und sahen dies als schwerwiegende Demütigung Deutschlands an. Die Form tat ihr übriges: Die Siegermächte ließen keinen Zweifel daran, dass sie nicht – wie etwa die ehemaligen Kriegsgegner beim Wiener Kongress – gemeinsam mit den Besiegten eine neue internationale Ordnung schaffen wollten, sondern vor allem daran interessiert waren Deutschland einzudämmen und für den 1. Weltkrieg büßen zu lassen (Mommsen 2009, S. 128; Meyer 1988, S. 329–330). So war es der deutschen Delegation nicht gestattet an den Verhandlungen teilzunehmen und deutsche Gegenvorschläge – die nach der Übergabe des Entwurfs gemacht wurden – wurden weitgehend ignoriert. Der französische Premierminister Clemenceau begrüßte die deutsche Delegation mit den Worten: „Die Stunde der Abrechnung ist da. Sie haben uns um Frieden gebeten. Wir sind geneigt, ihn Ihnen zu gewähren" (zitiert nach Möller 1998, S. 24–25). Er fuhr damit fort der Delegation mitzuteilen, dass die Siegermächte sich darin einig seien, alle nötigen Maßnahmen zu ergreifen, um die Deutschen dazu zu bringen für die Kosten des Krieges aufzukommen. Dementsprechend enthielt der Vertrag die berühmte Kriegsschuldklausel: „The Allied and Associated Governments affirm and Germany accepts the responsibility of Germany and her allies for causing all the loss and damage to which the Allied and Associated Governments and their nationals have been subjected as a consequence of the war imposed upon them by the aggression of Germany and her allies." Obwohl die Intention hinter diesem Artikel wohl war, die Reparationsforderungen an Deutschland zu rechtfertigen, wurde er von den Deutschen – von denen viele ehrlich überzeugt waren einen Verteidigungskrieg geführt zu haben – als unfaire und unangebrachte Erniedrigung verstanden (Möller 1998, S. 28; Krüger 1985, S. 74). Deutschland blieb in der Folge nicht nur vom Völkerbund[22], sondern auch von wichtigen Folgekonferenzen von Versailles (auf denen etwa über die Gesamthöhe der deutschen Kriegsschuld diskutiert wurde) ausgeschlossen. Zudem nutzte Frankreich in dieser Phase nahezu jede Möglichkeit um das Reich weiter zu demütigen, was schließlich in der Ruhrbesetzung und dem Ruhrkampf kulminierte. Deutschen Politikern war diese Status-Abwertung sehr bewusst. Sie bildete von Beginn an einen wichtigen Hintergrund für die Ablehnung der Versailler Ordnung. Dies betraf im Übrigen das gesamte politische Spektrum und nicht bloß eine Seite.[23] Ein entscheidender Versuch Deutschlands dieser empfundenen und tatsächlichen Statuserniedrigung zu begegnen war der Vertrag von Rapallo mit Sowjetrussland dem anderen Paria-Staat zu Beginn der 1920er-Jahre (siehe oben). Indem diese beiden Mächten – denen beiden der Beitritt zum Völkerbund verwehrt wurde – einen bilateralen Vertrag schlossen, versicherten sie sich

---

[22] Der Ausschluss aus dem Völkerbund war umso frappierender als dessen Satzung in den Versailler Vertrag integriert war. Deutlicher konnte man den Deutschen ihre Isolation in der neuen Ordnung kaum vor Augen führen (Niedhart 2012, S. 8).

[23] Insbesondere die Ablehnung der deutschen Kriegsschuld stellte eine wichtige „Integrationsklammer der politischen Kultur Weimars" dar (Niedhart 2012, S. 77).

gegenseitig des Großmachtstatus, den ihnen die anderen nicht zugestehen wollten und verfolgten damit eine Strategie der *social competition* (siehe Sauerland/Wolf in diesem Heft).

Insgesamt scheint das Status-Modell in dieser Phase der Revisionismusausprägung durchaus zu entsprechen. Deutschland war durch den verlorenen Krieg und den Versailler Vertrag a) objektiv abgewertet worden, dies wurde b) von deutschen Politikern und der Öffentlichkeit so wahrgenommen und beklagt und führte c) zu Versuchen der deutschen Politik den Status konfrontativ zu erhöhen. Dies korrespondiert, wie zu erwarten, mit einer insgesamt oppositionell-revisionistischen Gesamthaltung zur internationalen Ordnung und zu zahlreichen dissident-revisionistischen Momenten. Das diese insgesamt eher beschränkt blieben, ist wahrscheinlich dem Machtverhältnis zwischen dem geschlagenen Deutschland und den Alliierten, sowie der Entschlossenheit letzterer auf deutsche Dissidenz sofort und hart zu reagieren geschuldet.

In der zweiten Phase nahm der deutsche Revisionismus deutlich ab – nie im Untersuchungszeitraum kam Deutschland näher an die Schwelle zur Status quo Akzeptanz, ohne diese freilich zu übertreten. Dementsprechend müsste – wenn unerfüllte Statusansprüche wie vermutet auf Revisionismus einwirken – der deutsche Status in dieser Phase (vor allem im Vergleich zur vorhergehenden Phase) angestiegen sein. Zusätzlich müssten sich deutsche Politiker deutlich zufriedener mit dem deutschen Status zeigen. Tatsächlich kann man einige diesbezügliche Evidenzen aufzeigen. Mit dem Vertrag von Locarno und dem Beitritt zum Völkerbund (und zwar direkt als ständiges Ratsmitglied) konnte Deutschland einen großen Schritt in Richtung Rückkehr in den Club der Großmächte machen und wichtige Statusmarker (zurück-)gewinnen. Wie groß das Statusdenken beim deutschen Beitritt zum Völkerbund war zeigt sich daran, dass Deutschland bemüht war seine hervorgehobene Großmachtposition zu verteidigen „indem es etwa Mitgliedsanträge anderer Mächte ablehnte. Gleichzeitig aber war es bemüht, die Führungsposition der Mittel- und Kleinstaaten zu übernehmen, um die dominierende Position Großbritanniens und Frankreichs im Völkerbund einzudämmen." (Michalka 1988, S. 317). Und – auch dies ein Beleg für den deutschen Statusanspruch und die Genugtuung diesen erreicht zu haben – in einer Rede vor deutschen Nationalisten beschrieb Stresemann die Beteiligung der tschechischen und polnischen Staatsmänner in Locarno wie folgt:

> Mr. Benes and Mr. Skrzynski had to sit there waiting in the anteroom until we let them in. That was the situation of the states that were previously coddled because they were the servants of others and that were dropped in the moment when it was believed that there could be an understanding with Germany (Steiner 2011, S. 308).[24]

Insbesondere Stresemann – der ebenso wie andere Politiker der Weimarer Politik klar das Ziel vor Augen hatte den Großmachtstatus für Deutschland wieder zu

---

[24] Umgekehrt erkannten auch die anderen Staaten, dass die Aufnahme Berlins in den ständigen Rat des Völkerbunds eine gewaltige Statuserhöhung für Deutschland (und entsprechend eine Statusverminderung für sie selbst) bedeutete und kämpften daher lange dagegen an. Dies betraf vor allem Polen, Spanien und Brasilien. Die beiden letzteren traten aus Protest sogar aus dem Völkerbund aus (Steiner 2007, S. 418–419).

erlangen – erkannte, dass dies unter den gegebenen Bedingungen andere Methoden verlangte als im 19. Jahrhundert (Hildebrand 1999, S. 551). Zentral für ihn war dabei der Verzicht auf den Versuch auf militärischem bzw. machtpolitischem Gebiet mit den Siegermächten mitzuhalten. Dazu fehlten Deutschland Stresemanns Überzeugung nach die Möglichkeiten, daher versuchte er stattdessen auf die „wirtschaftliche Macht" Deutschlands zu setzen. Aus der Militärmacht Deutschland sollte (wenn schon keine Zivilmacht) eine Wirtschaftsmacht werden (Scheil 1999, S. 70). Da sich Stresemann damit von gewissen eingeübten Ritualen verabschiedete und deutschen Status auf einem anderen Gebiet zu gewinnen trachtete, kann man sagen, dass er eine Strategie der *social creativity* (siehe Sauerland/Wolf in diesem Heft) zur Statusmaximierung verfolgte. Diese Strategie war durchaus erfolgreich. Insbesondere durch den Vertrag von Locarno ging die internationale Politik

> gleichsam automatisch in einen neuen Aggregatzustand der internationalen Beziehungen über. Mit seiner Existenz vollzog sich ein grundlegender Wandel des ‚Diktats von Versailles': Der Graben zwischen Siegern und Besiegten wurde schmaler. [...] [Es ergab sich] der politische Entschluß, sich dem [...] anvisierten Ziel zu nähern ‚als gleichberechtigter Partner in das Konzert der Mächte' zurückzukehren (Hildebrand 1999, S. 523–524).

Auch in der zweiten Phase korrespondiert das Statusargument damit durchaus mit der Revisionismusentwicklung. Die Schlechterstellung des deutschen Status, die seit dem Ende des 1. Weltkriegs von Politikern auf allen Seiten des politischen Spektrums beklagt wurde konnte durch den (Rück-)Gewinn einiger Statusmarker gelindert werden. Gleichzeitig gelang es nicht sämtliche Beschränkungen abzuwerfen und der deutsche Status konnte noch nicht wieder das Vorkriegsniveau erreichen. Entsprechend stabilisierte sich der deutsche Revisionismus in der Oppositionskategorie.

Die dritte Phase hingegen stellt das Statusargument vor Probleme. Da sich in dieser Phase der deutsche Revisionismus verhärtete und mehr dissidente Elemente beinhaltete, wäre zu erwarten, dass Deutschland einige Statusmarker wieder verloren und sich die deutsche Status Position verschlechtert hätte, beziehungsweise – in den Augen der deutschen Entscheidungsträger – deutsche Statusclaims nicht erfüllt wurden. Auf der objektiven Ebene war dies eher nicht der Fall. Deutschland blieb unverändert Mitglied im ständigen Rat des Völkerbundes. Das Rheinland wurde – später als von den Deutschen erhofft, aber früher als ursprünglich geplant – von den Alliierten geräumt. Die Reparationszahlungen unterlagen Regimen, die mit der Zeit immer günstiger für Deutschland wurden und wurden mit der Konferenz von Lausanne im Sommer 1932 endgültig abgeschafft. Das Deutsche Reich war als Großmacht re-etabliert und nahm selbstverständlich an sämtlichen internationalen Konferenzen (sei es zu Welthandel, sei es zur Abrüstung) teil. Dies war ein bedeutender Unterschied zu Phase 1, in der Berlin tatsächlich weitgehend international isoliert wurde. Eine der letzten noch-existierenden Status-Schlechterstellungen betraf den Rüstungsbereich, in dem das Deutsche Reich, durch den Versailler Vertrag, tatsächlich schlechter gestellt war als die anderen Großmächte. Diese Gleichberechtigungslücke – ohne Zweifel ein Statusargument – machten deutsche Politiker und Diplomaten in dieser Phase immer wieder geltend (Michalka 1988, S. 320). Al-

lerdings: Auch diese Bestimmungen existierten bereits seit der Unterzeichnung des Versailler Vertrages, also auch während der zweiten Phase, in der sich Deutschland weniger revisionistisch zeigte. Tatsächlich hatte Deutschland revisionspolitisch innerhalb von gerade mal einem Jahrzehnt sehr viel erreicht. Möller fast zusammen:

> Die Anerkennung der rüstungspolitischen Gleichberechtigung des Deutschen Reiches auf der Konferenz der Großmächte in Lausanne am 11. Dezember 1932 zeigte nach den Erfolgen der 1920er-Jahre, der vorzeitigen Rheinlandräumung 1930, schließlich der Streichung der Reparationen wenige Monate zuvor, daß sich das Deutsche Reich längst vor dem Machtantritt Hitlers außenpolitisch und finanzpolitisch aus den Zwängen des Systems von 1919 gelöst und konstitutiv in die europäische Ordnung reintegriert hatte. Dies bestätigte trotz ihres Mißerfolgs die zweite, seit Februar 1933 tagende Abrüstungskonferenz, die sich nicht allein um eine Begrenzung der Heeresstärken bemühte, sondern für Deutschland paradoxerweise zugleich eine Verdoppelung der Stärke des deutschen Heeres (auf 200.000 Mann) vorsehen wollte, wie es Reichskanzler Brüning schon früher vorgeschlagen hatte (Möller 1998, S. 59).

Statusstreben mag somit auch in der dritten Phase deutschen Revisionismus befeuert haben, es kann aber nicht als (alleinige) Erklärung dafür herhalten, warum dieser Revisionismus in dieser Phase deutliche radikaler war als in der zweiten, obwohl sich die deutsche Position in der Zwischenzeit keineswegs verschlechtert sondern tendenziell eher verbessert hatte. Von einer mit der ersten Phase vergleichbaren Statusdeprivation konnte jedenfalls keine Rede sein.[25]

5 Zusammenfassung – Hintergründe und Bedingungen des Revisionismus in der Weimarer Republik

Von 1919 bis 1933 (und schließlich 1939) führt keine in Radikalität und Dissidenz gleichförmig lineare oder gar exponentiell ansteigende Linie. Viel mehr ist der Verlauf einer rechtssteilen U-Kurve erkennbar: Die anfänglich extreme Ablehnung der internationalen Ordnung nahm in den 1920er-Jahren zunächst merklich ab und erreichte einen Tiefpunkt mit der Unterzeichnung des Locarno-Vertrags und dem deutschen Beitritt zum Völkerbund. Wichtig ist dabei allerdings zu beachten, dass sich damit niemals ein Übergang zur Affirmation und zur positiven Evaluierung des Status quo der internationalen Ordnung verbunden hat. Der größte Unterschied zwischen der (am wenigsten revisionistischen) Phase 2 und den anderen beiden Phasen betrifft demnach nicht die revisionistischen Ziele, sondern die eingesetzten Mittel. „Was die Vertreter einer Politik des Ausgleichs charakterisierte, waren – und dies ist in der Tat wichtig genug, obschon oft gering geschätzt – vor allem die Me-

---

[25] Allerdings kann nicht ausgeschlossen werden, dass die deutschen Status*ansprüche* in dieser Phase (und spätestens unter der Hitler-Regierung) deutlich angestiegen sind (für gestiegene und anders gelagerte Statusansprüche gegen Ende der Weimarer Republik vgl. Hildebrand 1999, S. 610; Graml 2001). Dafür finden sich in der Tat einige Belege. Ob allerdings diese Äußerungen intrinsischer oder eher instrumenteller Natur waren, ist – im Gegensatz zu dem objektiven Zugewinn an Statusmarkern – fraglich.

thoden" (Krüger 1985, S. 43). Aber auch die Ziele selbst zeigten bereits gewisse Unterschiede. Waren diese in ihrer Breite und Tiefe in der ersten Phase noch auf die unmittelbare Korrektur von als untragbar empfundenen Bestimmungen des Versailler Vertrages bezogen, so verbreiteten und vertieften sie sich schon zur Zeit der Präsidialkabinette. Dennoch verblieben sie auch in der dritten Phase noch in den Bahnen bekannter deutscher Großmachtpolitik.

5.1 Lateraler Druck und Status als Entstehungsbedingungen revisionistischer Großmachtpolitik

Die beiden in unserem Projekt im Vordergrund stehenden unabhängigen Variablen weisen für den Fall der Weimarer Republik eine unterschiedliche Erklärungskraft auf (siehe Abb. 5). Lateraler Druck – so wie er von den Urhebern der Theorie verstanden wird – existiert nicht oder nur in geringem Maße. Allerdings existieren allgemeinere wirtschaftliche Probleme, deren Auftreten bzw. Heftigkeit durchaus mit der Revisionismusausprägung korrespondiert. Dagegen spielte die Statusdeprivation, der das Deutsche Reich seit der Niederlage im Weltkrieg und dem Vertrag von Versailles unterlag über den gesamten Untersuchungszeitraum eine große Rolle und wurde regelmäßig von Politikern aller Lager und bis in die höchste Ebene hinein betont (Indikator 3, 3a und 3aa aus Sauerland/Wolf in diesem Heft): Dies begann bereits zu Beginn der Weimarer Republik als sich Deutschland nicht mehr als Großmacht betrachtet fühlte und als die Alliierten sich zudem weigerten anzuerkennen, dass die Weimarer Republik ein neues Deutschland war (das frustrierte vor allem die demokratischen Parteien) sondern der Republik die moralische (und materielle) Schuld des Kaiserreichs aufbürdete.

Mit der Entspannungspolitik Stresemanns und dem ent-radikalisierten oppositionellen Revisionismus ging auch eine Statusaufwertung einher. Stresemann versuchte diese noch zu verstärken, indem er im Rahmen einer Politik der *social mobility* und *social creativity* versuchte Deutschland als Wirtschaftsmacht neu aufzustellen und etwa durch den Beitritt zum Völkerbund (als ständiges Mitglied des Völkerbundrats) Statusmarker anstrebte und tatsächlich erwerben konnte (Indikator 1 aus Sauerland/ Wolf in diesem Heft). Der sich wiederum radikalisierende Revisionismus in der dritten Phase kann dagegen allenfalls teilweise mit der Statusvariable erklärt werden. Objektiv gesehen hatte sich der deutsche Status im Vergleich zu den ersten bei-

Untersuchungsperiode	Ausprägung der AV	Erklärungskraft der unabhängigen Variable					
		lateraler Druck			Statusmismatch		
		niedrig	mittel	hoch	niedrig	mittel	hoch
1919-1923	Dissidenz	√					√
1924-1928	Opposition	√					√
1930-1933	Dissidenz	√				√	

Abb. 5 Ausprägung der abhängigen und Erklärungskraft der unabhängigen Variable. Quelle: Eigene Darstellung

 Springer

den Phasen (etwa durch den Wegfall der Reparationen) sogar deutlich verbessert.[26] Eine Mäßigung der revisionistischen Politik ging damit jedoch nicht einher. Gleichzeitig führten sowohl die Präsidialkabinette angebliche Statusansprüche (etwa auf militärische Gleichberechtigung) immer wieder ins Feld. Daraus kann geschlossen werden, dass (empfundene) Statusdeprivationen besonders nachhaltig sind, so dass die – ohne Zweifel existenten – Kränkungen aus dem Versailler Vertrag noch immer nachwirkten und/oder, dass sich Verweise auf einen wie auch immer gearteten Statusanspruch besonders gut eignen, um revisionistische Politik (nach innen und nach außen) zu legitimieren.

5.2 Weitere Erkenntnisse: Ordnung, Machtverteilung, Analyselevel

Neben den in dieser Untersuchung im Vordergrund stehenden Variablen des lateralen Drucks und der (unerfüllten) Statusansprüche, zeigen sich im Fall der Weimarer Republik noch einige weitere Faktoren, die zur Erklärung ihres Revisionismus von Bedeutung sind und die dementsprechend auch ein Rolle für eine breiter verstandene Revisionismusforschung haben sollten.

Zunächst muss diesbezüglich auf die Ordnung von Versailles selbst hingewiesen werden. Nicht nur war diese tatsächlich mindestens zu einem großen Teil *gegen* Deutschland gerichtet, so dass ein deutscher Revisionswunsch durchaus verständlich erscheint; sie war zudem auch insgesamt international keineswegs durchgehend anerkannt, so dass Opposition, ja sogar Dissidenz gegen sie nicht auf dasselbe Maß von Verurteilung stießen, wie dies bei einer allgemein positiver evaluierten Ordnung der Fall gewesen wäre. Vor diesem Hintergrund scheint die Entwicklung eines deutschen Revisionismus weniger überraschend.

Zweitens spielt auch die deutsche Machtposition eine Rolle. Unabhängig von der vorhandenen dissident-revisionistischen Einstellung war es dem Deutschen Reich während des Untersuchungszeitraums schlicht nicht möglich großflächig internationale Dissidenz zu zeigen. Das wird umso deutlicher, wenn man die deutsche Machtposition nicht isoliert sondern im Vergleich zu anderen Mächten betrachtet: Zwar hatten sich die Militärallianzen des 1. Weltkriegs nach Kriegsende aufgelöst, aber das bedeutete nicht, dass die Verbindungen keine Rolle mehr spielten. Während sich die USA wieder ihrem Isolationismus verschrieben, das bolschewistische Russland zum Außenseiter wurde und Italien sich – obwohl selbst eine Siegermacht – um die Früchte des Sieges betrogen fühlte und selbst ebenfalls zu einer revisionistischen Macht wurde, blieb der Kern der Entente – die Beziehung zwischen Großbritannien und Frankreich – weitgehend intakt.[27] Das Reich auf der anderen Seite hatte keine verlässlichen Verbündeten: Österreich-Ungarn, sein wichtigster Alliierter vor und im 1. Weltkrieg wurde als Folge des Krieges in seine Einzelteile zerlegt; das

---

[26] Allerdings könnte man vermuten, dass auf deutscher Seite die Entspannungspolitik Stresemann – und damit eine Vorleistung Deutschlands – als von den Alliierten nicht genug gewürdigt angesehen wurde (Indikator 5 aus Sauerland/Wolf in diesem Heft).

[27] Das heißt keineswegs, dass es keine Meinungsverschiedenheiten zwischen Paris und London gegeben hätte. Dies gab es zuhauf auch und gerade bezüglich des angemessenen Umgangs mit Deutschland. Dennoch hätte sich eine klare deutsche Aggression gegen die international Ordnung ohne Zweifel mit beiden Siegermächten des 1. Weltkrieges auseinandersetzen müssen, wie sich 1939 dann auch zeigte.

übriggebliebene Deutsch-Österreich stellte keinen eigenständigen Machtfaktor dar. Die Sowjetunion wurde zwar als Partner umworben, um die deutsche Isolation zu Beginn der 1920er-Jahre zu überwinden; aber Moskaus Politik die Weltrevolution anzustreben und kommunistische Aufstände in allen kapitalistischen Staaten zu unterstützen verhinderte eine engere Verbindung und allzu großes Vertrauen. Das faschistische Italien wiederum wurde erst zum Partner nachdem die Nationalsozialisten in Deutschland die Macht übernommen hatten.[28] Erkennt man an, dass Deutschland nicht allein Großbritannien als stärkster Macht gegenüberstand, sondern mindestens auch Frankreich (und auch noch zahlreichen kleineren europäischen Mächten) und dass es selbst wiederum ohne Verbündete dastand relativiert sich die deutsche Machtposition deutlich. In den 1920er-Jahren war die Weimarer Republik also niemals in einer Position den Status quo ernsthaft herausfordern zu können und konnte weder hoffen diese Unterlegenheit durch eigene Verbündete auszugleichen noch Frankreich und Großbritannien auseinander zu dividieren (Churchill 2003, S. 24; Graml 2001, S. 24; Meyer 1988, S. 330). Das schlägt sich auch in Zahlen nieder: Unabhängig davon, ob man CINC-Daten oder das GDP verwendet, Deutschland war in der Weimarer Zeit immer deutlich schwächer als die Kombination der beiden wichtigsten Verteidiger des Status quo, Großbritannien und Frankreich (Abb. 6).

Entsprechend konnte sich die Weimarer Republik offen dissident-revisionistische Politik (im Gegensatz zu einer dissident-revisionistischen Einstellung) kaum leisten.[29] Vielleicht hätte die starke Status-Deprivation in der ersten Phase daher zu noch viel stärkerer Dissidenz geführt und Deutschland in der zweiten Phase auch weniger Notwendigkeit gesehen sich eher in der Opposition zu stabilisieren, wenn die Machtverhältnisse für Deutschland günstiger gewesen wären.

Drittens schließlich zeigt der Fall, dass die Forschung zu internationalem Revisionismus ein breites Akteursfeld analysieren sollten: In der vorliegenden Untersuchung lag der Schwerpunkt der Analyse auf der jeweiligen Regierung und ihrem Handeln. Dementsprechend konnte Mitte der 1920er-Jahre – unter Stresemann – eine gewisse Stabilisierung der deutschen Außenpolitik im Oppositionsbereich festgestellt werden. Dieser Fokus jedoch birgt die Gefahr wichtige Differenzierungen zu verwischen. So gab es selbst in der zweiten Phase wichtige Akteure[30], die der deutschen Außenpolitik und der Stresemannschen Entspannungspolitik reserviert bis feindlich

---

[28] Mussolini strebte eine gegen den Status quo gerichtete Partnerschaft bereits früher an. Doch Berlin lehnte die römischen Offerten mit Blick auf die Schwäche der revisionistischen Mächte ab. Bernhard von Bülow, Staatssekretär im Außenministerium und selbst ein entschiedener Revisionist, der nach Stresemanns Tod dazu beitrug auch dessen Politik zu begraben, sprach sich explizit gegen eine solches Bündnis aus und nannte Italien und seine Partner einen „Club der Lahmen und Blinden" (Graml 2001, S. 44).

[29] Erst in den 1930er-Jahren, als gemäß der hier gewählten Machtindikatoren die deutsche Macht stark anstieg und revisionistische Partner (Japan, Italien und zeitweise auch die Sowjetunion) gewonnen werden konnten, war es dem Dritten Reich möglich seine dissident-revisionistische Einstellungen auch tatsächlich auszuleben (siehe auch Recker 2010, S. 47).

[30] Davon abgesehen musste selbst ein Außenminister, der auf Kooperation mit den Nachbarstaaten ausgerichtet war, stets die Meinungen des „Mannes auf der Straße" und der Stammtische berücksichtigen, die oftmals deutlich starker revisionistisch waren als die der Regierung selbst (Broszat 1994, S. 76; Krüger 1985, S. 80).

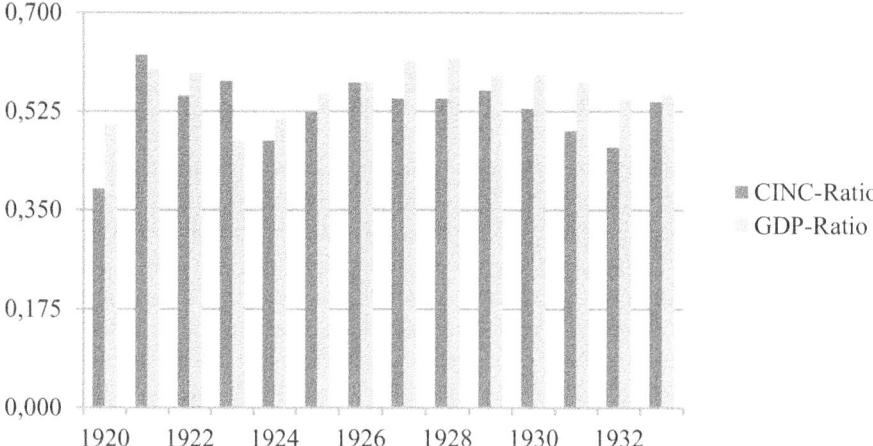

Abb. 6 Machtverhältnis zwischen dem Deutschen Reich einerseits und Großbritannien und Frankreich andererseits 1920–1935 (CINC und GDP). Quelle: Eigene Darstellung auf Basis der Daten von Maddison (2010) (GDP) und dem Correlates of War – National Material Capabilities Dataset (CINC), http://www.correlatesofwar.org/data-sets/national-material-capabilities; 30.11.2016

gegenüberstanden, so etwa die Reichswehr[31], der Reichspräsident (seit 1925 der frühere Generalfeldmarschall Paul von Hindenburg) und rechte politische Parteien, wie die DNVP, die zwischen 1924 und 1930 die zweitstärkste politische Kraft im Reichstag darstellte (Mommsen 2009, S. 252–253).[32] Waren sich die deutschen Parteien in ihrer Ablehnung der Versailler Ordnung kurz nach dem Ende des 1. Weltkrieges noch sehr einig, so zeigte sich doch sehr bald eine gewisse Binnendifferenzierung. Grob gesagt: Je extremer rechts eine Partei oder eine Person stand, desto weniger war sie bereit die bestehende Ordnung auch nur als Ausgangspunkt für zukünftige Revisionen anzuerkennen.[33] In der Mitte und auf der demokratischen linken Seite des politischen Spektrums war die Bereitschaft höher innerhalb der Ordnung zu arbeiten (vgl. Krüger 1985, S. 109).[34] Es könnte daher sein, dass (empfundene) Status-Deprivation auf verschiedene Akteure eine unterschiedlich starke Wirkung hat. Es ist dementsprechend – gerade in einer Demokratie, in der Regierungen regelmäßig

---

[31] Es blieb – über die gesamte Dauer der Weimarer Republik – ein erklärtes Ziel der Reichswehrführung, „die verlorene weltpolitische Stellung des Deutschen Reiches auf dem Kontinent wiederzugewinnen, falls notwendig sogar unter Einsatz militärischer Machtmittel" Michalka (1988, S. 312). So verfolgte die Reichswehr schon früh Revisionsziele, die von der offiziellen Politik erst unter den Präsidialkabinetten Fuß fassen konnten (Hildebrand 1999, S. 562–563).

[32] Seit der Reichstagswahl von 1930 erhielt die DNVP sukzessive weniger Stimmen und ihr Platz wurde zunehmend von der noch deutlich radikaleren NSDAP eingenommen.

[33] Das gilt vor allem für die extreme Rechte, aber auch die Kommunisten kritisierten Stresemanns Annäherung an das Versailler System lautstark (Niedhart 2012, S. 21).

[34] Wobei nur wenige Akteure so weit gingen wie der frühere Reichskanzler Scheidemann, der – auch unter Stresemanns Protest – öffentlich im Reichstag deutsche Verstöße gegen den Versailler Vertrag anprangerte (Mommsen 2009, S. 301).

wechseln und viele verschiedene Gruppierungen um Einfluss buhlen – verkürzend von „dem" Revisionismus eines bestimmten Staates zu sprechen.

5.3 Ausblick: Totale Dissidenz des Dritten Reiches

Mit der Machtübernahme der Nationalsozialisten änderte sich der deutsche Revisionismus kategorial. War während der gesamten Phase der Weimarer Republik ein oppositioneller Revisionismus (mit einzelnen dissidenten Einsprengseln) vorherrschend, so war das Dritte Reich ebenso eindeutig dissident. Mit dem Austritt aus dem Völkerbund (der immerhin noch in dessen Regularien vorgesehen war und somit als oppositionell gewertet werden kann), der Wiederbewaffnung, dem Einmarsch in das Rheinland, dem Anschluss Österreichs, der Abtrennung des Sudetenlands und schließlich der Zerschlagung der „Resttschechei", machte das Deutsche Reich bereits vor dem Einmarsch in Polen, seine Ablehnung der bestehenden internationalen Ordnung ebenso deutlich, wie seine Bereitschaft das Ziel der Revision dieser Ordnung durch eindeutige Regelbrüche zu vollziehen.[35] Die revisionistischen Ziele, die „Weltmacht oder Untergang", einen eigenen Großraum in Mitteleuropa und gewaltigen Lebensraum im Osten postulierten, gingen in Breite und Tiefe deutlich über den Weimarer Revisionismus hinaus, der letztendlich zum Status quo des Jahres 1914 zurückwollte (Wendt 1987, S. 68–69; Hildebrand 1999, S. 779). Diese Ziele standen bereits frühzeitig fest, sie sind nicht nur nachzulesen im politischen Programm der NSDAP und in Hitlers Buch „Mein Kampf" (Piper 2012, S. 42; Recker 2010, S. 5), sondern wurden nach der Regierungsübernahme im engsten Zirkel der Macht – u. a. vor der Spitze der Reichswehr[36] – dargelegt.[37] Die – sich mehr und mehr auch in aktiven Handlungen niederschlagende – zunehmende außenpolitische Dissidenz Deutschlands unter der NS Regierung erscheint daher in gewisser Weise überdeterminiert und wenig beeinflusst von Faktoren die dem Regime und seiner Ideologie nicht immanent waren.[38] Das Dritte Reich kann daher nicht verstanden werden, als aufsteigende Macht, die zu einem bestimmten Zeitpunkt aufgrund von bestimmten Entwicklungen dissident *wurde*. Vielmehr handelt es sich um eine von Beginn an dissidente Macht, die einen gewaltigen Aufstieg erlebte und ihre revisionistisch-dissidenten Ziele, die sehr viel breiter und auch tiefer waren als die Ziele selbst der dissidentesten Phase der Weimarer Republik, in dem Maße verwirklichte, wie sie die dafür nötige Machtstufe erreichte.

---

[35] Die Praxis, den Regelbruch immer wieder mit freundlichen Worten zu begleiten und den anderen Mächten seine Friedensliebe zu beteuern, kann dies ebenso wenig verdecken, wie die nach innen hin für einige Zeit zur Schau gestellte Friedensliebe.

[36] „Adolf Hitler, Rede vor den Spitzen der Reichswehr, 3. Februar 1933", in: http://www.1000dokumente. de/pdf/dok_0109_hrw_de.pdf; 30.11.2016.

[37] Auch in einer Rede am 13. November 1930 sprach Hitler sein Verständnis von internationaler Politik öffentlich aus: „Jedes Wesen strebt nach Expansion und jedes Volk strebt nach der Weltherrschaft" (zitiert nach Hildebrand 1999, S. 666).

[38] Die Zentralität der Idee einer „germanischen Herrenrasse" (Wenzel 2010) macht indes deutlich, dass das Denken in Statuskategorien auch den Nationalsozialisten nicht fremd war.

5.4 Fazit

Das Deutsche Reich stellt insofern einen Sonderfall dar, als es gewissermaßen revisionistisch geboren und – zumindest zunächst – tatsächlich von der internationalen Ordnung benachteiligt wurde. Es ist also nicht, ein idealtypischer „unzufriedener Gewinner". Dennoch ergeben sich aus der Analyse dieses Falls interessante Ergebnisse. Der laterale Druck spielt bei der Erklärung dieses Revisionismus eine relativ geringe, der Status eine bedeutende Rolle (siehe Abb. 5). Darüber hinaus aber deutet die Beschäftigung mit der Weimarer Republik auf die Bedeutung internationaler Machtverhältnisse und innenpolitischer Akteurskonstellationen hin und nicht zuletzt darauf, dass *intrinsisch* dissidente Akteure wie die Nationalsozialisten unabhängig (und teilweise entgegen) von wirtschaftlichem Druck und konkreten Statusdeprivationen, ihrer Ideologie oder politischem Programm folgend dazu in der Lage sind, revisionistische Ziele zu verbreiten und zu vertiefen und den Übergang zu eindeutig dissidenter Politik zu vollziehen.

Literatur

Bergmann, C. (1926). *Der Weg der Reparation. Von Versailles über den Dawesplan zum Ziel.* Frankfurt am Main: Frankfurter Societäts-Druckerei.

Böckenförde, E.-W. (1988). Der Zusammenbruch der Monarchie und die Entstehung der Weimarer Republik. In K. D. Bracher, M. Funke & H.-A. Jacobsen (Hrsg.), *Die Weimarer Republik 1918–1933. Politik, Wirtschaft, Gesellschaft* (S. 17–43). Bonn: Bundeszentrale für Politische Bildung.

Broszat, M. (1994). *Die Machtergreifung. Der Aufstieg der NSDAP und die Zerstörung der Weimarer Republik (Deutsche Geschichte der neuesten Zeit vom 19. Jahrhundert bis zur Gegenwart).* München: Deutscher Taschenbuch Verlag.

Choucri, N., & North, R. C. (1975). *Nations in conflict – national growth and international violence.* San Francisco: Freeman.

Choucri, N., & North, R. C. (1989). Lateral pressure in international relations: concept and theory. In M. I. Midlarsky (Hrsg.), *Handbook of war studies* (S. 289–326). Boston: Unwin Hyman.

Churchill, W. (2003). *Der Zweite Weltkrieg.* Frankfurt am Main: Fischer Taschenbuch Verlag.

Gellinek, C. (2006). *Philipp Scheidemann. Gedächtnis und Erinnerung.* Münster: Waxmann.

Graml, H. (2001). *Zwischen Stresemann und Hitler. Die Außenpolitik der Präsidialkabinette Brüning, Papen und Schleicher.* Schriftenreihe der Vierteljahrshefte für Zeitgeschichte, Bd. 83. München: Oldenbourg.

Grupp, P. (1988). Vom Waffenstillstand zum Versailler Vertrag – Die außen- und friedenspolitischen Zielvorstellungen der deutschen Reichsführung. In K. D. Bracher, M. Funke & H.-A. Jacobsen (Hrsg.), *Die Weimarer Republik 1918–1933. Politik, Wirtschaft, Gesellschaft* (S. 285–302). Bonn: Bundeszentrale für Politische Bildung.

Hildebrand, K. (1999). *Das vergangene Reich – Deutsche Außenpolitik von Bismarck bis Hitler.* Berlin: Ullstein.

Kolb, E. (1988). Internationale Rahmenbedingungen einer demokratischen Neuordnung in Deutschland 1918/19. In K. D. Bracher, M. Funke & H.-A. Jacobsen (Hrsg.), *Die Weimarer Republik 1918–1933. Politik, Wirtschaft, Gesellschaft* (S. 257–284). Bonn: Bundeszentrale für Politische Bildung.

Krüger, P. (1985). *Die Aussenpolitik der Republik von Weimar.* Darmstadt: Wissenschaftliche Buchgesellschaft.

Layne, C. (1996). Kant or Cant – the myth of the democratic peace. In M. Brown, S. M. Lynn-Jones & S. E. Miller (Hrsg.), *Debating the democratic peace – an international security reader* (S. 157–201). Cambridge: MIT Press.

Maddison, A. (2010). Historical statistics of the world economy: 1–2006 AD. http://www.ggdc.net/maddison/Historical_Statistics/horizontal-file_02-2010.xls. Zugegriffen: 29.11.2016.

Meyer, G. (1988). Die Reparationspolitik – Ihre außen- und innenpolitischen Rückwirkungen. In K. D. Bracher, M. Funke & H.-A. Jacobsen (Hrsg.), *Die Weimarer Republik 1918–1933. Politik, Wirtschaft, Gesellschaft* (S. 327–342). Bonn: Bundeszentrale für Politische Bildung.

Michalka, W. (1988). Deutsche Außenpolitik 1920–1933. In K.D. Bracher, M. Funke & H.-A. Jacobsen (Hrsg.), *Die Weimarer Republik 1918–1933. Politik, Wirtschaft, Gesellschaft* (S. 303–326). Bonn: Bundeszentrale für Politische Bildung.

Möller, H. (1998). *Europa zwischen den Weltkriegen.* Oldenbourg Grundriss der Geschichte, Bd. 21. München: Oldenbourg.

Mommsen, H. (2009). *Aufstieg und Untergang der Republik von Weimar. 1918–1933.* Berlin: Ullstein.

Niedhart, G. (2012). *Die Aussenpolitik der Weimarer Republik.* München: Oldenbourg.

Piper, E. (2012). *Nationalsozialismus. Seine Geschichte von 1919 bis heute.* Bd. 1255. Bonn: Bundeszentrale für Politische Bildung.

Recker, M.-L. (2010). Die Aussenpolitik des Dritten Reiches. München: Oldenbourg.

Scheil, S. (1999). *Logik der Mächte. Europas Problem mit der Globalisierung der Politik : Überlegungen zur Vorgeschichte des Zweiten Weltkrieges.* Berlin: Duncker & Humblot.

Schmidt, S., Hellmann, G., & Wolf, R. (2007). Deutsche Außenpolitik in historischer und systematischer Perspektive. In S. Schmidt, G. Hellmann & R. Wolf (Hrsg.), *Handbuch zur deutschen Aussenpolitik* (S. 15–46). Wiesbaden: Verlag für Sozialwissenschaften.

Steiner, Z. (2007). *The lights that failed. European international history, 1919–1933 (Oxford history of modern Europe).* Oxford: Oxford University Press.

Steiner, Z. (2011). *The triumph of the dark. European international history, 1933–1939 (Oxford history of modern Europe).* Oxford: Oxford University Press.

Tammen, R.L., Kugler, J., Lemke, D., Stamm, A.C. III, Abdollahian, M., Alsharabati, C., Efrid, B., & Organski, A.F.K. (2000). *Power transitions: strategies for the 21st century.* New York: Seven Bridges Press.

Wendt, B.J. (1987). *Grossdeutschland. Aussenpolitik und Kriegsvorbereitung des Hitler-Regimes (Deutsche Geschichte der neuesten Zeit vom 19. Jahrhundert bis zur Gegenwart).* München: Deutscher Taschenbuch Verlag.

Wenzel, M. (2010). Germanische Herrenrasse. In W. Benz (Hrsg.), *Begriffe, Theorien, Ideologien* Handbuch des Antisemitismus. Judenfeindschaft in Geschichte und Gegenwart, Bd. 3 Berlin: De Gruyter.

Wirsching, A., & Eder, J. (2008). *Vernunftrepublikanismus in der Weimarer Republik. Politik, Literatur, Wissenschaft.* Stuttgart: Steiner.

Wright, J. (1995). Stresemann and Locarno. *Contemporary European History, 4*(2), 109–131.

Z Außen Sicherheitspolit (2016) (Suppl 1) 10:123–141
DOI 10.1007/s12399-016-0600-2

ZFAS   CrossMark

Japans Statusfrustration und der radikale Bruch mit der Ordnung der Zwischenkriegszeit

Reinhard Wolf

Online publiziert: 13. Dezember 2016
© Springer Fachmedien Wiesbaden 2016

Zusammenfassung Japans Außenpolitik machte zwischen den Weltkriegen einen tiefgreifenden Wandel durch: während Tokio in den zwanziger Jahren noch eine tragende Rolle bei der Sicherung des Status quo spielte, forderte es in den dreißiger Jahren die etablierte Ordnung aggressiv heraus. Dieser Bruch ist nicht damit zu erklären, dass Japans wirtschaftliche Entwicklung durch Engpässe behindert wurde, die eine Revision der bestehenden Ordnung erfordert hätten. Entscheidend war vielmehr die wachsende Wahrnehmung, dass Japan die internationale Statusposition verwehrt wurde, die es nach Ansicht seiner Eliten verdiente.

Schlüsselwörter Japan · Revisionismus · Zwischenkriegszeit · Status · Lateraler Druck · Anerkennung · Rohstoffe

Japan's Frustrated Status Ambitions and its Radical Break with the Interwar International Order

Abstract In the interwar period Japan's foreign policy changed profoundly. Whereas during the 1920s Japan had contributed to the stabilization of the status quo, it aggressively challenged the established order in the following decade. This momentous shift cannot be explained by economic bottlenecks that might have arrested Japan's further development and thus could have motivated revisionist policies. Instead, it was caused by a growing feeling that Japan was denied the status that national elites deemed its due.

Prof. Dr. R. Wolf (✉)
PEG-Gebäude, Goethe-Universität Frankfurt am Main, Theodor-W. Adorno Platz 6, 60323 Frankfurt, Deutschland
E-Mail: wolf@soz.uni-frankfurt.de

 Springer

Keywords Japan · Inter-war period · Power shifts · Revisionism · Status · Lateral pressure

1 Einleitung

Das Japan der Zwischenkriegszeit ist ein klassischer Fall für eine aufsteigende Großmacht, die offen revisionistisch wird. Das Kaiserreich hatte mit Beginn der Meiji-Restauration ein präzedenzloses Modernisierungsprogramm in Angriff genommen, das es innerhalb von nur vier Jahrzehnten befähigte, ein attraktiver Bündnispartner für Großbritannien, die dominante Macht im internationalen System, zu werden. Die Reformer hatten ihrem Land dazu die Bereitschaft abverlangt, Erkenntnisse und Errungenschaften des überlegenen Westens umfassend zu analysieren und für die eigenen Zwecke zu adaptieren. Japan konnte so innerhalb kürzester Zeit eine Entwicklung nachholen, für die die europäischen Mächte mehrere Jahrhunderte gebraucht hatten. Es wurde rasch zu einer Industriemacht, die bald schon eine wichtige Rolle im ostasiatischen Regionalsystem spielen konnte. Nach dem Ersten Weltkrieg setzte sich diese rasante Entwicklung nahezu ungebrochen fort. Die Weltwirtschaftskrise traf dann zwar auch Japan empfindlich, aber doch weniger stark und nicht so nachhaltig wie die angelsächsischen Mächte. Vor allem die USA benötigten deutlich länger, um auf einen Wachstumspfad zurückzukehren. Infolgedessen trug die Depression sogar dazu bei, dass sich Japans wirtschaftlicher und technologischer Rückstand weiter verringerte.

In seiner Außenpolitik legte das Kaiserreich bald schon seine isolationistische, defensive Orientierung ab und wurde zu einem aktiven Mitgestalter der regionalen Ordnung, um dann in den 1930er-Jahren zu einem dissidenten Revisionisten zu mutieren. In den ersten Jahrzehnten der Restaurationsperiode war Japan noch überwiegend damit beschäftigt, eine Kolonialisierung durch den Westen zu verhindern. Dies gelang weitgehend, weil es nur zu „ungleichen Verträgen" gezwungen wurde und einer direkten Okkupation entging. Gegen Ende des 19. Jahrhunderts konnte es dann sogar selbst zur Kolonialmacht werden. Im Zuge der erfolgreichen Kriege gegen China, Russland und das deutsche Kaiserreich gelang es ihm zunehmend territoriale Gewinne auf dem Festland und im Westpazifik zu erringen. Mit dem Ende des Ersten Weltkriegs kam dieser expansive Trend einstweilen zu einem Abschluss, weil die neue internationale Ordnung gewaltsame Landnahme untersagte. Auch Japan wurde im ersten Jahrzehnt des Völkerbunds politisch zu einer Status quo-Macht, die auf friedliche ökonomische Expansion setzte. Anfang der 1930er-Jahre erfolgte jedoch ein abrupter Kurswechsel: Das Kaiserreich wandte sich offen gegen die Ordnung, indem es die gewaltsame Expansion auf dem Festland wiederaufnahm und den Völkerbund verließ. Im Laufe des Jahrzehnts radikalisierte sich dieser dissidente Revisionismus zunehmend in einen großangelegten Eroberungsfeldzug in China und Indochina, der schließlich in den offenen Krieg gegen die Westmächte mündete.

Die Analyse wird zeigen, dass dieser einschneidende Wandel weitaus besser mit japanischen Statuserwartungen erklärt werden kann als mit der Theorie des lateralen Drucks. Letzterer war in der gesamten Zwischenkriegszeit relativ gering. Echte wirtschaftliche Engpässe waren die gesamte Zeit über kaum zu beobachten. Japan

war zwar in hohem Maße abhängig von Rohstoffeinfuhren, Kapitalimporten und Warenexporten. Die ökonomische Verflechtung mit dem Ausland konnte im Rahmen der bestehenden Ordnung aber kooperativ gestaltet werden. Die dominanten Konzerne, die auch politisch sehr einflussreich waren, wandten sich daher dezidiert gegen militärische Abenteuer, die ihre lukrativen Geschäftsbeziehungen gefährdet hätten. Die treibenden Kräfte hinter der gewaltsamen Expansion waren vielmehr nationalistische Militärs und Zivilisten, die mit Japans internationalem Status besonders unzufrieden waren. Mit Beginn der 1930er-Jahre fand ihre radikale Position immer mehr Unterstützung, als mehr und mehr Japaner zu der Überzeugung gelangten, dass die Westmächte auf lange Sicht immer eine diskriminierende Haltung einnehmen würden, die die echte Gleichberechtigung eines asiatischen Landes verhindere. Weiterer Aufstieg, so schien es einer wachsenden Zahl der Japaner, war durch friedliche Zusammenarbeit nicht länger zu erreichen. Japan würde ein zweitklassiges Land bleiben, wenn es nicht endlich seine „Unterwürfigkeit" gegenüber den rassistischen „Lehrmeistern" aus dem Westen ablege.

2 Die internationale Ordnung der Zwischenkriegszeit

Auch nach dem Ersten Weltkrieg wurde die internationale Ordnung weitgehend von der Interaktion der Großmächte geprägt. Allerdings wurden deren Beziehungen stärker institutionalisiert als jemals zuvor, denn das klassische Mächtekonzert hatte bei der Kriegsverhinderung offenbar eklatant versagt. Mit dem Völkerbund und dem Washingtoner Vertragssystem versuchten die westlichen Staaten ein Geflecht aus Normen, Regel und Verfahren zu schaffen, das im Interesse des Friedens nationale Handlungsfreiheiten und egoistische Interessenpolitik einschränken sollte. Diese Reformbemühungen überraschten und irritierten die japanische Führung zunächst, schienen sie doch darauf ausgerichtet, einen status quo festzuschreiben, der einseitig die etablierten Mächte begünstigte (Iriye 1974, S. 240–241). Bald schon realisierte Tokyo jedoch, dass die Staaten Europas und Nordamerikas damit tatsächlich eine friedlichere und stabilere Ordnung errichten wollten, und bemühte sich zunehmend darum, die „neuen Spielregeln" zum eigenen Vorteil anzuwenden.

Die Hauptprinzipien des Genfer Bundes bestanden in der Verdrängung des Krieges durch Schiedsgerichtsbarkeit, internationale Gerichtsbarkeit und Vermittlung nach dem Grundsatz der Kollektiven Sicherheit. Im Artikel 12 der Satzung verpflichteten sich die Mitgliedsstaaten, jede Auseinandersetzung, die zu einem Bruch („rupture") führen könnte, einem Schiedsgericht, einem zuständigen Gericht oder dem Völkerbundsrat zur Beurteilung vorzulegen, sowie dazu, keinen Krieg zu beginnen, ehe nicht drei Monate seit der entsprechenden Entscheidung vergangen waren. Im Falle einer Missachtung dieses Gebots waren die Mitglieder verpflichtet, die territoriale Integrität und politische Unabhängigkeit des angegriffenen Partners zu schützen. Artikel 16 gebot jedem Mitgliedstaat unter diesen Umständen sofortige Maßnahmen zur Unterbrechung sämtlicher privater, finanzieller und kommerzieller Beziehungen mit dem Aggressor. Hinzu kamen die Verpflichtung der Mitglieder zum „uneingeschränkten Informationsaustausch" über Rüstungsstand und militärische Beschaffungsprogramme sowie das Bekenntnis zur Abrüstung. Bedeutsam aus

japanischer Sicht war auch die offizielle Abkehr vom Imperialismus, an dessen Stelle Völkerbundsmandate treten sollten, die die bisherigen Kolonialmächte „übergangs-weise" mit der Verwaltung ihrer überseeischen Territorien betrauten.

Mindestens ebenso wichtig für die Ordnung im Fernen Osten sollte das Vertrags-system werden, das 1922/23 auf einer Konferenz in Washington vereinbart wurde – zum einen weil es im Gegensatz zum Völkerbund auch die USA miteinbezog, zum anderen weil es das maritime Wettrüsten begrenzte und die Beziehungen der Mächte zu China normierte. Letzteres erlebte in den 1920er-Jahren fortwährende Auseinandersetzungen zwischen Warlords und war zudem noch geschwächt durch die „ungleichen Verträge", in denen sich die westlichen Mächte und Japan u. a. extra-territoriale Gerichtsbarkeit für ihre Staatsangehörigen und Stationierungsrech-te für ihre Streitkräfte ausbedungen hatten. Der Neun-Mächte-Vertrag verpflichtete die Mächte auf eine Politik der offenen Tür und verbot ihnen, in China exklusive Interessensphären zu schaffen. Ihre existierenden Sonderrechte blieben jedoch be-stehen und damit zunächst auch das gemeinsame Interesse, ihre Aufweichung durch chinesische Emanzipationsbestrebungen zu verhindern. Spannungen zwischen den privilegierten Vertragsmächten sollten u. a. durch Konsultationen im Bedarfsfall und durch maritime Rüstungsbegrenzung unterbunden werden. Letztere regelte der Fünf-Mächte-Vertrag zwischen Frankreich, Italien, Großbritannien, Japan und den USA. Er sah Tonnage-Obergrenzen für die wichtigsten Schiffsklassen vor und legte bei der Gesamttonnage der Schlachtschiffe, Schlachtkreuzer und Flugzeugträger natio-nale Obergrenzen fest. Für die drei führenden Seemächte Großbritannien, USA und Japan wurde ein zahlenmäßiges Verhältnis von 5-5-3 vereinbart, das schon damals von Teilen der japanischen Marine harsch kritisiert wurde.

3 Beobachtungspunkte: Kontinuität und Wandel in der Japanischen Ordnungspolitik

Japans Politik zwischen den Weltkriegen lässt sich relativ klar in zwei Phasen ein-teilen: Im ersten Jahrzehnt verhielt sich das Kaiserreich kooperativ und versuchte im Rahmen der neu etablierten Ordnung weiter aufzusteigen. In Bezug auf letz-tere kann es durchaus als Status Quo-Macht bezeichnet werden, insbesondere was die Bewahrung auswärtiger Sonderrechte in China anbelangte. Die maßgeblichen Großkonzerne (*Zaibatsu*) und politischen Parteien gingen davon aus, dass friedliche Entwicklung der aussichtsreichste Weg sei, um Japans Wohlstand zu mehren und seine internationale Stellung zu verbessern (Iriye 1965; DeVere Brown 1974). Dies änderte sich entscheidend infolge der eigenmächtigen Okkupation der Mandschu-rei durch die Kwantung-Armee im Herbst 1931. Nachdem die Regierung in Tokyo zunächst noch versucht hatte, die Kontrolle über die überseeischen Streitkräfte zu-rückzugewinnen und den Bruch mit den Westmächten zu vermeiden, übernahm sie ab 1932 zunehmend Sichtweise und Präferenzen nationalistischer Militärs. Dadurch wandelte sich die offizielle Politik des Kaiserreichs innerhalb weniger Monate von affirmativ zu dissident. In den folgenden Jahren ist eine kontinuierliche Radikalisie-rung des japanischen Revisionismus zu verzeichnen, die 1937 schließlich in einen offenen Krieg gegen China münden sollte.

3.1 Status quo-Phase bis 1931

Japans Eliten blieben auch nach der erfolgreichen Beteiligung am Ersten Weltkrieg bestrebt, die dynamische Entwicklung des Kaiserreichs voranzutreiben. Infolgedessen zeigten sie sich zunächst irritiert, als ihre westlichen Verbündeten versuchten, eine neue internationale Ordnung zu etablieren, die die Anwendung militärischer Gewalt in nie gekanntem Ausmaß reglementieren sollte. Schnell setzte sich jedoch in den maßgeblichen Eliten die Einsicht durch, dass die Beschränkung auf friedlichen Wandel auch im Interesse Japans war. Dies lag zum einen an der Einschätzung, dass eine internationale Isolierung oder eine Konfrontation mit den Westmächten für Tokyo zu riskant wäre. Es war zum anderen aber auch eine Konsequenz der Einsicht, dass eine territoriale Expansion auf dem asiatischen Festland wirtschaftlich wenig Gewinn verhieß (Lindeman 2008, S. 195–203). Schließlich hatte bereits die Inbesitznahme des ehemals deutschen Territoriums in Shandong (Tsingtao) deutlich gemacht, dass die chinesische Bevölkerung auf derartige Expansion mit massiven Protesten und Boykotts reagierte, die Japans Exportinteressen massiv schädigten. Japans Nachkriegs-Regierungen suchten deshalb die Zusammenarbeit mit den Westmächten, um ihre ökonomischen und territorialen Rechte in China zu verteidigen. Als sich London und Washington immer weniger gewillt zeigten, diese Privilegien zu schützen, versuchte die neue Regierung Tanaka 1927/28 unilateral die Guomindang-Truppen am Vormarsch in Shandong zu hindern. Sie kehrte jedoch bald zur konsequenten Verständigungspolitik zurück, als die wirtschaftlichen und politischen Kosten der Intervention schnell anstiegen – genau wie es die vorangehenden Regierungen erwartet hatten. Insofern hatte sich gezeigt, dass selbst eine entschlossene militärische Sicherung des Status quo nicht unbedingt sinnvoll war. Tokyo kehrte deshalb rasch zur Linie des langjährigen Außenministers Shidehara zurück, der Japans Interessen primär mit wirtschaftlichen Instrumenten zu verteidigen suchte.

Die einzige nennenswerte Ausnahme von dieser affirmativen Grundorientierung betraf in dieser Phase kleinere Verletzungen des Washingtoner Flottenvertrags. Hier überschritt die kaiserliche Marine z. T. die vereinbarten Obergrenzen für die Tonnage von Schweren Kreuzern und Flugzeugträgern (Kaufman 1990, S. 99; Backer 2011, S. 7). Allerdings ist unklar, ob dies mit Einverständnis der zivilen Entscheidungsträger geschah. Zudem verstießen auch die USA in ähnlichem Maße gegen technische Bestimmungen des Abkommens – ohne dass es zu Protesten der übrigen Vertragsparteien gekommen wäre (Kaufman 1990, S. 96–99). So betrachtet handelte es sich nur um sehr vereinzelte Fälle dissidenten Verhaltens im Rahmen einer übergeordneten Status quo-Politik. Tokyos grundsätzliche Präferenz für eine einvernehmliche Beschränkung der maritimen Rüstungskonkurrenz zeigte sich erneut im Jahr 1930, als die Regierung, gegen heftigen Widerstand von Nationalisten und vielen Seeoffizieren, das Londoner Flottenabkommen unterzeichnete (Ito 1973).

3.2 Dissidenz-Phase ab 1932

Der klare Bruch in der japanischen Politik folgte auf die Besetzung der Mandschurei durch die Kwantung-Armee, die eigentlich nur befugt war, die japanische Eisenbahn in der südlichen Mandschurei zu schützen (Mukden-Vorfall im September 1931).

Damit handelte die Armee gegen den ausdrücklichen Wunsch der Regierung, die zunächst noch versuchte, die Kontrolle zurückzugewinnen (Walters 1965, Kap. 40; Imai 1973; DeVere Brown 1974; Ward 2013, S. 633). Die Regierung besaß jedoch nur sehr begrenzte Möglichkeiten, die Streitkräfte auf Linie zu bringen. Die formelle Befehlsgewalt lag gemäß der Verfassung nicht beim Premierminister, sondern beim Kaiser, der sie aber als quasi-göttliches Wesen de facto nicht ausübte. Maßgeblich waren deshalb die Stäbe und die zuständigen Ministerien, an deren Spitze stets aktive Offiziere standen. Im Falle der Kwantung-Armee war dieses militärische Eigenleben besonders stark ausgeprägt – zum einen, weil sie außerhalb des Landes stationiert war, zum anderen, weil sie finanziell und logistisch weniger abhängig war von zivilen Stellen. Ihre enge Zusammenarbeit mit der Süd-Mandschurischen-Eisenbahn (die eigentlich ein großer Mischkonzern mit imperialistischen Zielen war) verschuf der Kwantung-Armee einen ungewöhnlich großen Spielraum gegenüber den Behörden in Tokio.

Als deutlich wurde, dass letztere sich nicht durchsetzen konnte, und die öffentliche Unterstützung für die Armee immer mehr weiter anstieg, passte sich die zivile Führung zunehmend an (Ogata 1964, Kap. 10). Dieser Übergang zur Dissidenz wurde gefördert von einem Austausch der politischen Eliten, von dem nationalistische Kräfte profitierten, die den aufrührerischen Elementen innerhalb des Militärs entgegenkommen wollten. In der Folgezeit gab sich die Regierung nicht länger damit zufrieden, die Armee gegen fremde Kritik zu verteidigen, sondern begann deren aggressiven Kurs offen zu unterstützen. Ein klarer Fall dissidenten Verhaltens ereignete sich bereits im Januar 1932, als die Regierung Konsultationen im Rahmen des Neun-Mächte-Vertrags ablehnte und die darin enthaltene Garantie von Chinas territorialer und administrativer Integrität für null und nichtig erklärte (Walters 1965, S. 486). Dies setzte sich fort in der offenen Brüskierung des Völkerbunds durch die Anerkennung des Marionetten-Staates „Manchukuo" im September 1932, mit der die gewaltsame Veränderung von Grenzen legalisiert werden sollte (Ogata 1964, S. 160–163).

Im folgenden Jahren gewann der japanische Revisionismus weiter an Breite und Tiefe. Im Februar/März 1933 besetzte die Kwantung-Armee die Provinzen Jehol und Hopei, die an die Mandschurei grenzen. Vorangegangen war eine ermutigende Rede des Kriegsministers Araki (Montgomery 1988, S. 335, 373; Beasley 1987, S. 200). Ende März kündigte Tokyo seinen Austritt aus dem Völkerbund an und machte damit offiziell deutlich, dass es das grundlegende Prinzip der kollektiven Sicherheit nicht länger mittrug (Walters 1965, S. 495). Dieser Radikalisierungstrend setzte sich auch 1934 fort. Im April brach Japan offen und vollständig mit dem Neun-Mächte-Vertrag, als Außenamtssprecher Amau Eiji verkündete, Japan würde externe Einmischungen in die ostasiatische Ordnung nicht länger tolerieren, insbesondere nicht westliche Hilfe für die chinesische Regierung (Usui 1973, S. 135). Japans Angriff auf die internationale Ordnung weitete sich erneut aus mit der Aufkündigung des Fünf-Mächte-Vertrags und der öffentlichen Erklärung, in künftigen Rüstungskontrollverhandlungen nur die volle Parität mit den westlichen Seemächten zu akzeptieren. Da offensichtlich war, dass Washington gleiche Obergrenzen niemals hinnehmen würde, bedeutete dieser Schritt das effektive Ende der mariti-

men Rüstungsbegrenzung, die die Sicherheitsordnung eine Dekade lang stabilisiert hatte (Imai 1973; Pelz 1974).

Im Jahr 1935 eroberte Japan mit Chahar eine weitere chinesische Provinz (Montgomery 1988, S. 377). Im Jahr darauf nahm es ein gewaltiges Aufrüstungsprogramm in Angriff, das die maritimen Beschaffungsausgaben innerhalb von zwei Jahren verdreifachen sollte (Roskill 1976, S. 76, 325–26). Schließlich nahm die Regierung im Juli 1937 den Zwischenfall an der Marco Polo-Brücke zum Anlass, den offenen Krieg mit der Guomindang-Regierung aufzunehmen. Spätestens von da an war Tokyo fest entschlossen, die existierende Ordnung konsequent zu beseitigen, wie hoch der Preis dafür auch sein würde. Es mobilisierte immer mehr nationale Ressourcen, um China dauerhaft zu unterwerfen und die Westmächte aus der Region hinauszudrängen. Das committment für eine revisionistische Politik war somit sehr hoch. Während seine Truppen in den folgenden Jahren immer weiter nach Süden vorrückten, verstärkte das Kaiserreich zusehends den Druck auf die Westmächte, Japans privilegierte Stellung in China anzuerkennen. Selbst als die USA mit harten Wirtschaftssanktionen antworteten, wich Japan nicht zurück, sondern wählte lieber den Krieg.

4 Theoretische Erklärungen für die Entwicklung der Japanischen Ordnungspolitik

4.1 Die Theorie des lateralen Drucks

Lateraler Druck hat Japans Politik gegenüber der Ordnung der Zwischenkriegszeit nicht maßgeblich beeinflusst. Zwar verzeichnete das Kaiserreich seit Beginn der Meiji-Reform dramatische Erfolge bei der wirtschaftlichen und technologischen Entwicklung, die es am Ende des Ersten Weltkriegs sogar dazu befähigen sollten, eigenständig eine erstklassige Schlachtflotte zu bauen. Dieser dynamische Fortschritt erzeugte jedoch über den gesamten Untersuchungszeitrum hinweg nur wenig lateralen Druck – insbesondere im Vergleich zu den anderen aufsteigenden Mächten, die in diesem Heft analysiert werden (s. Abb. 1 und 2). So betrachtet stimmt Japans Außenpolitik in der kooperativen Phase der zwanziger Jahre gut überein mit den Erwartungen der Theorie des Lateralen Drucks. Sofern damals überhaupt etwas lateraler Druck entstand, hatte er auch nicht zur Folge, dass es zu Konflikten mit der etablierten Ordnung kam. Im Gegenteil: die führenden Politiker und Wirtschaftskreise vertraten die Auffassung, dass Japans wirtschaftlicher Aufstieg kooperative Beziehungen mit China und den Westmächten erforderte. Die tatsächlichen Wirtschaftsdaten zeigen, dass diese affirmative Politik die Entwicklung keineswegs hemmte: Japan verzeichnete in den 1920er-Jahren eine durchschnittliche Wachstumsrate von 3,2 % (Burkman 2008, S. 107), ohne dass es zu nennenswerten wirtschaftlichen Engpässen gekommen wäre.

Zwar gab es nach dem Ersten Weltkrieg auch in Japan Stimmen, die weitere territoriale Expansion für notwendig erklärten, um das nationale Überleben zu sichern. Dabei handelte es sich jedoch fast ausschließlich um radikale Militärs, die argumentierten, Japan benötige die Kontrolle über einen autarken Wirtschaftsraum, um

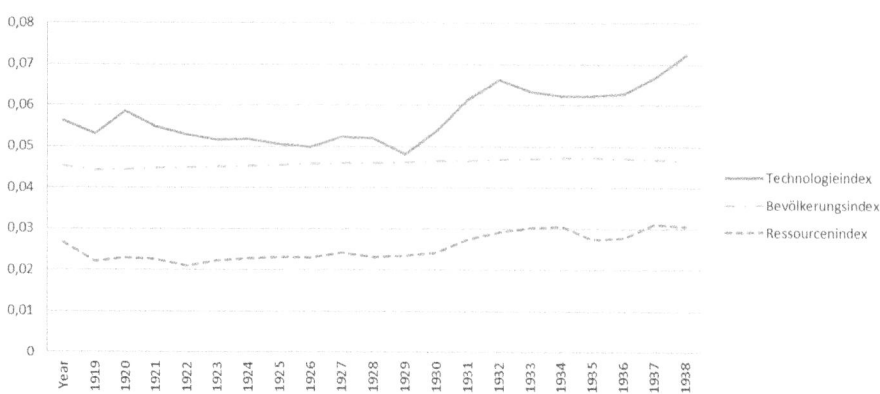

Abb. 1 Entwicklung der Mastervariablen des Lateralen Drucks für Japan. (Eigene Darstellung)

in einem Krieg mit der Sowjetunion bestehen zu können (Crowley 1966; Barnhart 1987). Soweit politische Eliten eine territoriale Expansion auf dem Festland befürworteten, geschah dies weniger aus wirtschaftspolitischem Kalkül, sondern aus dem diffusen Gefühl heraus, dass ein aufstrebendes Land nicht stillstehen könne, sondern auch seinen „Lebensraum" erweitern müsse (Burkman 2008, S. 17–18). Insofern war hier wohl eher Status das Motiv als die konkrete Sorge um bestimmte Ressourcen oder Absatzmärkte. Für diese Einschätzung spricht insbesondere die Tatsache, dass die wirtschaftlichen Eliten, allen voran die Lenker der großen *Zaibatsu* mit ihren breit über Branchen und Regionen gestreuten Interessen, diese Auffassungen nicht teilten. Die unmittelbar Betroffenen, die den besten Einblick in das Wirtschaftsgeschehen hatten, setzten auf eine internationalistische Wirtschaftspolitik im Rahmen der bestehenden Ordnung (Indikator 4).

Für *Zaibatsu* wie Mitsui und Mitsubishi wäre ein militärisches Ausgreifen nicht nur mit unerwünschten Steuererhöhungen verbunden gewesen, es hätte vor allem auch ihre internationalen Geschäfte beeinträchtigt. Angesichts ihrer Abhängigkeit von westlichem Kapital und überseeischen Märkten befürchteten sie für diesen Fall empfindliche Einbußen, insbesondere was die Exporte nach China und den USA anbelangte (Patrick 1971, S. 261; Roberts 1973, S. 318; Beasley 1987, S. 188; Bartlett 1984, S. 131, 149, 153–54; Iriye 1967, S. 139). Japans Parteipolitiker folgten diesem Kurs – zum einen weil sie Japans Interessenlage ähnlich einschätzten, zum anderen weil die Parteien auf die materielle Unterstützung der *Zaibatsu* angewiesen waren. Infolge dieser Interessenkonvergenz entwickelte sich Japans Außenpolitik in den zwanziger Jahren zu einer „economic diplomacy" (Storry), die der Zusammenarbeit mit den Westmächten und der friedlichen Expansion in China besondere Priorität einräumte (Iriye 1965, S. 37, 184–85; Storry 1979, S. 129–130; Langer 1960, S. 242–246; Lindeman 2008, S. 198).

Diese affirmative Ausrichtung erreichte ihren Höhepunkt in der Verständigungs-Politik von Shidehara Kijûrô, der in den Jahren 1924–1927 und 1929–1931 als Außenminister amtierte. Verheiratet mit einer Schwester des Mitsubishi-Präsidenten Iwasaki Hisaya, verfolgte er stets eine Politik, die vor allem den Interessen der *Zaibatsu* entsprach. Markenzeichen der sogenannten Shidehara-Diplomatie waren

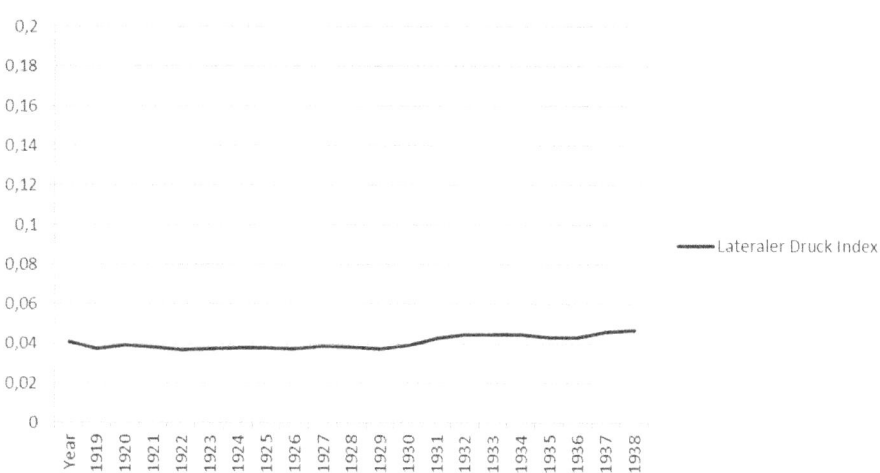

Abb. 2 Entwicklung des Lateralen Drucks für Japan. (Eigene Darstellung)

die konsequente Nichteinmischung in Chinas Bürgerkrieg, militärische Abrüstung und die Zusammenarbeit mit den Westmächten. Japan, so argumentiert Shidehara, sei aufgrund seiner stetig wachsenden Bevölkerung auf kontinuierliche Industrialisierung und die Sicherung ausländischer Märkte angewiesen. Deshalb gäbe es für das Kaiserreich keine Alternative zur internationalen Zusammenarbeit. Gewaltsame Expansion war mithin nach seiner Darstellung ein völlig untaugliches Mittel zur ökonomischen Entwicklung des Kaiserreichs (DeVere Brown 1974; Hartmann 1996, S. 157–160; Kennedy 1969, S. 100; Storry 1979, S. 129–130).

Tatsächlich gab es damals keine Anzeichen dafür, dass die kooperative Ausrichtung Japans ökonomische Entwicklung hemmte. Weder bei den wichtigsten Einfuhren noch beim Warenabsatz zeichneten sich größere Engpässe ab, die darauf hingedeutet hätten, dass Japans Wachstumsmodell zunehmend in Konflikt mit der bestehenden Ordnung geriet. So sanken die Preise für die wichtigen Kohlepreise im Verlauf der zwanziger Jahre ebenso wie der wertmäßige Anteil der Nahrungsmittelimporte und die Defizite in der Handelsbilanz (Allen 1968, Tab. XXV). In den Jahren zwischen 1925 und 1937 wuchs das Exportvolumen nahezu ausnahmslos schneller als die Importe (Allen 1968, Tab. XXVII). Entsprechend kam es in diesem Zeitraum zu einer dramatischen Verbesserung der Leistungsbilanz (Nakamura 1987, Tab. 5.3). So gesehen sprechen auch objektive Indikatoren dafür, dass die Integration in die bestehende Wirtschaftsordnung für das Kaiserreich durchaus vorteilhaft war.

An dieser „economic diplomacy" hielten die *Zaibatsu* und die Regierung auch noch fest, als gegen Ende des Jahrzehnts die Weltwirtschaftskrise die offene ökonomische Ordnung bedrohte und die Kritik an der affirmativen Regierungspolitik lauter wurde. Vor allem die britischen und amerikanischen Zollerhöhungen schienen das kooperative, internationalistische Wachstumsmodell zu gefährden. Entsprechend wuchs die Anzahl der Japaner, die eine unilaterale nationale Kontrolle über Absatzmärkte und Rohstoffvorkommen befürworteten (Iriye 1974; Burkman 2008, S. 165–166). Solche Stimmen fanden auch deshalb immer mehr Gehör, weil die damalige Agrarkrise Offiziere bäuerlicher Herkunft gegen die Regierung aufbrach-

te, welche aus Rücksicht auf die Interessen der Großindustrie kaum etwas gegen die Verarmung der Landwirte unternahm (Kennedy 1969, S. 155, 243; Ogata 1964, S. 29; Shuichi 1974, S. 228). Parteien und *Zaibatsu* sahen dennoch zunächst wenig Veranlassung ihre affirmative Linie aufzugeben und statt dessen für eine expansive Außenpolitik einzutreten. Dies galt insbesondere für die *Zaibatsu*, die auch nach der populären Eroberung der Mandschurei die militärischen Abenteuer der Kwantung-Armee prinzipiell ablehnten (Roberts 1973, S. 270, 276–77, 283–86, 292; Mishima 1989, S. 269–271; Kennedy 1969, S. 211; Crowley 1966, S. 282–283). Wie die folgenden Jahre zeigten, war diese Opposition sachlich durchaus gerechtfertigt. Die japanische Wirtschaftskrise hatte ihre Ursachen in der weltweiten Depression und der Deflationspolitik, mit der viele Regierungen, auch die japanische, auf sie reagierten (Nakamura 1987). Sie war nicht die Folge geoökonomischer Restriktionen wie fehlender Absatzmärkte oder verminderter Rohstoffzulieferungen. Auch deshalb förderte die radikale Wende zum Revisionismus keineswegs Japans weitere wirtschaftliche Entwicklung.

Auch die *Entwicklung nach 1932* kann nicht die Interpretation stützen, dass Japans Politik eine Reaktion auf lateralen Druck darstellte. Zwar stieg der laterale Druck ab 1930 leicht an. Er erreichte jedoch nie Werte, die denen der anderen hier behandelten Aufsteiger-Mächten nahegekommen wären. Vor allem lässt sich der japanische Revisionismus der dreißiger Jahre nicht als sinnvolle Strategie zur Beseitigung wirtschaftlicher Engpässe deuten. Die territoriale Expansion auf dem Festland war nicht eine rationale Antwort auf die Erhöhung westlicher Zollschranken, geschweige denn der einzige Ausweg, um den allgemeinen Wohlstand zu fördern und die Sicherheit der Nation zu erhalten. Was die eigenen Ausfuhren anbelangte, passte sich Japan nach anfänglichen Einbrüchen außergewöhnlich gut an die veränderten internationalen Bedingungen an. Angesichts der höchst erfolgreichen Exportoffensiven der frühen dreißiger Jahre entbehrte es daher nicht der Ironie, dass sich innenpolitisch zur gleichen Zeit die Befürworter eines abgeschlossenen Wirtschaftsraums durchsetzten (Patrick 1971, S. 262; Roberts 1973, S. 259–63, 318; Mishima 1989, S. 268). Was dagegen Japans Abhängigkeit von Einfuhren und ausländischem Kapital anging, so war sie durch die Errichtung eines kontinentalen Reiches kaum zu verringern.

Der wirtschaftliche Austausch mit den Westmächten trug auch in dieser Phase deutlich mehr zu Japans wirtschaftlicher Entwicklung bei als die militärischen Protektorate auf dem Festland. Letztere erwiesen sich in der Folgezeit eher als ein Klotz am Bein, der das gesamtwirtschaftliche Wachstum mehr hemmte als förderte. Dies galt insbesondere für die Mandschurei selbst, deren militärische Besetzung den Politikwandel zur Dissidenz ursprünglich herbeigeführt hatte. Ihre geringe Bevölkerung und deren niedrige Kaufkraft schränkte ihren Wert als Absatzmarkt sehr stark ein. Umgekehrt half sie auch kaum bei der Sicherstellung japanischer Einfuhren. Japan importierte aus „Manchukuo" vor allem Sojabohnen und Eisenerze, wobei erstere vorwiegend als landwirtschaftlicher Dünger verwendet wurden. Letztere waren oft von so geringer Qualität, dass sie den Anforderungen der japanischen Industrie nicht gerecht wurden. So fiel die wirtschaftliche Bilanz der Expansion am Ende sehr ernüchternd aus: „Clearly, Manchuria and China failed to provide an answer to the problems of raw material and food as perceived by Japan in the interwar years. The food was not needed, and the gains from coal and mineral resources proved

disappointing and elusive. Even less did Manchuria provide an outlet for Japan's ‚surplus' population ..." (Howe 1987, S. 165, 170).

Auch das Vorhaben der Militärs, einen autarken Block aufzubauen, der auf sich gestellt einen totalen Krieg gegen die anderen Großmächte führen könnte, war von Anfang an ein hoffnungsloses Unterfangen. Schon der Krieg gegen China war nur unter der Bedingung zu führen, dass die USA weiterhin strategische Güter lieferten (Howe 1987, S. 165). Die Szenarios in den Planungsdokumenten, welche für einen Krieg gegen die Westmächte erstellt wurden, konnten erst recht nicht frei von Ungereimtheiten bleiben: „As the imperial fleet was sinking American warships, Japan would be importing cotton from American growers, spinning and weaving it, and selling the finished products to a principally American market. The United States was to supply the special steels and alloys [...] necessary for the Japanese war effort. America too was the primary source of the machine tools and other sophisticated equipment that Tokyo required to mobilize."[1] Japans Streben nach einem autarken Wirtschaftsraum gefährdete demnach seinen Wohlstand und seine Sicherheit, statt sie zu erhöhen. Es war nicht die rationale Antwort auf eine Veränderung der internationalen Wirtschaftsordnung. Dass diese Richtung dennoch eingeschlagen und vor allem trotz Japans enormen Exporterfolgen sogar zunehmend radikalisiert wurde, kann mit der Theorie des lateralen Drucks nicht überzeugend erklärt werden. Wie diese Betrachtung gezeigt hat, war keiner der vier Indikatoren gegeben, die solch eine Erklärung stützen würden.

4.2 Statusbasierte Erklärungen

Statusambitionen kennzeichneten die japanische Außenpolitik in der gesamten Zwischenkriegszeit. In den 1920er-Jahren herrschte allerdings die Auffassung vor, dass das Kaiserreich seine internationale Position am besten durch friedliche Kooperation ausbauen könne (Burkman 2008, Kap. 5; Lindeman 2008, S. 197–203; Iriye 1974). Die politischen und wirtschaftlichen Eliten glaubten damals noch überwiegend, dass ein weiterer Aufstieg innerhalb der existierenden Ordnung möglich sei (status mobility), also ohne weitere territoriale Annexionen und eine Konfrontation mit den Westmächten. Letztere galt als viel zu riskant, aber auch als überflüssig, weil Japans ökonomische und technologische Entwicklung in der jüngeren Vergangenheit auch so eindrucksvoll vorangekommen war. Erleichternd kam hinzu, dass radikale nationalistische Gruppen nach dem Ersten Weltkrieg zunächst eine gesellschaftliche Randerscheinung blieben. Sowohl die nationalen Statusambitionen als auch die Empfindlichkeiten gegenüber angeblichen ausländischen Beleidigungen waren in dieser Phase somit noch nicht so stark ausgeprägt wie im folgenden Jahrzehnt.

Die Verbesserung des internationalen Status war von Anfang an ein wichtiges Motiv der Meiji-Reformer gewesen, die das moderne Japan erschufen (Goto-Shibata 2006, S. 68–69). Schon die erzwungene Öffnung durch Commodore Perrys „Schwarze Schiffe" im Jahr 1854 war als unerträgliche Demütigung empfunden worden (Ward 2013, S. 625). In den folgenden Jahrzehnten zeigten die zunehmenden Erfahrungen mit den Westmächten, wie unterlegen Japan in militärischer,

---

[1] So die Beschreibung des zweiten Mobilisierungsplans vom Sommer 1936 durch Barnhart (1987, S. 45).

technologischer und wissenschaftlicher Hinsicht geworden war und wie niedrig es in der Achtung der dominanten Staaten stand. Am sichtbarsten zum Ausdruck kam dies in den „ungleichen Verträgen", von denen es ebensowenig verschont blieb wie China und andere Staaten auf dem Festland. Die Meiji-Oligarchen verordneten dem Kaiserreich daraufhin ein bis dahin präzedenzloses Lern- und Aufholprogramm, mit dem Japan westliche Errungenschaften so adaptieren sollte, dass es zivilisatorisch zu den Großmächten des Westens aufschließen würde und die diskriminierenden Verträge abschütteln könnte (Indikatoren 1 und 2) (Ward 2013, S. 625–629).

Bis Ende des Ersten Weltkriegs hatte das Kaiserreich schon erstaunliche Statusgewinne erzielen können: Die Modernisierung von Technologie, Wissenschaft, Wirtschaft und Gesellschaft war erstaunlich vorangekommen. Die „ungleichen Verträge" wurden aufgelöst und 1902 ein Bündnisvertrag mit Großbritannien abgeschlossen, der seinen Aufstieg in die Ränge der Großmächte offenkundig machte. 1905 gelang es Japan sogar im Krieg gegen Russland eine europäische Großmacht zu besiegen und damit weltweit zu demonstrieren, dass auch die arroganten Weißen in die Knie gezwungen werden konnten.[2] Aufgrund seiner Beteiligung am Ersten Weltkrieg auf Seiten der Alliierten nahm es an der Friedenskonferenz von Versailles als eine der fünf Großmächte teil, die im engeren Kreis die Vertragsentwürfe erörterten.

Allerdings schaffte es Tokyo damals nicht, seine Statusziele gänzlich durchzusetzen. Zwar erreichte die japanische Delegation ihr wichtigstes Ziel, als die westlichen Vertreter akzeptierten, dass Japan die deutschen Territorien in China und im Südpazifik übernommen hatte (letztere nur als Mandate des Völkerbundes). Sie scheiterte jedoch mit dem Versuch, in die Völkerbundsatzung einen Artikel aufnehmen zu lassen, der explizit die Gleichheit der Rassen erklärt hätte. Ihr hartnäckigster Widersacher dabei war der australische Premierminister Hughes, der vor allem von der Befürchtung geleitet war, eine solche Klausel würde die diskriminierende Einwanderungspolitik seines Landes unterminieren. Aber auch US-Präsident Wilson brachte dem japanischen Anliegen nur wenig Verständnis entgegen, nicht zuletzt weil er argwöhnte, dass ein Gleichheits-Artikel seine Chancen verringern würde, den Senat zur Ratifizierung der Friedensverträge zu bewegen. Immerhin wurde Japans Rang als gleichberechtigte Großmacht erneut international bekräftigt, indem ihm ein ständiger Sitz im Rat des Völkerbunds eingeräumt wurde (Burkman 2008, Kap. 3–4).

Die Ablehnung des Gleichheits-Artikels war dennoch mehr als nur ein symbolischer „Schönheitsfehler", der ohne weitere politische Folgen bleiben sollte. Vielmehr weckte sie in Japan den Argwohn, dass die führenden Mächte des Westens das Kaiserreich eben doch nicht als gleichwertig akzeptierten und vielleicht nie akzeptieren würden (Burkman 2008, S. 4; Goto-Shibata 2006, S. 74–81; Iriye 1974, S. 258–260). Viele Japaner fassten diesen Misserfolg als Brüskierung auf, die zeigte, dass Japans eindrucksvolle Übernahme westlicher Errungenschaften und Standards nicht ausreichen würde, um genauso anerkannt zu werden wie die „weißen" Großmächte. Europäischer und US-amerikanischer Rassismus ließ sie befürchten, dass der Westen auch künftig mit zweierlei Maß messen würde, wenn es um die Beur-

---

[2] Zum enormen Echo, das dieser Erfolg unter den kolonialisierten Gesellschaften fand, vgl. Mishra (2012, S. 1–6).

teilung japanischer Politik gehen würde. Dieses wachsende Misstrauen fand seine Bestätigung, als die USA 1924 ein Einwanderungsgesetz verabschiedeten, das ganz explizit japanische Emigranten diskriminierte. Dadurch verstärkten sich noch einmal die anti-westlichen Ressentiments, die Teile von Eliten und Öffentlichkeit nach dem unbefriedigten Ausgang der Versailler Friedenskonferenz entwickelt hatten (Indikator 3a) (Aydin 2007, S. 151–152; Ogata 1973, S. 467–468).

Ähnlich zwiespältig wurden die Ergebnisse der Verhandlungen aufgenommen, bei denen das Washingtoner Vertragssystem vereinbart wurde. Auch hier wurde Japan durchaus eine hervorgehobene Rolle zugestanden, nicht zuletzt dadurch, dass es mit den USA, Frankreich und Großbritannien zu den Mächten gehörte, die an allen Washingtoner Verträgen beteiligt waren. Der Fünf-Mächte-Vertrag erlaubte ihm zudem eine Flotte, die deutlich größer war, als die italienische und französische sein durften. Allerdings wurden dem Kaiserreich nur 60 % der amerikanischen und britischen Stärke zugestanden, was eine virulente Minderheit innerhalb der kaiserlichen Flotte schon damals sehr empörte. Hinzu kam, dass Washington als unausgesprochene Gegenleistung für die Begrenzung seiner maritimen Rüstung durchgesetzt hatte, dass London seinen Bündnisvertrag mit Tokyo nicht erneuerte.

Die Forderung nach einem Bruch oder einer Konfrontation mit den Westmächten blieb in den 1920er-Jahren dennoch einer kleinen Minderheit vorbehalten. Für den Großteil der Eliten in Politik, Wirtschaft und Militär war es weiterhin offenkundig, dass Japan durch die Zusammenarbeit im Rahmen der etablierten Ordnung seinen Status weit eher verbessern könnte, als durch eine revisionistische Politik (siehe Indikator 4) (Ogata 1973, S. 467; Iriye 1974). So sehr sie den Wunsch nach einer bedeutenderen Stellung in China und in der weiteren Welt auch teilen mochten (Burkman 2008, S. 103), so wenig sinnvoll schien ihnen eine unilaterale Expansionspolitik, die das Kaiserreich international nur isoliert hätte. Den maßgeblichen Eliten war nur zu bewusst, dass Japan in vielfältiger Weise von den Westmächten abhängig blieb: beim Absatz seiner Waren, beim Import von Rohstoffen und Kapital, bei der möglichst geräuschlosen Sicherung seiner Vorrechte in China und bei der Vermeidung eines ruinösen Rüstungswettlaufs. Eine Abkehr von der erfolgreichen Aufstiegspolitik der vergangenen Jahrzehnte barg aus ihrer Sicht zu viele Nachteile und Risiken: territoriale Expansion auf dem Festland hätte nicht nur die Westmächte verärgert, sondern erfahrungsgemäß auch chinesische Konsumenten im ganzen Land gegen Japan aufgebracht. Und an diesen lag der japanischen Wirtschaft weit mehr als an der militärischen Kontrolle der Mandschurei. Ähnlich wenig schien für eine maritime Konfrontation mit den Westmächten zu sprechen. Selbst innerhalb der kaiserlichen Marine überwog damals die Zustimmung für den Fünf-Mächte-Vertrag. Die einflussreichsten Admiräle sahen keinen Sinn darin, ein Wettrüsten mit den USA zu riskieren – einer Macht, die Japan bei Stahlproduktion und Finanzkraft turmhoch überlegen war. Der Weg der militärischen Konfrontation schien wenig aussichtsreich, um einen höheren Status zu erzwingen.

Zu Beginn der dreißiger Jahre radikalisierten sich sowohl die japanischen Statusambitionen als auch die Strategie, mit der diese Zielsetzungen verfolgt wurden. Erstere nahmen deutlich zu, weil innerhalb von Militär und Gesellschaft extreme Nationalisten an Boden gewannen, die dann auch zunehmenden Einfluss auf die offizielle Politik erlangten. Gleichzeitig sanken Prestige und Einfluss der Akteure,

die sich zuvor erfolgreich für eine pragmatische Außenpolitik mit ökonomischem Schwerpunkt eingesetzt hatten. Dies trug wesentlich dazu bei, dass sich weithin die Auffassung durchsetzte, Japans Aufstieg könne nicht weiter in Kooperation mit den Westmächten erreicht werden, sondern erfordere eine offensive Durchsetzung der eigenen Ansprüche. Westliche Zollerhöhungen im Zuge der Weltwirtschaftskrise und die „unfaire" Kritik an Japans Vorgehen in der Mandschurei wurden mehr und mehr als Anzeichen dafür gewertet, dass der Westen nunmehr willens war, dem Kaiserreich weitere Statuszugewinne zu verweigern.

Parteien und *Zaibatsu* verloren damals zunehmend an Unterstützung in Bürokratie und Bevölkerung, weil ihnen die sozialen Härten der wirtschaftlichen Depression und die zahlreichen Korruptionsskandale angelastet wurden, die Japan jetzt erschütterten (Patrick 1971, S. 262–263; Roberts 1973, S. 272–73, 283–86). Das Ansehen der *Zaibatsu* schwächten vor allem ihre eigennützigen Dollarspekulationen, die nicht nur die nationalen Goldreserven verringerten, sondern auch den Kurs des Yen drückten. Indirekt schädigte dieses Verhalten auch das Vertrauen in die politischen Parteien, die weithin als bezahlte Handlanger der Großkonzerne galten. So verfestigte sich bei immer mehr Japanern der Eindruck, ihre politischen und wirtschaftlichen Eliten verträten nur ihre jeweils eigenen ökonomischen Anliegen und vernachlässigten darüber die Interessen der Nation und insbesondere der arbeitenden Bevölkerung. Die wachsende Entfremdung von *Zaibatsu* und Parteien eröffnete den politischen Kräften größere Spielräume, die eine konfrontative Politik befürworteten. Großen Auftrieb gab diesen radikalen Nationalisten zeitgleich die Diskussion um das Londoner Flotten-Abkommen von 1930. Dieser Vertrag ergänzte den Fünf-Mächte-Vertrag, indem er auch für Kreuzer, Zerstörer und U-Boote Obergrenzen bei der Gesamttonnage festlegte. Japan konnte dabei sogar seine relative Position etwas ausbauen, weil das Abkommen ihm für Zerstörer und U-Boote 70 % der amerikanischen und britischen Stärke zugestand und für Kreuzer nur unwesentlich weniger (Kaufman 1990, S. 129–138; Nish 1977, S. 166–172). In der Marine hatten in den Jahren zuvor jedoch die radikalen Kräfte ihren Einfluss vergrößern können, die auf einem günstigeren Quotienten bestanden. Aus ihrer Niederlage in der Auseinandersetzung um den Fünf-Mächte-Vertrag hatten sie die Lehre gezogen, dass sie für ihr Anliegen die Öffentlichkeit stärker mobilisieren müssten. Ermutigt und unterstützt von dieser sog. „fleet faction" innerhalb der Kaiserlichen Marine kam es zu einem dramatischen Zuwachs nationalistischer Gruppen, die sich lautstark gegen die Ratifizierung des „diskriminierenden" Abkommens aussprachen, das Japans Position in der globalen Hierarchie nicht länger angemessen erschien (Indikator 5): Nach Angaben der japanischen Polizei wurden 1929 nur 32 neue nationalistische Gruppen gegründet. Im Jahr 1932 kam es bereits zu 196 Neugründungen. Zwar gelang es diesen Kräften nicht, die Ratifizierung des Vertrages zu verhindern. Aber die politische Basis des radikalen Nationalismus hatte sich durch die erbitterte Ratifizierungsdebatte innerhalb kurzer Zeit stark vergrößert (Ito 1973, S. 492–493; Asada 1993; Ward 2013, S. 632). Premierminister Hamaguchi bezahlte dies mit seinem Leben, als er an den Folgen eines Attentats starb, das ein radikaler Vertragsgegner auf ihn verübte.

Einen noch größeren Radikalisierungsschub bewirkte wenig später die Kontroverse um das Vorgehen der Kwantung-Armee (Ito 1973, S. 497–499; Aydin 2007,

Kap. 7). Wie bereits erwähnt, missbilligte die Regierung intern den Handstreich und versuchte, die Armee wieder unter ihre Kontrolle zu bringen. Angesichts der breiten öffentlichen Unterstützung für die Armee sah sich Tokyo indes dazu gezwungen, die unrechtmäßige Besetzung der Mandschurei in offiziellen Stellungnahmen zu verteidigen. Attentate auf hochrangige Politiker und Putschversuche radikaler Nationalisten nahmen in der Folgezeit so stark zu, dass die moderaten Eliten sogar einen Anschlag auf den Thron befürchteten (Imai 1973, S. 61–64). In dieser aufgeheizten Atmosphäre konnte ausländische Kritik an der Kwantung-Armee den nationalen Chauvinismus nur weiter anfachen. Der Völkerbund hatte eine Untersuchungskommission unter der Leitung von Lord Lytton nach Ostasien entsandt. Als diese ihren Abschlussbericht veröffentlichte und die Völkerbundsversammlung auf dieser Grundlage das japanische Vorgehen verurteilte, erfolgte ein neuerlicher Radikalisierungsschub. In Japan wurde die „Einmischung" der Genfer Liga in Ostasien als unangemessen empfunden und ihre öffentliche Kritik als offener Affront. Diesen Gesichtsverlust, so sahen es weite Teile der Öffentlichkeit und auch der Eliten, konnte das Kaiserreich nicht einfach hinnehmen (Indikatoren 4 und 5). Die Delegation vor Ort reagierte unmittelbar mit dem Auszug aus dem Versammlungsraum, auf den wenige Monate später der offizielle Austritt aus dem Völkerbund folgte (Walters 1965, Kap. 40; Lu 2002, Kap. 8; Ogata 1973, S. 472–477; Burkman 2008, Kap. 7; Ward 2013, S. 634–637).

Da die Vereinigten Staaten die Position des Völkerbundes teilten und dem neuen „Staat" „Manchukuo" ebenfalls die diplomatische Anerkennung verweigerten (Stimson-Doktrin), setzte sich in Japan immer mehr die Auffassung durch, dass die Westmächte grundsätzlich nicht dazu bereit waren, das Kaiserreich fair zu behandeln. Die westliche Vorgehensweise schien den Argwohn zu bestätigen, dass der Rassismus der Weißen eben doch so fest verwurzelt war, dass keine Kooperation und keine erfolgreiche Übernahme westlicher Errungenschaften ihn zurückdrängen konnten. In den Augen vieler Japaner war der Arroganz der Europäer und Nordamerikaner einfach nicht beizukommen, schon gar nicht durch Anpassung oder Entgegenkommen. Ihre fortgesetzte Anwendung von doppelten Standards machte Japan unweigerlich zu einer Macht zweiter Klasse, wenn es in der bisherigen Ordnung weiter mitspielte (Walters 1965, S. 492–493; Burkman 2008, Kap. 7). Echte Gleichrangigkeit, so glaubten immer mehr Japaner, konnte, wenn überhaupt, nur gegen den Widerstand der Westmächte errungen werden. Die Strategie des einvernehmlichen Aufstiegs (status mobility) war in ihren Augen eindeutig gescheitert (Indikator 5) (Ward 2013, S. 623–624). Diese Auffassung nahm allmählich auch unter den Entscheidungsträgern zu, die in den zwanziger Jahren noch für eine affirmative Politik eingetreten waren. Die schwindende Gruppe derer, die weiterhin diese Linie befürworteten, meldete sich immer seltener zu Wort – teilweise aus Sorge um ihr Leben, vor allem aber aufgrund der Einschätzung, dass sie im Diskurs schon zu sehr marginalisiert war (Ogata 1973, S. 485–486).

Zusätzlich ermutigt wurde der Übergang zum Revisionismus durch die Wahrnehmung, dass die Westmächte Japan weniger entgegenzusetzen hatten, als dessen Politiker und Diplomaten bisher immer geglaubt hatten. Schließlich hatte die Weltwirtschaftskrise Japan weit weniger getroffen als Großbritannien und insbesondere die USA. Und als entwickelte Demokratien mussten letztere den Schwerpunkt ihrer

nationalen Anstrengungen zunächst auf die Bewältigung der sozialen Folgen der Depression legen, statt große Ausgaben für einen überseeischen Konflikt zu tätigen. (Zumindest war dies die herrschende Lehre der vor-keynesianischen Makroökonomie.) Tatsächlich zeigte sich schon bald, dass die Westmächte damals nicht gewillt waren, dem japanischen Vormarsch in China mehr als nur verbale Kritik entgegenzusetzen. Einstweilen schien die neue Statusstrategie aufzugehen: Japan hatte seine Rolle als angepasster „Schüler" abgelegt, der durch die Imitation seiner westlichen Vorbilder deren Anerkennung erreichen wollte, und war zu einer eigenständig handelnden Großmacht mit eigener Einflusssphäre geworden, ohne dabei auf echten Widerstand seiner bisherigen „Lehrmeister" zu stoßen.

5 Fazit

Der Beitrag hat gezeigt, dass die Statusansprüche nationalistischer Japaner die Wende zum Revisionismus sehr gut erklären können. Zwar gab es diese Ambitionen schon immer, aber kurz vor dem Politikwandel haben sie noch einmal dramatisch zugenommen. Indikator hierfür ist der starke Zuwachs an nationalistischen Gruppen, der im Zuge der Empörung zu verzeichnen war, die die angebliche Diskriminierung durch den Londoner Flottenvertrag auslöste. Weiter intensiviert wurde diese Stimmung durch die internationale Kontroverse über den Handstreich der Kwantung-Armee, in der viele Japaner die ausländische Kritik als untrügliches Zeichen dafür sahen, dass der Westen Japan nie fair beurteilen und behandeln würde. Weitere Statuszugewinne erschienen den Nationalisten deshalb nur noch in offener Konfrontation, aber nicht innerhalb der etablierten Ordnung möglich. Mit dieser Auffassung konnten sie sich auch deshalb durchsetzen, weil parallel auch ein Austausch der politisch maßgeblichen Eliten stattfand. Die Koalition aus parlamentarischen Parteien und *Zaibatsu*, die bis dahin die friedliche wirtschaftliche Expansionspolitik garantiert hatte, fand sich überraschend schnell in der Defensive. Der Ansehensverlust der *Zaibatsu*, die große Gewaltbereitschaft von Militär und chauvinistischen Gruppen und die Selbstmarginalisierung der eingeschüchterten Parteien sorgten dafür, dass die radikalen Nationalisten intern auf immer weniger Widerstand stießen. Zur ideologischen Radikalisierung der Gesellschaft trat somit noch eine Neukonfiguration der innenpolitischen Machtkonstellation, die die statusorientierten Kräfte gegenüber den ökonomischen Internationalisten begünstigte.

Es half Letzteren wenig, dass sie in der Sache recht behalten sollten: Japans weitere Entwicklung erforderte keineswegs eine Konfrontation mit der etablierten Ordnung oder den Bruch mit den westlichen Staaten, die diese Ordnung zu stützen suchten. Im Gegenteil: trotz der gewaltsamen Expansion blieb das Kaiserreich von den Westmächten wirtschaftlich stark abhängig. Am eindrücklichsten zeigte sich dies, als die USA an der Wende zu den 1940er-Jahren schließlich einschneidende Sanktionen verhängten. Da Japan nach wie vor stark auf ausländische Zulieferungen angewiesen war, blieb ihm in dieser Situation nur die Wahl zwischen Kapitulation und der kriegerischen Eroberung rohstoffreicher Territorien in Südostasien. Demgegenüber war die ökonomische Bedeutung der bisherigen territorialen Zugewinne marginal. Die Eroberungen in China brachten kaum einen materiellen Nutzen, und

			lateraler Druck			Statusmismatch		
		Ausprägung der AV	niedrig	mittel	hoch	niedrig	mittel	hoch
Japan	Japan vor 32	Affirmation			√		√	
Japan	Japan nach 32	Dissidenz	√					√

Abb. 3   Ausprägungen der abhängigen und Erklärungskraft der unabhängigen Variable

erst recht keinen, der in einem vertretbaren Verhältnis zu den militärischen Aufwendungen gestanden hätte. Der Übergang zum Revisionismus gefährdete Japans wirtschaftliche Dynamik statt sie zu entfesseln. Auch deshalb kann der Politikwechsel nicht als Reaktion auf lateralen Druck erklärt werden. Aus einer materialistischen Perspektive war Japans Politik widersprüchlich und irrational. Sie war weit eher eine Folge nationaler Be- und Empfindlichkeiten als eine rationale Antwort auf veränderte internationale Rahmenbedingungen (Abb. 3). Sie wurde getragen von einem immer weiter um sich greifenden Gefühl, dass die Westmächte nicht auf friedlichkooperativem Wege dazu veranlasst werden konnten, Japan den ihm zustehenden Platz in der internationalen Rangordnung einzuräumen.

Es wäre jedoch zu leicht, Japans gewaltsamen Revisionismus einfach als absurdes Werk aufgehetzter Chauvinisten abzutun, das für heute ohne Bedeutung ist. Eine solche Haltung würde insbesondere verkennen, dass die Westmächte durchaus ihren Anteil an der Entfremdung mit Japan und der Aufgabe seiner Status quo-Politik hatten. Dass sie ihre Politik und die Japans mit zweierlei Maß beurteilten, war nicht nur eine Phantasie japanischer Chauvinisten sondern traurige Realität. Gleiches galt für den Rassismus, dem diese Doppelstandards entsprangen. Objektiv mag er Japans Aufstieg kaum behindert haben. Dass man im Kaiserreich zunehmend diese Befürchtung hegte, konnte hingegen wenig überraschen. In den westlichen Hauptstädten fehlte es oft an der Empathie, die notwendig gewesen wäre, um die Sorgen und Anerkennungserwartungen von Japans Eliten zu verstehen. So erkannten viele westliche Entscheidungsträger nicht, dass ein neuer, zunächst abseits stehender Akteur besonders leicht den Eindruck gewinnen kann, dass für ihn, trotz aller Erfolge bei der nachholenden Entwicklung, kein gleichberechtigter Platz im Kreis der Etablierten ist. Es bleibt zu hoffen, dass heutige Entscheidungsträger im Umgang mit China und Indien nicht ähnliche Fehler begehen.

Literatur

Allen, G. C. (1968). *A short economic history of modern Japan. 1867–1937; with a supplementary chapter on economic recovery and expansion* (S. 1945–1960). London: Allen & Unwin.

Asada, S. (1993). The Revolt against the Washington Treaty: The Imperial Japanese Navy and Naval Limitation, 1921–1927. *Naval War College Review, 46*(3), 82–97.

Aydin, C. (2007). *The politics of anti-Westernism in Asia. Visions of world order in pan-Islamic and pan-Asian thought.* New York: Columbia University Press.

Backer, S. (2011). *Japanese heavy cruisers. Myoko and Takao classes.* Barnsley: Pen & Sword Books.

Barnhart, M. A. (1987). *Japan prepares for total war. The search for economic security, 1919–1941.* Ithaca: Cornell University Press.

Bartlett, C. J. (1984). *The Global conflict. The international rivalry of the great powers* (1880–1970). London New York: Longman.

Beasley, W. G. (1987). *Japanese imperialism, 1894–1945*. Oxford: Clarendon Press.

Burkman, T. W. (2008). *Japan and the League of Nations. Empire and world order*. Honolulu: University of Hawai'i Press.

Crowley, J. B. (1966). *Japan's quest for autonomy. National security and foreign policy, 1930–1938*. Princeton: Princeton University Press.

DeVere Brown, S. (1974). Shidehara Kijuro. The diplomacy of the Yen. In R. D. Burns & E. M. Bennett (Hrsg.), *Diplomats in crisis. United States-Chinese-Japanese relations, 1919–1941* (S. 201–225). Santa Barbara CA: ABC-Clio.

Goto-Shibata, H. (2006). Internationalism and nationalism. anti-Western sentiments in Japanese foreign policy debates, 1918–22. In N. Shimazu (Hrsg.), *Nationalisms in Japan* (S. 66–84). London New York: Routledge.

Hartmann, R. (1996). *Geschichte des modernen Japan. Von Meiji bis Heisei*. Berlin: Akademie Verlag.

Howe, C. (1987). Japan' economic experience in China before the establishment of the People's Republic of China. A retrospective balance-sheet. In R. Dore, R. Sinha & M. Sako (Hrsg.), *Japan and world depression. Then and now* (S. 155–177). Houndmills Basingstoke: Macmillan.

Imai, S. (1973). Cabinet, emperor, and senior statesmen. In D. Borg & S. Okamoto (Hrsg.), *Pearl Harbor as history. Japanese-American relations, 1931–1941* (S. 53–79). New York, London: Columbia University Press.

Iriye, A. (1965). *After Imperialism. The search for a new order in the Far East* (S. 1921–1931). Cambridge MA: Harvard University Press.

Iriye, A. (1967). *Across the Pacific. An inner history of American-East Asian relations*. New York: Harcourt Brace & World.

Iriye, A. (1974). The Failure of Economic Expansion: 1918–1931. In B. S. Silberman, H. D. Harootunian & G. L. Bernstein (Hrsg.), *Japan in crisis. Essays on Taishō democracy* (S. 237–269). Princeton N.J: Princeton University Press.

Ito, T. (1973). The role of right-wing organizations in japan. In D. Borg & S. Okamoto (Hrsg.), *Pearl Harbor as history. Japanese-American relations, 1931–1941* (S. 487–509). New York London: Columbia University Press.

Kaufman, R. G. (1990). *Arms control during the pre-nuclear era. The United States and naval limitation between the two world wars*. New York: Columbia University Press.

Kennedy, M. D. (1969). *The estrangement of Great Britain and Japan, 1917–35*. Manchester: Manchester University Press.

Langer, P. F. (1960). Japan zwischen den Kriegen. In G. Mann (Hrsg.), *Propyläen Weltgeschichte. Eine Universalgeschichte* (S. 231–278). Berlin: Propyläen.

Lindeman, K. (2008). *Norm-driven change. The international normative system and the origins of Japanese revisionism (1860–1930)*. Baltimore: Johns Hopkins University. Dissertation

Lu, D. J. (2002). *Agony of choice. Matsuoka Yōsuke and the rise and fall of the Japanese Empire, 1880–1946*. Lanham: Lexington Books.

Mishima, Y. (1989). *The Mitsubishi. Its challenge and strategy*. Greenwich CT: JAI Press.

Mishra, P. (2012). *From the ruins of empire. The revolt against the West and the remaking of Asia*. London, New York: Allen Lane.

Montgomery, M. (1988). *Imperialist Japan. The yen to dominate*. New York: St. Martin's Press.

Nakamura, T. (1987). The Japanese economy in the interwar period. A brief summary. In R. Dore, R. Sinha & M. Sako (Hrsg.), *Japan and world depression. Then and now* (S. 52–67). Houndmills, Basingstoke: Macmillan.

Nish, I. H. (1977). *Japanese foreign policy, 1869–1942. Kasumigaseki to Miyakezaka*. London Boston: Routledge & K. Paul.

Ogata, S. (1973). The role of liberal nongovernmental organizations in Japan. In D. Borg & S. Okamoto (Hrsg.), *Pearl Harbor as history. Japanese-American relations, 1931–1941* (S. 459–483). New York London: Columbia University Press.

Ogata, S. N. (1964). *Defiance in Manchuria. The making of Japanese foreign policy, 1931–1932*. Berkeley: University of California Press.

Patrick, H. T. (1971). The economic muddle of the 1920's. In J. W. Morley & G. M. Beckmann (Hrsg.), *Dilemmas of growth in prewar Japan* (S. 211–266). Princeton N.J: Princeton University Press.

Pelz, S. E. (1974). *Race to Pearl Harbor. The failure of the Second London Naval Conference and the onset of World War 2*. Cambridge MA: Harvard University Press.

Roberts, J. G. (1973). *Mitsui. Three centuries of Japanese business*. New York Tokyo: Weatherhill.

Roskill, S. (1976). *Naval policy between the wars. The period of reluctant rearmament 1930–1939*. London: Collins.

Shuichi, K. (1974). Taisho democracy as a pre-stage for Japanese militarism. In B. S. Silberman, H. D. Harootunian & G. L. Bernstein (Hrsg.), *Japan in crisis. Essays on Taishō democracy* (S. 217–236). Princeton N.J: Princeton University Press.

Storry, R. (1979). *Japan and the decline of the West in Asia, 1894–1943*. London: Macmillan.

Usui, K. (1973). The role of the foreign ministry. In D. Borg & S. Okamoto (Hrsg.), *Pearl Harbor as history. Japanese-American relations, 1931–1941* (S. 127–148). New York London: Columbia University Press.

Walters, F. P. (1965). *A history of the League of Nations*. Oxford: Oxford University Press.

Ward, S. (2013). Race, status, and Japanese revisionism in the early 1930's. *Security Studies, 22*(4), 607–639.

Z Außen Sicherheitspolit (2016) (Suppl 1) 10:143–171
DOI 10.1007/s12399-016-0599-4

Was frustriert die Gewinner?

Lena Jaschob · Iris Wurm

Online publiziert: 13. Dezember 2016

Zusammenfassung Das Schlusskapitel führt die Ergebnisse zusammen und erläutert sowohl die Konzeptualisierung von Revisionismus als auch einen Vergleich der Fälle. Die unabhängige Variable Status war in den Fällen Deutsches Kaiserreich, Weimarer Republik und Japan die Triebfeder der revisionistischen Politik. Dagegen war im Fall der USA der laterale Druck ausschlaggebend für eine dissidente Politik. Weiterhin wirft das Kapitel einen Blick auf die aktuellen Aufsteiger in der Weltpolitik und erläutert Handlungsanweisungen für den Umgang mit revisionistischen Akteuren.

Schlüsselwörter Revisionismus · Status · Lateraler Druck · USA · Japan · Deutsches Kaiserreich · Weimarer Republik · China · Indien · Russland · Aufsteiger

How Winners Get Frustrated

Abstract The concluding chapter presents an overview of our findings, including the conceptualization of revisionism as well as a comparison of our cases. The independent variable status explains best the revisionism of the German Empire, the Weimar Republic and Japan. In contrast to that, the dissident foreign policy of the US before World War I was chiefly driven by lateral pressure. The chapter also focuses on the contemporary rising powers China, India and Russia and provides instructions how to deal with revisionist rising powers.

L. Jaschob
Straße der ODF 20, 39307 Genthin, Deutschland

Dr. I. Wurm (✉)
Goethe-Universität Frankfurt am Main, PEG, Theodor-W.-Adorno-Platz 6, 60323 Frankfurt, Deutschland
E-Mail: wurm@soz.uni-frankfurt.de

Keywords Revisionism · Status · Lateral pressure · USA · Japan · German Empire · Weimar Republic · China · India · Russia · Rising powers

1 Einleitung

Die Beiträge in diesem Sonderheft befassen sich alle mit der Frage „Was frustriert die Gewinner?". Die Frage soll mit Hilfe der unabhängigen Variablen Lateraler Druck und Status beantwortet werden. Diese zwei wurden ausgewählt, weil sie beide eine Antwort geben können, warum gerade Aufsteiger gegen die etablierte Ordnung vorgehen, obwohl sie doch stark von ihr profitieren. Beide Ansätze gehen dabei davon aus, dass es gerade die rasante Entwicklung ist, die revisionistische Ambitionen weckt. Lateraler Druck scheint immer dann Erklärungskraft zu haben, wenn revisionistische Handlungen auf dem Gebiet der Wirtschaftspolitik zu beobachten sind oder wirtschaftliche Interessen des Staates eine Veränderung der Ordnung begünstigen und diese Handlungen mit Verweis auf Ressourcenengpässe begründet werden. Status dagegen scheint dann wirkmächtig zu werden, wenn es um eine möglichst vorteilhafte Positionierung in der internationalen Ordnung geht. Beziehungsweise wenn ein Staat seine Interessensphäre gegenüber anderen Akteuren klar abgrenzen will, sowie Einmischungen Dritter verhindern möchte und wenn die Begründung seiner Politik auf Status oder Statusmarker rekurriert (siehe Sauerland/Wolf in diesem Heft). Die Beiträge in diesem Sonderheft haben aber auch gezeigt, dass die Gründe/Ursachen für Revisionismus von Staaten gegen die internationale Ordnung stark von Kontextfaktoren abhängen.

Um diese Aussagen treffen zu können, haben die Autoren in diesem Heft zunächst die abhängige Variable „Revisionismus" operationalisiert, indem sie den in der Literatur bisher wenig ausdifferenzierten Revisionismusbegriff analytisch trennschärfer dargestellt haben. Dadurch wird eine genauere Betrachtung und Unterscheidung von staatlichen Politiken möglich. Die Differenzierung zwischen oppositionellem Revisionismus und dissidentem Revisionismus erlaubt es, revisionistisches Verhalten schon frühzeitiger erkennen zu können und staatliches Handeln schon vor der Schwelle der Eskalation kritisch zu beleuchten.

2 Die abhängige Variable Revisionismus

Der Revisionismus von Staaten stellte die abhängige Variable für alle Fallstudien dar. Bei der Konzeptionierung der Variable fällt auf, dass das Phänomen „Revisionismus" zwar häufig in der Literatur aufgegriffen wird, die Ursachen dafür aber meist nur wenig beleuchtet werden und keine analytische Trennung zwischen unterschiedlichen Graden des Revisionismus vorgenommen wird. Revisionismus ist nach Auffassung der Autoren ein zentrales Konzept für die Internationalen Beziehungen, und vor allem für die Analyse von aktuellen und zukünftigen Entwicklungen in der internationalen Politik hilfreich. Um diese Lücke in der Theoretisierung und Konzeptionierung des Begriffs zu schließen, haben die Autoren einen neuen, de-

taillierteren und differenzierten Rahmen zum Verständnis von Revisionismus in der internationalen Politik entwickelt.

Der Anspruch war es, ein komplexeres und fortgeschritteneres Konzept von Revisionismus zu entwickeln, das versucht, die verschiedenen Bedeutungen, die die Autoren in der Literatur ausgemacht haben, aufzugreifen und dabei dennoch die konzeptionelle Schärfe zu bewahren. Dazu haben sie zwei Subkategorien in Anlehnung an Daase und Deitelhof (2014) übernommen, die von der Haltung gegenüber der Regelbefolgung und dem „Grad an Revisionismus", bestehend aus revisionistischem Commitment sowie den revisionistischen Ambitionen, abhängen.

Sie gehen zunächst davon aus, dass die grundsätzliche Haltung zur Internationalen Ordnung darüber bestimmt, ob ein Staat revisionistisch ist oder nicht. Hat ein Staat keinerlei Änderungswünsche an der internationalen Ordnung und unternimmt auch keine Versuche, die Ordnung anzupassen, so handelt es sich um einen affirmativen Staat. Versucht ein Staat die Ordnung zu verändern und handelt dabei entsprechend der Regeln und Normen der Ordnung, dann lässt sich dieser Staat als oppositioneller Revisionist bezeichnen. Nimmt ein Staat Veränderungen an der Ordnung vor ohne dabei die Regeln und Normen zu beachten, handelt es sich um einen dissidenten Revisionisten (Jaschob et al. in diesem Sonderheft).

Sowohl oppositioneller wie auch dissidenter Revisionismus finden sich in verschiedenen Ausprägungsgraden. Der Grad des Revisionismus – stark, mittel, schwach – ergibt sich aus dem revisionistischen Commitment und den revisionistischen Ambitionen. Die Dimension des Commitment bezieht sich auf die Entschlossenheit eines Akteurs bezüglich der Erreichung seiner revisionistischen Ziele. Die Intensität der Äußerungen und Handlungen eines Staates kann zwischen reinen Gedankenspielen innerhalb der Regierung bis hin zu offener Konfrontation und Konflikt reichen. Die revisionistischen Ambitionen eines Staates lassen sich in Breite und Tiefe aufspalten. Je mehr internationale Akteure, je größer die Anzahl der betroffenen Regelbereiche oder geographische Gebiete die durch die Realisierung der revisionistischen Änderungswünsche betroffen sind, desto breiter ist das revisionistische Ziel. Die Tiefe der revisionistischen Ziele wiederum sollte als Intensität der Auswirkungen der angestrebten Änderungen auf andere Staaten verstanden werden.

Die Konzeptionalisierung der abhängigen Variable, die wir in Kap. 1 dieses Sonderheftes vorgenommen haben, lässt sich am deutlichsten in einer Graphik zusammenfassen (siehe Abb. 1).

Mit dieser ersten Operationalisierung lassen sich die ausgewählten Fälle folgendermaßen einordnen:

- Fallstudie USA: Dissidente Politik über den gesamten Untersuchungszeitraum.
- Fallstudie Deutsches Kaisereich: Oppositionelle Politik über den gesamten Untersuchungszeitraum.
- Fallstudie Weimarer Republik: zunächst dissidente Politik, dann Abschwächung hin zu oppositioneller Politik und erneute Radikalisierung hin zu Dissidenz.
- Fallstudie Japan: zunächst affirmative Politik, dann Sprung zu dissidentem Revisionismus.

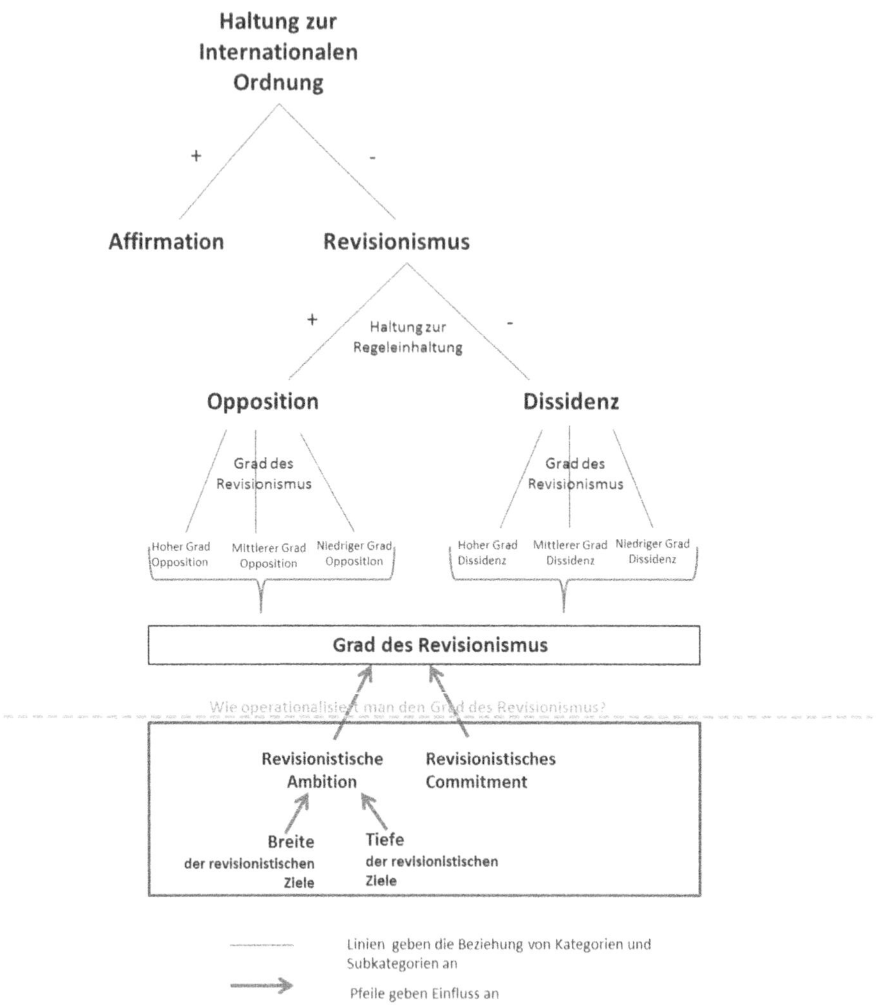

Haltung zur
Internationalen
Ordnung

+ -

Affirmation Revisionismus

+ Haltung zur -
Regeleinhaltung

Opposition Dissidenz

Grad des Grad des
Revisionismus Revisionismus

Hoher Grad Mittlerer Grad Niedriger Grad Hoher Grad Mittlerer Grad Niedriger Grad
Opposition Opposition Opposition Dissidenz Dissidenz Dissidenz

Grad des Revisionismus

Wie operationalisiert man den Grad des Revisionismus?

Revisionistische Revisionistisches
Ambition Commitment

Breite Tiefe
der revisionistischen der revisionistischen
Ziele Ziele

-------- Linien geben die Beziehung von Kategorien und
Subkategorien an

⟶ Pfeile geben Einfluss an

Abb. 1 Konzeptionalisierung des Revisionimus. Quelle: Eigene Darstellung

Die USA hatte bereits mit der Monroe-Doktrin 1823 ihren Anspruch an die Ordnung klar formuliert. Sie wollten als führende Macht der westlichen Hemisphäre wahrgenommen werden und verbaten sich jede Intervention „raumfremder Mächte" (Schmitt 1941/1991). Zunächst fehlten jedoch die Mittel zur Umsetzung dieses Ordnungsanspruchs. Erst mit dem spanisch-amerikanischen Krieg 1898 demonstrierten die USA ihren Anspruch auch militärisch gegenüber den europäischen Staaten. Damit traten die USA in eine Phase dissidenter Politik ein, um die Einmischung der Europäer auf dem amerikanischen Kontinent zu beenden und den eigenen Führungsanspruch umzusetzen. Diese Politik setzte sich mit der 1904 verkündeten Roosevelt Corollary fort. Dieser Zusatz zur Monroe-Doktrin kann als eine neue Normsetzung verstanden werden, die die dissidente Politik der USA in der Region legitimieren sollte. Auch der Bau des Panama-Kanals ab 1903 zeigt, dass die USA weiterhin

eine dissidente Politik verfolgten. Sie demonstrierten mit dem Kanalbau den eigenen Führungsanspruch und setzten sich dazu über die Souveränitätsrechte anderer Staaten hinweg. Gleiches gilt für die Interventionen in Kuba 1906–1908 und Nicaragua 1910, bzw. 1912. Durch diese militärischen Interventionen wurden erneut die Souveränitätsrechte unabhängiger Staaten verletzt, um die eigenen Interessen – Führungsanspruch und wirtschaftliche Durchdringung nach eigenen Vorgaben – durchzusetzen.

Das Commitment der USA zu dieser dissidenten Politik kann als sehr hoch bewertet werden, da der amtierende Präsident nie einen Hehl aus den revisionistischen Absichten machte und die Handlungen in vollem Bewusstsein des Regelbruchs erfolgten. Die revisionistischen Ambitionen der USA sind sowohl als sehr breit wie auch sehr tief zu charakterisieren. Es war eine Vielzahl von Akteuren von dieser Politik betroffen, sie erstreckte sich über die gesamte amerikanische Hemisphäre und betraf eine hohe Anzahl von Regeln und Normen. Der Grad des Revisionismus der amerikanischen Ziele zeigt sich durch die Bereitschaft, diese auch militärisch zu erreichen.

Das Deutsche Kaiserreich verfolgte im Gegensatz zu den USA vor allem moderat oppositionelle Politiken, um den eigenen Führungsanspruch in Europa umzusetzen. Anfang der 1890er-Jahre ging es der Führung des Deutschen Reichs vor allem um die Sicherung der bereits erreichten Erfolge, vor allem auf dem Gebiet der Wirtschaftspolitik. Die Handelsvertragspolitik des Reichskanzlers Caprivi sollte möglichst die Vorzüge für die deutsche Wirtschaft sichern und ausbauen sowie verhindern, dass das Deutsche Reich vom internationalen Handel und dem Weltmarkt ausgeschlossen werde. Um dieses Ziel zu erreichen schloss das Deutsche Reich mehrere Handelsverträge mit europäischen Partnern, die mit Hilfe der Meistbegünstigungsklausel die Vorteile für die deutsche Wirtschaft absicherten. Damit hatte das Reich einen Änderungsanspruch an die Ordnung, der zwar sehr breit war, jedoch nicht besonders tief. Die deutsche Flottenpolitik ab 1898 dagegen signalisierte eine deutlich revisionistischere Tendenz der deutschen Politik. Das Deutsche Reich wollte als Weltmacht neben Großbritannien anerkannt werden und war bereit, dieses Ziel auch konfrontativ zu erreichen. Der Aufbau der deutschen Schlachtflotte erfolgte dabei regelkonform, jedoch löste die deutsche Politik ein Flottenwettrüsten aus, welches die militärischen Kräfteverhältnisse in Europa in Bewegung brachte. Das revisionistische Ziel war in diesem Fall besonders tief, strebte man doch eine Umwälzung der Kräfteverhältnisse und eine deutliche Neupositionierung in der Ordnung an. Auch war der Schlachtflottenbau ein besonders breites Ziel, da durch das Wettrüsten alle anderen Großmächte und auch kleinere Staaten betroffen waren. Auch das deutsche Verhalten während der beiden Marokkokrisen 1905/06 und 1911 verweist auf oppositionell-revisionistische Politik. Das Deutsche Reich wollte die eigene Position in der Ordnung verbessern und die Ententen sprengen. Dies versuchte man auf diplomatischem Wege – vor allem mit dem Versuch der Kanonenbootdiplomatie. Hier war das Ziel erneut besonders tief, jedoch nicht sehr breit, da hiervon nur ein kleiner Kreis von Staaten direkt betroffen war, es auch nicht um größere territoriale Gebiete ging und auch keine Regeln oder Normen verändert werden sollten; es ging vielmehr um die Forderung, dass bestehende Regeln und Normen umgesetzt werden. Das Commtiment des Deutschen Kaiserreichs ist über den gesamten Un-

tersuchungszeitraum als hoch zu bewerten. Besonders ab 1897 – mit dem Beginn der Weltpolitik – werden die Ziele der deutschen Politik klar formuliert und die politischen Handlungen orientieren sich stark an ihnen.

Die Politik der Weimarer Republik weist in Bezug auf das Verhältnis zur Ordnung die größte Varianz auf. Die Entwicklung des Revisionismus lässt sich nicht als lineare oder exponentiell wachsende Gerade darstellen, sondern die Weimarer Republik verfolgte anfänglich eine dissidente Politik, die sich Mitte der 1920er-Jahre abschwächte und als oppositionell-revisionistisch zu kennzeichnen ist. Ab 1930 fand dann eine erneute Radikalisierung hin zu dissident-revisionistischer Politik statt, die letztendlich in der Herrschaft der NSDAP ihren Höhepunkt fand. Die Anfangsphase der Weimarer Republik war gekennzeichnet von einer starken Ablehnung des Versailler Vertrages. Das revisionistische Ziel war die Abschaffung dieses Systems. Dazu bediente sich die junge Weimarer Republik vor allem der Methode der Vertragsverletzungen: Berlin zahlte Reparationen nicht vollständig und hielt sich nicht an militärische Beschränkungen. Sie blieb aber in ihrer Breite und Tiefe beschränkt, weil die Reichsregierung vor allem gegen die akuten Benachteiligungen, die sich aus dem Versailler Vertrag ergaben, agierte. Mit der Regierungsübernahme Gustav Stresemanns 1923 ändere sich die deutsche Politik. Man versuchte nun auf oppositionell-revisionistischem Wege die Ordnung anzupassen. Durch die Aufnahme in den Völkerbund und die Unterzeichnung des Locarno-Vertrags signalisierte man, dass man nicht länger versuchte, die Ordnung gänzlich zu zerstören. In dieser Phase fand jedoch kein Übergang zur Affirmation statt. Das revisionistische Ziel – Abschaffung des Versailler Systems – blieb weiterhin bestehen. In der dritten Phase (ab 1930) versuchte das Deutsche Reich dieses Ziel wieder mit dissidenten Mitteln zu erreichen. Die revisionistischen Ziele blieben in ihrer Breite und Tiefe aber weiterhin beschränkt und unterschieden sich nicht maßgeblich von dem was Stresemann auf kooperativem Wege zu erreichen suchte (Niedhart 2012, S. 35; Hildebrand 1999, S. 648). Versailles sollte revidiert und sämtliche Deutschland betreffenden Beschränkungen und Diskriminierungen sollten aufgehoben werden (Hildebrand 1999, S. 606–607).

Die Politik Japans vor 1932 lässt sich als weitgehend affirmativ beschreiben. Zwar gab es einige wenige Fälle technischer Dissidenz, wie zum Beispiel kleinere Verletzungen des Washingtoner Abkommens, aber insgesamt lässt sich kein direkter Wunsch nach Veränderungen der internationalen Ordnung erkennen. Der Fokus der japanischen Politik lag auf einem friedlichen Aufstieg und der Durchdringung des chinesischen Marktes, um das eigene Wachstum erhalten zu können. International zeigte sich Japan kooperativ und arbeitete aktiv im Völkerbund und dem Washingtoner System mit. Dies änderte sich ab 1932. Die japanische Politik kennzeichnete sich nun durch eine kontinuierlich zunehmende Dissidenz. Die Anerkennung von Manchukuo und die Verweigerung von Konsultationen im Rahmen des Neun-Mächte-Pakts sind erste dissidente Schritte. Mit der anschließenden territorialen Expansion, der Amau-Doktrin und der militärischen Aufrüstung war Japan dann endgültig bereit die internationale Ordnung durch Regelbrüche zu verändern. Die revisionistischen Ambitionen verbreiteten und vertieften sich in dem Maße, in dem eine grundlegende Änderung der ostasiatischen Ordnung angestrebt wurde, die nach Tokyos Vorstellung exklusiv von Japan dominiert werden sollte. Dieses Ziel

		Deutsches Kaiserreich			USA				Weimarer Republik			Japan	
Beobachtungspunkte/ Phase		1	2	3	1	2	3	4	1	2	3	1	2
		O	O	O	D	D	D	D	D	O	D	A	D
Ambition	Tiefe Ziele		√	√	√		√		√	√	√		√
	Breite Ziele	√	√		√	√		√			√		√
Commitment	Hoch	√	√	√	√	√	√	√	√		√		√
	Niedrig									√			

Abb. 2 Die Ausprägung der abhängigen Variablen. Quelle: Eigene Darstellung

fand immer mehr gesellschaftliche Unterstützung und wurde mit großem Einsatz verfolgt: Sowohl die massive Aufrüstung als auch der offene Krieg gegen China (ab 1937) belegen das große Commitment des Kaiserreichs.

Von einer vergleichenden Auswertung der abhängigen Variable lassen sich weitere Ergebnisse ableiten (Abb. 2). Hier zeigt sich besonders, dass die Ambition, also die Tiefe und/oder Breite der revisionistischen Ziele, nicht direkt mit dem Commitment, also der Umsetzungsbereitschaft zusammenhängt. Vielmehr gibt die Ausprägung des Commitment Aufschluss über den Grad des Revisionismus. Oppositionelles und dissidentes Verhalten geht in den von uns untersuchten Fällen, mit einem hohen Commitment einher, die Ziele können dabei sowohl breit als auch tief sein. Lediglich die zweite Phase der Weimarer Republik stellt hier einen Ausreißer dar, hier ging ein tiefes Ziel lediglich mit einem niedrigen Commitment einher. Dies ist auf die besonderen Umstände zurückzuführen, die das Verhältnis der Weimarer Republik zur Ordnung ausmachten. In den 1920er-Jahren blieb das revisionistische Ziel – die Abschaffung des Versailler Vertrags – weiterhin bestehen, die Weimarer Republik versuchte aber nun nicht mehr auf dissidentem Wege die Abschaffung zu erreichen, sondern es wurde versucht durch oppositionelle Politik sich auf anderen Gebieten wieder als politischer Player zu etablieren und um diesen Kurs nicht zu gefährden wurde das Commitment zur Abschaffung von Versaille zurückgefahren. Mit diesem Befund, dass das Commitment eine Aussage über den Grad des Revisionismus treffen kann, geht auch einher, dass sich aus der Ambition eines Staates nicht ableiten lässt, wie revisionistisch seine Politik ist. In den hier vorgestellten Fallstudien ließ sich keine Kausalität nachweisen.

3 Ursachen revisionistischer Großmachtpolitik

Um die Ursachen für die revisionistischen Politiken von Staaten näher beleuchten zu können, haben die Autoren den Einfluss von lateralem Druck und von Statusansprüchen näher betrachtet. Es wird davon ausgegangen, dass revisionistische Politik sowohl durch wirtschaftliche Engpässe – subjektiv und objektiv – oder durch steigende Statusansprüche ausgelöst werden kann.

 Springer

Die Theorie des lateralen Drucks geht davon aus, dass Staaten immer dann nach außen handeln, wenn sie lateralen Druck verspüren. Dieser speist sich aus drei Bereichen: Bevölkerung, Technologie und Ressourcen. Je nach Ausprägung der drei Mastervariablen und des von ihnen erzeugten lateralen Drucks unternimmt eine Gesellschaft Aktivitäten außerhalb ihrer Landesgrenzen. Wenn mehrere Staaten lateralen Druck verspüren, können sich die Interessen der Staaten derart überschneiden, dass gewaltsame Konflikte entstehen. Für unser Forschungsdesign haben die Autoren vier Indikatoren herausgearbeitet, die dafür sprechen würden, dass das revisionistische Verhalten eines erfolgreichen Aufsteigers auf lateralen Druck zurückzuführen ist. Diese Indikatoren beziehen sich unter anderem auf das Verhalten der Entscheidungsträger, die ihre Politik mit Wachstumsdynamiken und wirtschaftlichen Engpässen begründen und der Argumentation von Wirtschaftsführern, die sich teilweise auf objektive Trends bezieht. Des Weiteren geht es um einseitige Veränderungen des Status quo, um die beobachteten und wahrgenommene Engpässe zu überwinden (siehe Beitrag Sauerland/Wolf in diesem Heft).

Aus diesen Annahmen und Indikatoren ergeben sich die Erwartungen für den Zusammenhang von lateralem Druck und revisionistischer Politik. Die Autoren erwarten, dass zunehmender lateraler Druck mit einer Radikalisierung der oppositionellen oder dissidenten Politik einhergeht. In Fällen von affirmativer Politik dagegen dürfte sich lateraler Druck überhaupt nicht nachweisen lassen.

Die unabhängige Variable Status setzt hingegen nicht an den materiellen Bedürfnissen, sondern an den Anerkennungsforderungen von Staaten und deren politischer Repräsentanten an. Die Autoren gehen davon aus, dass sich der Widerstand gegen eine Ordnung nicht nur an deren materiellen Verteilungswirkungen entzünden kann, sondern auch an dem untergeordneten Rang, welcher einem aufsteigenden Staat zugewiesen wird. Diese Zuweisung eines untergeordneten Rangs kann zu großer Unzufriedenheit mit der eignen Position führen und Spannungen erzeugen, die die aufsteigende Macht schließlich dazu veranlassen können, ihre Statusbedürfnisse offensiv durchzusetzen.

Aus diesen theoretischen Erwartungen haben die Autoren ebenfalls Indikatoren herausgearbeitet, deren Beobachtung dafür sprechen würde, dass Statusansprüche die revisionistische Politik motiviert haben. Hier geht es dann vor allem um den Erwerb von Statusmarkern, das Anführen von Statusansprüchen, um den eigenen Rang zu erhöhen, sowie das Empfinden einer Statuslücke. Gefordert werden Veränderungen dann eher von nationalistischen Intellektuellen und Medien und begründet werden sie eher mit dem Verweis auf „nationale Leiden" und nicht mit sachlich-materiellen Problemen. Das Verhältnis des Akteurs zur internationalen Ordnung hängt dann von seiner Bewertung der eigenen Statusposition ab. Zur Umsetzung der Statusinteressen stehen ihm dann unterschiedliche Strategien zur Verfügung, beispielsweise social creativity oder social mobility (siehe Beitrag Sauerland/Wolf in diesem Heft).

Die Autoren erwarten in den Fallstudien einen Zusammenhang zwischen Statusansprüchen oder wahrgenommenen Statusmismatches mit revisionistischer Politik. Je stärker dabei die Ansprüche, beziehungsweise der Mismatch ausfällt, desto radikaler müsste die oppositionelle oder dissidente Politik eines Staates aussehen.

Die Fallstudie zu den USA zeigt, dass vor allem lateraler Druck die revisionistische Politik der USA von 1880 bis 1914 motiviert hat. Sowohl der spanisch-amerikanische Krieg, als auch der Bau des Panamakanals und die Interventionen in Kuba und Nicaragua waren durch die Durchsetzung wirtschaftlicher Interessen und dem Wunsch nach neuen Absatzmärkten bestimmt. Nachdem die USA ihr Staatsgebiet bis an den Pazifik ausgedehnt hatten und sich das Gefühl einstellte, dass der Wohlstand und die wirtschaftlichen Interessen nicht mehr mit Hilfe des eigenen Grund und Bodens befriedigt werden könnten, veranlasste die amerikanische Regierung dissident-revisionistische Handlungen. Die Monroe-Doktrin und die Roosevelt Corollary, welche als Zusatz verstanden werden kann, manifestierten den amerikanischen Statusanspruch nach regionaler Hegemonie auf dem amerikanischen Kontinent. Diesem ging dabei keine Erniedrigung voraus, sondern er generierte sich aus dem Verständnis heraus, die eigene Hemisphäre beherrschen zu wollen, um die eigenen Interessen bestmöglich durchsetzen zu können. Die USA sahen sich nicht als Teil der europäischen Ordnung und hatten somit auch nicht den Fokus auf dem europäischen Statuswettkampf der Großmächte. Sie sahen sich als exzeptionell und wollten als „neue Macht" auf dem amerikanischen Kontinent anerkannt werden.

Das revisionistische Handeln des Deutschen Kaiserreichs vor dem Ersten Weltkrieg lässt sich dagegen eher mit gestiegenen Statusansprüchen erklären, als mit lateralem Druck. Nur bei der Handelsvertragspolitik Caprivis lässt sich nachweisen, dass subjektiv empfundener lateraler Druck Einfluss auf die politische Handlung hatte. Bei der Flottenpolitik und auch in den beiden Marokkokrisen taucht lateraler Druck nur noch als untergeordnete Erklärungsvariable auf. Die Statusansprüche des Deutschen Reichs dagegen nehmen über den Untersuchungszeitraum hinweg zu und sind in der Lage, die Politik der deutschen Führung zu erklären. Der nicht erfüllte Statusanspruch – Weltmacht – wird bei der Flottenpolitik und besonders stark in der zweiten Marokkokrise als Begründung für das politische Handeln herangezogen. Es kann daher davon ausgegangen werden, dass der Statusanspruch durchaus handlungsleitend war. So lässt sich konstatieren, dass die unabhängige Variable lateraler Druck sich im Fall des Deutschen Kaiserreichs nicht wie erwartet verhält: die stärkste Ausprägung findet sich in der Phase der nur moderat oppositionellen Politik. Die unabhängige Variable Status dagegen verhält sich entsprechend der theoretischen Annahmen: mit zunehmenden oppositionellem Revisionismus steigt auch der Einfluss von Statusansprüchen auf das politischen Verhalten.

Für den Fall der Weimarer Republik weisen die beiden unabhängigen Variablen eine unterschiedliche Erklärungskraft auf. Lateraler Druck lässt sich für den gewählten Untersuchungszeitraum – wenn überhaupt – nur in geringem Maße nachweisen. Allerdings existieren allgemeinere wirtschaftliche Probleme, deren Auftreten bzw. Heftigkeit durchaus mit dem Grad des Revisionismus korrespondiert. Die unabhängige Variable Status – durch die Statusdeprivation, der das Deutsche Reich seit der Niederlage im Weltkrieg und dem Vertrag von Versailles unterlag – spielte über den gesamten Untersuchungszeitraum dagegen eine große Rolle. Zu Beginn der Weimarer Republik wurde Deutschland nicht mehr als Großmacht betrachtet und die Alliierten weigerten sich anzuerkennen, dass die Weimarer Republik ein neues Deutschland war. Sie bürdeten der Republik die moralische (und materielle) Schuld des Kaiserreichs auf und akzeptierten nicht die Statusansprüche der Weimarer Re-

publik. Die Entspannungspolitik Stresemanns ermöglichte eine Statusaufwertung der Weimarer Republik und führte zu einer endradikalisierten oppositionell-revisionistischen Politik. Stresemann bemühte sich dies noch zu verstärken, indem er im Rahmen einer Politik der *social mobility* und *social creativity* versuchte, Deutschland als Wirtschaftsmacht neu aufzustellen. Der sich wiederum radikalisierende Revisionismus in der dritten Phase kann somit allenfalls teilweise mit der Statusvariable erklärt werden. Objektiv gesehen hatte sich der deutsche Status im Vergleich zu den ersten beiden Phasen (etwa durch den Wegfall der Reparationen) sogar deutlich verbessert. Eine Mäßigung der revisionistischen Politik ging damit jedoch nicht einher. Gleichzeitig führten sowohl die Präsidialkabinette Statusansprüche (etwa auf militärische Gleichberechtigung) immer wieder ins Feld. Daraus kann geschlossen werden, dass (empfundene) Statusdeprivationen besonders nachhaltig waren, so dass die – ohne Zweifel existenten – Kränkungen aus dem Versailler Vertrag noch immer nachwirkten und/oder, dass sich Verweise auf einen wie auch immer gearteten Statusanspruch besonders gut eigneten, um revisionistische Politik (nach innen und nach außen) zu legitimieren.

Auch für den Fall Japan lässt sich der Einfluss der unabhängigen Variable lateraler Druck nicht nachweisen. Weder subjektiv noch objektiv hatte lateraler Druck Einfluss auf die politischen Handlungen Japans. Japan verfolgte eine Politik der wirtschaftlichen Durchdringung des Festlands zur Wahrung der eigenen wirtschaftlichen Interessen. Die führenden Unternehmen sprachen sich klar gegen eine aggressive territoriale Expansion aus. Auch nach 1932 änderte sich an dieser Grundhaltung nichts. Die unabhängige Variable Status dagegen trägt eher dazu bei, die revisionistische Politik Japans erklären zu können. Von Beginn an lassen sich große Statusambitionen nachweisen. Die Ablehnung der racial equality clause in der Völkerbundsatzung löste ein starkes Misstrauen gegenüber der Positionierung Japans aus und schürte Ressentiments gegen den „Westen". Der ständige Sitz im Völkerbundsrat wurde jedoch zunächst als ausreichende Kompensation gewertet. Insgesamt dominierten die Stimmen, die für einen Statuszugewinn durch friedlichen Aufstieg in Asien plädieren. Erst nach 1932 wurden diese scheinbar nicht gewährten japanischen Statusansprüche als Begründung für die dissidente Politik herangezogen. Der Austritt aus dem Völkerbund kann hier als Beispiel herangezogen werden. Insgesamt zeigt sich eine deutliche Zunahme des radikalen Nationalismus, die dazu führt, dass die eher gemäßigten Eliten zum Umdenken gezwungen oder im öffentlichen Diskurs marginalisiert werden. Dadurch wurde es möglich, dass die Statusambitionen der Militärs und extrem nationalistische Gruppierungen nun aggressiver umgesetzt wurden und handlungsleitend für die dissidente Politik werden konnten.

Abb. 3 zeigt, dass sich beide unabhängigen Variablen nachweisen lassen. Eine nähere Auswertung der Fallstudien zeigt weiterhin, dass die in der Einleitung formulierte Annahme, dass lateraler Druck und/oder Status revisionistisches Verhalten induzieren, bestätigt werden kann (siehe Abb. 4). Es hat sich gezeigt, dass dabei insbesondere die unabhängige Variable Status eine hohe Erklärungskraft für oppositionelles oder dissidentes Verhalten von Staaten hat.

Die unabhängige Variable lateraler Druck scheint nur einen mittelbaren Einfluss auf das Verhalten von Staaten auszuüben, da hier keine eindeutige Kovarianz zwischen zunehmendem Grad des Revisionismus (Ausprägung der AV) und steigendem

	Ausprägung der AV	UV 1			UV2		
Japan		lateraler Druck			Statusmismatch		
		niedrig	mittel	hoch	niedrig	mittel	hoch
Japan vor 32	Affirmation	√			√		
Japan nach 32	Dissidenz	√					√
Kaiserreich		lateraler Druck			Statusmismatch		
		niedrig	mittel	hoch	niedrig	mittel	hoch
Handelspolitik	Opposition			√	√		
Flotte	Opposition	√				√	
Marokkokrisen	Opposition	√					√
Weimarer Republik		lateraler Druck			Statusmismatch		
		niedrig	mittel	hoch	niedrig	mittel	hoch
1919-1923	Dissidenz	√					√
1924-1928	Opposition	√				√	
1930-1933	Dissidenz	√					√
USA		lateraler Druck			Statusmismatch		
		niedrig	mittel	hoch	niedrig	mittel	hoch
US-Spanien Krieg	Dissidenz		√				√
Roosevelt Corollary	Dissidenz	√					√
Panama Kanal	Dissidenz			√	√		
Interventionen	Dissidenz			√	√		

Abb. 3 Ausprägung der unabhängigen Variablen. Quelle: Eigene Darstellung

lateralen Druck nachweisbar ist. Gerade im Fall des Deutschen Kaiserreichs ließ der rasante wirtschaftliche Aufstieg nach der Reichsgründung vermuten, dass lateraler Druck empfunden wurde und damit revisionistisches Verhalten begünstigen würde. Es hat sich jedoch gezeigt, dass weder empfundener noch objektiver lateraler Druck besonders stark ausgeprägt war. Die einzige Ausnahme stellt die Handelsvertragspolitik des Reichskanzlers Caprivi dar, aber auch hier lässt sich lateraler Druck nur in den verbalen Äußerungen einiger zentraler politischer Akteure nachweisen. Weiterhin sollte die Handelsvertragspolitik auch nicht die bestehende Ordnung revidieren, sondern es ging der deutschen Reichsleitung viel mehr um die Aufrechterhaltung des bestehenden Systems, um die eigenen Interessen zu wahren und das eigene Wachstum aufrechtzuerhalten. Im Fall Japan korreliert der laterale Druck mit dem affirmativen Verhalten vor 1932. Aus der Theorie heraus war anzunehmen, dass in Fällen von affirmativer Politik – wo also kein Wunsch nach Veränderungen an der Ordnung besteht – auch der laterale Druck nicht vorhanden sein sollte. Dies bestätigte sich in diesem Fall. Gerade in Fällen, wo ein Staat affirmative Politiken betreibt, sollte lateraler Druck nicht vorhanden sein und kann lateraler Druck kaum als Erklärungsfaktor herangezogen werden. Die Fallstudien haben gezeigt, dass es Fälle von dissidenter Politik völlig ohne das Vorhandensein von lateralem Druck gibt (Weimar) sowie Fälle von dissidenter Politik, wo lateraler Druck sehr wohl eine hohe Erklärungskraft aufweist (USA).

 Springer

			lateraler Druck			Statusmismatch		
		Ausprägung der AV	niedrig	mittel	hoch	niedrig	mittel	hoch
Japan	Japan vor 32	Affirmation			√		√	
Kaiserreich	Handelspolitik	Opposition			√	√		
Kaiserreich	Flotte	Opposition	√				√	
Kaiserreich	Marokko Krise	Opposition	√					√
Weimar	1924-1928	Opposition	√					√
Japan	Japan nach 32	Dissidenz	√					√
Weimar	1919-1923	Dissidenz	√					√
Weimar	1930-1933	Dissidenz	√			√		
USA	US-Spanien Krieg	Dissidenz		√				√
USA	Roosevelt Corollary	Dissidenz	√					√
USA	Panama Kanal	Dissidenz			√	√		
USA	Interventionen	Dissidenz			√	√		

Abb. 4 Erklärungskraft der unabhängigen Variablen. Quelle: Eigene Darstellung

Bei der unabhängigen Variable Status zeigt sich ein anderes Bild. Gerade in den Fällen, wo lateraler Druck die revisionistische Politik nicht hinreichend erklären kann, scheint Status einen großen Einfluss auf die Politik eines Staates zu haben. Im Gegensatz zu lateralem Druck, tauchen Statusargumentationen, wie sie in unseren Indikatoren beschrieben wurden, bei der Begründung von revisionistischer Politik auf. Auch zeigt sich, dass sowohl oppositionelles wie auch dissidentes Verhalten mit einem empfundenen Statusmismatch korrelieren. Ein Ausreißer hier ist die Weimarer Republik zwischen 1930 und 1933. Hier lassen sich weder lateraler Druck noch Status als handlungsleitend nachweisen. Obwohl sich die Situation für die Weimarer Republik deutlich verbessert hatte – vor allem in Bezug auf die Statusposition – nahmen die dissidenten Tendenzen der Politik nicht ab. Insgesamt lässt sich zeigen, dass Statusansprüche immer dann besonders tragfähig für die Erklärung der revisionistischen Politik sind, wenn ein empfundener Statusmismatch mit der Verweigerung der Anerkennung durch relevante Dritte einhergeht und ein Aufstieg in der Statushierarchie gefühlt immer unwahrscheinlicher zu werden scheint.

Über die Fälle hinweg zeigt sich also, dass Status in Fällen von oppositionell-revisionistischem oder dissident-revisionistischem Verhalten eine höhere Erklärungskraft aufweist als lateraler Druck. Betrachtet man dieses Ergebnis näher und wertet die Indikatoren aus, die Sauerland/Wolf (in diesem Heft) entwickelt haben, um den Einfluss der unabhängigen Variable nachzuweisen, bestätigt sich dieses Bild (Abb. 5 und 6). Gerade der Indikator „Begehrte Statusmarker" lässt sich in allen Fällen nachweisen. Daraus lässt sich schließen, dass Statusmarker ein übergeordnetes Interesse von aufsteigenden Staaten sind, um ihre Position in der internationalen Ordnung zu verbessern. In Fällen, wo der aufsteigender Staat das Gefühl hat, dass sein Aufstieg nicht adäquat von den relevanten Anderen anerkannt wird, lassen sich dann auch

		Deutsches Kaiserreich	USA	Weimarer Republik	Japan
Status					
Indikator 1	**Begehrte Statusmarker** Der Staat unternimmt kostspielige Anstrengungen, um allgemein anerkannte Statusmarker zu erwerben, bemüht sich dabei insbesondere um die Marker, über welche fast nur die ranghöchsten Staaten verfügen.	√	√	√	√
Indikator 2	**Statusdemonstration** Der Staat übernimmt kostspielige Anstrengungen, um anderen Staaten seinen Status dauerhaft zu demonstrieren.	√	√	X	
Indikator 3	**Status auf höchster Ebene** Die verantwortlichen Politiker haben im Untersuchungszeitraum immer wieder nationale Statusansprüche ins Feld geführt.	√	X	√	√
Indikator 3a	**Beklagte Statuslücke** Entscheidungsträger und andere Eliten beklagen immer wieder eine Statuslücke, insbesondere die unzureichende Beachtung eigener Leistungen oder Errungenschaften, arrogante oder diskriminierende Behandlung (wie z.B. die Konfrontation mit faitsaccomplis), die Anwendung von Doppelstandards, den Ausschluss von wichtigen Entscheidungen oder den verweigerten Zugang zu höheren Statusgruppen	√	X	√	√
Indikator 3aa	**Subjektives Leid** Revisionistische Forderungen werden mit Bezug auf „gewachsenes nationales Gewicht", Wiedergutmachung „historischer Leiden" begründet	√	X	√	√
Indikator 4	**Politischer Status vs. Wirtschaft** Werden im aufsteigenden Staat Forderungen nach einer Änderung der internationalen Ordnung erhoben, dann gehen sie eher von nationalistischen Intellektuellen oder Medien aus als von wirtschaftlichen Interessengruppen.	√	X	X	√
Indikator 5	**Revisionismus – letzte Chance** Das Verhältnis zur etablierten Ordnung hängt maßgeblich davon ab, inwieweit sie den eigenen Statusambitionen im Wege steht. Der Entscheidung zum offenen Widerstand gegen sie gehen – soweit dies möglich erscheint – Bemühungen voraus, wahrgenommene Statuslücken zunächst ohne die Anwendung von Zwang zu verringern. Vor der Verschärfung des Widerstands werden also unilaterale Versuche unternommen, wahrgenommene Statusnachteile durch andere, weniger riskante Initiativen wettzumachen, etwa durch die Umwertung oder Neudefinition von Statusmarkern (socialcreativity) oder durch den Erwerb leichter zugänglicher Statusmarker (socialmoblity).	X	X	√	√

Abb. 5 Die Ausprägung der unabhängigen Variable Status. Quelle: Eigene Darstellung

		Deutsches Kaiserreich	USA	Weimarer Republik	Japan
Lateraler Druck					
Indikator 1	**Gehemmtes Wachstum** Politische Entscheidungsträger betonen im Entscheidungsprozess, dass die bisherige Wachstumsdynamik aufgrund von international bedingten Engpässen (Ressourcenmangel, fehlende Absatzmärkte usw.) an ihre Grenzen stößt.	X	√	(√)	X
Indikator 2	**Objektive Engpässe** Die behaupteten Engpässe werden von maßgeblichen Wirtschaftsführern bestätigt und entsprechen auch objektiv den jeweiligen Trends (z.B. steigende Rohstoffpreise, zunehmende Absatzschwierigkeiten, wachsende Zahlungsbilanzdefizite).	X	√	(√)	X
Indikator 3	**Subjektive Engpässe** Behauptete Engpässe, die durch die objektiven Daten *nicht* bestätigt werden, würden hingegen darauf hindeuten, dass nicht wirtschaftliche Sachzwänge sondern psychisch oder sozial bedingte Perzeptionsabweichungen der entscheidende Auslöser waren	X	√	(√)	√
Indikator 4	**Regierung aktiv gegen Engpässe** Die Regierung unternimmt zielgerichtete Schritte, um diese Engpässe möglichst kostengünstig zu beseitigen oder zu umgehen (z.B. durch Rohstoff-Substitution oder durch Erschließung alternativer Absatzmärkte).	X	√	X	X
Indikator 5	**Revisionismus - letzte Chance** Einseitige Veränderungen des Status quo zielen auf die Überwindung solcher Engpässe ab und erfolgen erst, nachdem kostengünstige Verhandlungslösungen am Widerstand anderer Mächte gescheitert sind.	X	√	X	X

Abb. 6 Die Ausprägung der unabhängigen Variable Lateraler Druck. Quelle: Eigene Darstellung

die Indikatoren „Statusdemonstration" (im Falle des Deutschen Kaiserreichs) und „Status auf höchster Ebene" mit seinen Unterindikatoren „beklagte Statuslücke" und „subjektives Leid" nachweisen (Deutsches Kaiserreich, Weimar und Japan). Daraus lässt sich schließen, dass Staaten dessen Aufstieg auf spürbaren Wiederstand stößt, schneller nationale Statusansprüche und subjektiv wahrgenommene Statuslücken ins Feld führen als Staaten, deren Aufstieg nicht so sehr im Fokus der etablierten Mächte steht. Wird dieser Widerstand dann als unüberwindbar wahrgenommen, dann scheint

dissidenter Revisionismus die Folge zu sein (siehe Weimar und Japan). Für den Fall der USA lässt sich vor allem der Indikator „Statusdemonstration" nachweisen, weil es den USA nicht so sehr darum ging einen erwünschten Status von den Europäern anerkannt zu bekommen, sondern es vielmehr um die Demonstration des bereits erreichten Status ging, um den europäischen Mächten zu demonstrieren, wie stark die eigene Position auf dem amerikanischen Kontinent – sowohl im Norden als auch im Süden – bereits war. Die Fallstudie der USA hat weiterhin gezeigt, dass alle Indikatoren für lateralen Druck hier nachweisbar sind (Abb. 6). In allen anderen Fallstudien ließen sich die Indikatoren nur kaum bis gar nicht nachweisen. Dies deutet darauf hin, dass in Fällen von hohen Statuserwartungen lateraler Druck subjektiv und objektiv marginalisiert wird und deutlich an Erklärungskraft verliert.

4 Reflexion der theoretischen Grundlagen

Die Bearbeitung der Fallbeispiele brachte uns zahlreiche Erkenntnisse, die an die theoretischen Überlegungen rückgekoppelt werden können. Die klare Trennung zwischen Regelbrechern, die somit dissident sind, und oppositionellen Staaten, die innerhalb der Ordnung diese reformieren wollen, kann in den meisten Fällen vorgenommen werden. Ebenso konnten die Autoren aufzeigen, dass der Einfluss beider unabhängigen Variablen nachgewiesen werden kann. Sowohl in Bezug auf die Revisionismusforschung als auch in Bezug auf die Forschung zu Status und lateralem Druck können zudem Erweiterungen der theoretischen Annahmen festgestellt werden.

4.1 Eine Frage der Ordnung

Unsere Abgrenzung zwischen Regelbruch und Veränderung innerhalb der Regeln zur Trennung zwischen dissidentem und oppositionellem Verhalten kann in gewissen Bereichen und Zeitperioden schwierig nutzbar sein (siehe Abb. 1). Die Autoren müssen hier eine gewisse Einschränkungen machen: Je höher der Kodifizierungsgrad der internationalen Ordnung, desto höher ist auch die Anwendbarkeit dieses Modells. In Bereichen in denen Regeln noch sehr informell sind, kann diese klare Trennung zwischen dissidenten Staaten und oppositionellen Staaten nur schwer getroffen werden. Selbiges gilt in Zeitperioden in denen einzelne Staaten nicht an bestimmte Regeln gebunden sind, da sie zum Beispiel nicht an der Kodifizierung der internationalen Ordnung beteiligt waren. Je stärker der Kodifizierungsgrad der internationalen Ordnung, desto besser kann diese Unterscheidung genutzt werden. Je geringer der Kodifizierungsgrad desto eher stößt die Differenzierung an ihre Grenzen. Dies soll nicht heißen, dass nicht auch dann unser Modell nutzbar wäre, jedoch ist es selbstverständlich viel weniger deutlich, wann ein Regelbruch auch als Regelbruch gewertet werden kann, wenn Regeln kaum vorhanden sind und die internationale Ordnung maximal durch Normen reguliert ist. Hier werden dann Kontextbedingungen, die Selbsteinschätzung der handelnden Akteure oder auch ideologische Strömungen der Zeit zu Gradmessern für Regelbrüche, beziehungsweise sie bestimmen die Auslegung der Regeln und Normen. In solchen Fällen kann un-

ser Modell immer noch genutzt werden, jedoch hängt das Ergebnis stark von der Interpretation des Forschers ab.

Ein solcher Fall sind die USA vor dem Ersten Weltkrieg. Die USA haben weder den Westfälischen Frieden noch die Wiener Ordnung mitbestimmt und daher bleibt zu fragen, ob sie sich an Regeln und Normen, denen sie selbst nicht aktiv zugestimmt haben, halten müssen. Eine internationale Ordnung, die in bestimmten Regionen nicht etabliert ist, passt somit nicht zwangsläufig zur regionalen Ordnung für den jeweiligen Fall. Zudem sind historische Fälle vor dem Ersten Weltkrieg schwerer mit unserem Modell zu bearbeiten, als solche nach diesem epochemachenden Krieg. Der Völkerbund ebenso wie der Versailler Vertrag gaben der internationalen Ordnung ein festes Regelwerk, wohingegen die internationale Ordnung vor dem Ersten Weltkrieg hauptsächlich aus unkodifizierten Normen bestand. Die Autorinnen, die die beiden Fallstudien vor dem Ersten Weltkrieg bearbeitet haben, haben drei internationalen Normen – Souveränitätsprinzip, Nicht-Einmischung und Interventionsverbot – als zentrale Elemente der internationalen Ordnung betrachtet und sie als Maßstab für die Nutzung unseres Revisionismus-Modells verwendet. Es bleibt jedoch zu bedenken, dass wie oben beschrieben die USA möglicherweise nicht an eurozentristischen Normen gemessen werden können, die sie selbst nicht mitgestaltet haben.

4.2 Facettenreicher Status

Auch für die unabhängigen Variablen lassen sich theoretische Schlüsse aus den empirischen Ergebnissen ziehen. Besonders im Falle der Variable Status ist dies sehr deutlich: Status ist bei weitem facettenreicher als zu Beginn angenommen. Statusbestrebungen sind in allen Fällen relevant, jedoch in sehr unterschiedlicher Form: Während die Weimarer Republik gegen die Missachtung und Degradierung ihres Status durch den Versailler Vertrag ankämpfte, versuchte das Deutsche Kaiserreich eine Erhöhung des Status mit Blick auf den amtierenden Hegemon Großbritannien. Die USA hingegen wurden im Gegensatz zur Weimarer Republik nicht degradiert, sondern forderten ihren Status als alleiniger Hegemon in der amerikanischen Hemisphäre aus machtstrategischen Gründen. Japan hatte bis Ende des Ersten Weltkriegs erstaunliche Statusgewinne erzielen können, jedoch erreichte es (aus eigener Sicht) nicht ganz das Ziel als gleichwertige Macht anerkannt zu werden. Die USA legten somit Wert auf Statusdemonstration, die Weimarer Republik und Japan kämpfte gegen angebliche Statusdegradierung und das deutsche Kaiserreich versuchte durch den Erwerb von Statusmarkern einen Statusmismatch in Bezug auf Großbritannien aufzuheben.

Einem Statusanspruch muss keine Degradierung vorangehen, wenn dies jedoch der Fall ist, wird der Status besonders deutlich eingefordert. Zudem können die Autoren festhalten, dass der Besitz von Statusmarkern nicht zwangsläufig zu einer Steigerung des Selbstbewusstseins der Staaten führt. Bleibt die Anerkennung einer bestimmten Gruppe aus, helfen auch Statusmarker nicht, es wird immer noch ein Statusmismatch empfunden. Dies unterstreicht einmal mehr, dass es zwischen offensichtlichem Statuszugewinn und subjektivem Statusanspruch zu unterscheiden gilt.

Die Autoren schlagen vor die Variable Status in offensichtlichen Statuszugewinn und subjektiven Statusanspruch aufzuspalten. Offensichtlicher Statuszugewinn beinhaltet messbare Faktoren: Mitgliedschaft in Organisationen, Ausrichtung von Großereignissen, Besitz von Technologie, Preise und Kriegserfolge. Forscher können objektiv beurteilen, ob Staaten diese quasi-materiellen objektiven Statusmarker besitzen. Jedoch – so unser Argument – muss der Besitz dieser Statusmarker nicht zwangsläufig zu einem erfüllten Statusanspruch führen. Denn Status hat zudem eine kollektive, subjektive und relative Dimension (siehe Larson und Shevchenko 2014, S. 7–13): Zum einen ist Status eine *kollektive soziale Konstruktion* (Liegl 2014, S. 4). Es bedarf somit zwingend eines sozialen Rahmens um Status zuerkannt zu bekommen: „Status cannot be attained unilaterally; it must be recognized by others." (Larson und Shevchenko 2014, S. 9; vgl. Hurrell 2009, S. 7; Dafoe et al. 2014, S. 375, 378; Lebow 2008, S. 61 f). Dieser soziale Rahmen bestimmt auch die konkrete Prestigewürdigkeit von materiellen, symbolischen und kulturellen Akteursattributen. Damit ist Status aber auch eine zutiefst *subjektive* Kategorie, in der Selbstwahrnehmung und Fremdzuschreibung durchaus divergieren können: gerade aufsteigende Staaten beanspruchen für sich selbst oft mehr Status als ihnen die etablierten Akteure bereit sind zuzugestehen. Zuletzt beschreibt Status aber auch ein positionelles Gut in einer asymmetrischen sozialen Ordnung (vgl. Lebow 2008, S. 63; Wolf 2014, S. 3) und hat somit *relativen* Charakter: „Status is socially scarce in the sense that it cannot be enjoyed by everyone." (Larson und Shevchenko 2014, S. 7; vgl. Lebow 2008, S. 66).

Die Autoren fassen diesen Aspekt als subjektiven Statusanspruch zusammen, denn wenn Staaten die Akzeptanz einer Gruppe oder eine bestimmte Statusanerkennung fehlt, dann können auch die offensichtlichen Statuserfolge nicht zu einer Reduzierung des Statusanspruchs führen. Ganz im Gegenteil, wenn ein Staat viele Statusmarker erreicht, ihm aber immer noch bestimmte Formen der Anerkennung verwehrt bleiben (insbesondere eine Behandlung, die seiner internationalen Rolle „angemessen" wäre), dann führt ein gestiegener offensichtlicher Statuszugewinn u. U. sogar zu größerer Statusfrustration. Beispielsweise leiteten das Deutsche Kaiserreich und Japan aus ihren Schlachtflotten und anderen Statusmarkern Ansprüche auf gleichberechtigte Mitsprache und Anerkennung als vollwertige Weltmächte ab, die ihnen ihrer Auffassung nach jedoch verweigert wurden. Mitunter steigert der Erwerb von offensichtlichen Statuszugewinnen also noch den subjektiven Statusanspruch. Denn je mehr offensichtliche Statuszugewinne ein Staat macht, umso mehr möchte er dafür als wichtig und wertvoll anerkannt werden. Statuszugewinn führt somit nicht zwangsläufig zu einer Befriedigung des Statusanspruchs, sondern gelegentlich auch zu gesteigertem „Appetit" auf mehr! Statusmismatchs und unserer These nach revisionistische Handlungen von Aufsteigern können somit nur reduziert werden, wenn beide Formen von Statusansprüchen (der Zugang zu anerkannten Statusmarkern und die Behandlung gemäß der reklamierten Rollenposition) befriedigt werden.

Das dauerhafte Verlangen nach subjektiven Statusansprüchen, die völlig losgelöst von dem Erreichen offensichtlicher Statusmarker sind, kann mit dem Konzept des kollektiven Gedächtnisses (Burke 1989; Halbwachs 1985) oder einem tief empfundenen Eingriff in den Nationalstolz erklärt werden. Diese Formen der kollektiven

Identität und deren Kränkung werden nicht durch offensichtliche Statusmarker aufgehoben, vielmehr bedarf es hier eines kollektiven Heilungsprozesses und einer
Statusanerkennung bzw. -erhöhung durch die vorherigen Statusdegradierer. Die Fälle Weimarer Republik, Japan und Deutsches Kaiserreich können hier als Beispiele
genannt werden (Abb. 6). In allen Fällen stiegen das Erreichen offensichtlicher Statusmarker und subjektiver Statusansprüche nahezu parallel zueinander an. Das deutsche Kaiserreich schien als erfolgreicher Aufsteiger wirtschaftlich stark und auch die
Flottenrüstung hätte erwarten lassen, dass die offensichtlichen Statusziele erreicht
seien und somit eine Statusbefriedigung eintreten würde. Jedoch blieb die Anerkennung Großbritanniens aus, somit wurde der subjektive Statusanspruch immer stärker,
da Deutschland mächtiger und wirtschaftlich stärker wurde, jedoch Großbritannien
diese Erfolge nicht ausreichend anerkannte. Hier kann also deutlich gezeigt werden,
dass das Erreichen offensichtlicher Statusmarker nur positiv zu bewerten ist, wenn
diese auch subjektiv anerkannt werden. Im gegenteiligen Fall führt es vielmehr zu
einer Statusspirale, je mehr die subjektive Statusanerkennung ausbleibt, umso mehr
wird mit dem Erwerb von Statusmarkern versucht, diese subjektive Anerkennung
zu erreichen.

Japan erreichte zahlreiche Statusmarker: Die Modernisierung von Technologie,
Wissenschaft, Wirtschaft und Gesellschaft war erstaunlich vorangekommen; die „ungleichen Verträge" wurden aufgelöst und 1902 ein Bündnisvertrag mit Großbritannien abgeschlossen, der seinen Aufstieg in die Ränge der Großmächte offenkundig
machte. 1905 gelang es Japan sogar im Krieg gegen Russland eine europäische Großmacht zu besiegen und damit weltweit zu demonstrieren, dass auch die „arroganten
Weißen" in die Knie gezwungen werden konnten. Die Weigerung der Westmächte,
die Gleichheit der Rassen explizit in der Völkerbundssatzung zu verankern, war
dennoch mehr als nur ein symbolischer „Schönheitsfehler". Vielmehr weckte sie in
Japan den Argwohn, dass die führenden Mächte des Westens das Kaiserreich eben
doch nicht als gleichwertig akzeptierten und vielleicht nie akzeptieren würden. Subjektive Statusansprüche kennzeichneten die japanische Außenpolitik daher in der
gesamten Zwischenkriegszeit.

Der Fall der Weimarer Republik kann als Präzedenzfalls für das Auseinanderdrif-
ten von objektivem und subjektivem Status angeführt werden. Deutschland wurde
in der zweiten Phase (1924–1928) Mitglied des Völkerbundes, Stresemann erhielt
den Friedensnobelpreis und der Versailler Vertrag wurde deutlich gelockert. Der Status Weimars hatte sich damit objektiv im Vergleich zur ersten Phase (1919–1924)
eindeutig verbessert, jedoch führte diese offensichtliche Erhöhung des Status nicht
zu einer dauerhaft höheren Zufriedenheit, denn wichtige subjektive Statusansprüche
blieben unerfüllt. Man wollte die Aufhebung des Kriegsschuldparagraphen und somit
die Aufhebung dieser kollektiven Schuldzuweisung aus dem nationalen Gedächtnis
entfernen, jedoch nachdem dies nicht eintrat, wurden die objektiven Statusmarker
auch nicht mehr als so positiv anerkannt. Deutschland hatte sich innerhalb von fünf
Jahren recht erfolgreich wieder als internationaler Akteur etabliert. Indes blieben
die Kriegsgewinner bei der Frage der Kriegsschuld weiterhin hart und somit wurde
subjektiv keine Statuserhöhung empfunden. Ebenso wie vor dem Ersten Weltkrieg
kam Deutschland in eine Statusspirale und wollte immer mehr objektive Statusmarker (z. B. die Ostgebiete) um auch den subjektiven Statusanspruch zu befriedigen.

	Offensichtlicher Statuszugewinn	Subjektiver Statusanspruch
Definition	Dies sind messbare Faktoren: Mitgliedschaft in Organisationen, Ausrichtung von Großereignissen, Besitz von Technologie, Preise, Kriegserfolge und diplomatische Fähigkeiten.	Dies sind soziale Faktoren: Akzeptanz durch eine Gruppe oder einen bestimmten Staat sowie die Anerkennung als gleichwertig und als Führungsnation in einem bestimmten Bereich durch Dritte.
USA	☐ Gewonnener Krieg gegen Spanien ☐ Technologischer Fortschritt ☐ Nobelpreis für Roosevelt	☐ Interventionsverbot und Anerkennung als regionaler Hegemon durch die europäischen Mächte ☐ Anerkennung der Führungsrolle durch die mittelamerikanischen Staaten
Deutsches Kaiserreich	☐ Technologischer Fortschritt ☐ Marinerüstung	☐ Anerkennung als mächtigster Staat und Partner auf dem Kontinent durch Großbritannien
Japan	☐ Modernisierung der Gesellschaft ☐ Bündnis mit Großbritannien ☐ Ständiges Mitglied des Völkerbundsrats ☐ Gewonnener Krieg gegen Russland	☐ Anerkennung als gleichwertige Macht/Rasse durch die westlichen Mächte
Weimarer Republik	☐ Ständiges Mitglied des Völkerbundsrats ☐ Aufrüstung ☐ Stundung der Reparationszahlungen ☐ Nobelpreis für Stresemann	☐ Aberkennung der alleinigen Kriegsschuld

Abb. 7 Offensichtlicher Statuszugewinn und subjektiver Statusanspruch. Quelle: Eigene Darstellung

Folgende Graphik (Abb. 7) hebt unsere Ergebnisse in Bezug auf die Tragweite der subjektiven Statusansprüche in Bezug auf Revisionismus nochmal hervor und verdeutlicht die Diskrepanz zwischen dem Erreichen objektiver und subjektiver Statusansprüche.

4.3 Schwacher lateraler Druck

Im Fall der Variable lateraler Druck können ebenso einige theoretische Schlüsse gezogen werden. Nur der Fall USA stimmt mit den theoretischen Annahmen von Choukri und North (1972, 1975, 1989) überein, dass ein Aufstieg lateralen Druck nach sich zieht. Der Fall USA kann jedoch in unserem Sample als Sonderfall betrachtet werden. Die USA hatten weder ein innerstaatliches Ressourcenproblem, noch bestand eine Hürde bestimmte Ressourcen zu erhalten. Vielmehr war der Wunsch, dringend Absatzmärkte für US-Produkte zu finden, der Grund für den hohen Anstieg des lateralen Drucks im Fall der USA. Im Fall der USA kann zudem eine für diese Epoche typische Form des Sozialdarwinismus (Tompkins 1970, S. 5; Bannister 1979; Hofstadter 1974; Koch 1973) gezeigt werden. Stillstand war nicht akzeptiert und auch das Ende der Besiedlung im Westen konnte Washingtons Expansionsdrang nicht stoppen.

Lateraler Druck hat Japans Politik gegenüber der Ordnung der Zwischenkriegszeit nicht maßgeblich beeinflusst. Zwar verzeichnete das Kaiserreich seit Beginn

der Meiji-Reform dramatische Erfolge bei der wirtschaftlichen und technologischen Entwicklung, die es am Ende des Ersten Weltkriegs sogar dazu befähigen sollten, eigenständig eine erstklassige Schlachtflotte zu bauen. Dieser dynamische Fortschritt erzeugte jedoch nur wenig lateralen Druck.

Auch die Fälle deutsches Kaiserreich und Weimarer Republik widersprechen den Annahmen von Choukri/North. Deutschland ist vor dem ersten Weltkrieg eindeutig als Aufsteiger zu werten. Das starke Wirtschaftswachstum hätte vermuten lassen, dass auch das deutsche Kaiserreich lateralen Druck verspürt, jedoch ist in diesem Fall keiner nachzuweisen; genauso wenig wie in der Weimarer Republik. Allerdings wurden subjektive Argumente, die auf lateralen Druck schließen lassen, sowohl im Kaiserreich als auch in der Weimarer Republik verwendet (gelegentlich auch in Japan), da häufig der Wunsch nach Territorialerweiterung mit der wachsenden Bevölkerungszahl begründet wurde. Häufig handelte es sich dabei aber um eine wirtschaftspolitische Rationalisierung von Statusansprüchen. Mit objektiven Daten kann diese Argumentation selten begründet werden. Somit verspürt nicht jeder Aufsteiger objektiv lateralen Druck, vielmehr tut dies in unserem Sample eher die Minderheit der Aufsteiger.

Die Erklärungskraft von lateralem Druck kann daher für unsere Fälle als sehr gering eingestuft werden. Die These von Choukri/North würden die Autoren sogar grundsätzlich anzweifeln. Besonders da auch die aktuellen Aufsteiger des internationalen Systems und ihr Revisionismus nicht auf lateralen Druck zurückzuführen ist.[1] Dass die Aufsteiger jedoch sehr wohl in Teilbereichen revisionistisch sind, wird der nächste Abschnitt zeigen.

5 Anwendung auf aktuelle Fälle

Das von uns untersuchte Puzzle ist auch für aktuelle Fälle interessant. Betrachtet man die aktuellen Aufsteiger China, Indien und Russland, so können klare Parallelen zu den historischen Fällen gezogen werden und auch für die drei aktuellen Aufsteiger lassen sich Erklärungen für revisionistisches Verhalten in den beiden unabhängigen Variablen Status und lateraler Druck finden. Gerade wachsende Statusambitionen scheinen in der Politik dieser Staaten eine prominente Rolle zu spielen. Insofern hängt auch in diesen Fällen die erfolgreiche Integration in die bestehende Ordnung maßgeblich davon ab, ob die etablierten Mächte, allen voran die USA, ausreichend Bereitschaft zeigen, diesen Ansprüchen gerecht zu werden. Dabei müssen sie beachten, dass diese Statusansprüche ihrerseits wandelbar sind.

5.1 China

Bisher gibt es noch keine Verlautbarungen Pekings, dass man eine fundamental neue internationale Ordnung etablieren wolle. Zwar hat China mit der „harmonischen Weltordnung" bereits Mitte der 2000er-Jahre ein Konzept vorgestellt, wie sich die

---

[1] Eigene Berechnung auf Basis des Lateral Pressure Index (http://lateralpressure.mit.edu/lateral-pressure-index).

internationalen Beziehungen aus der Sicht Pekings zukünftig gestalten sollten, wobei aber „Inhalte und Tragweite des Konzepts [...] relativ vage und schwammig" (Bräuner et al. 2008, S. 1) bleiben. Den Wandel des internationalen Systems glaubte China vor allem in der Tendenz zur Multipolarisierung des internationalen Systems und im Bedeutungszugewinn für internationale Organisationen zu erkennen. Gleichwohl ist Chinas „harmonische Weltordnung" mit der starken Betonung von Prinzipien wie nationaler Souveränität, Nichteinmischung in innere Angelegenheiten und gegenseitigem Respekt für politische und soziale Diversität dabei ein staatenzentriertes und somit sogar konservatives Konzept in den internationalen Beziehungen.

China ist somit in Bezug auf die *globale* Ordnung auf keinen Fall ein dissidenter Aufsteiger. China zeigt sich bereit, die globale Ordnungsleistung der USA durchaus anzuerkennen, was sich auch in der Formel „viele Großmächte, eine Supermacht" niederschlägt. Laut diesem Modell sind die USA weiterhin der Fixpunkt internationaler Politik, jedoch haben auch andere (aufsteigende) Akteure die Möglichkeit, Weltpolitik kooperativ und zum gemeinsamen Nutzen mitzugestalten (Noesselt 2013; Gareis 2013, S. 64). Gareis kommt daher zu dem Schluss: „Chinas ‚grand-strategy' bleibt (...) bis auf weiteres auf das Reich der Mitte selbst und dessen Entwicklung fixiert" (Gareis 2013, S. 64). Dies zeigt, dass China zwar ob seines wirtschaftlichen Gewichts durchaus mehr Mitsprache in (zumeist regionalen) Ordnungsfragen einfordert, jedoch nicht willens und noch weniger in der Lage ist, die Rolle einer Weltordnungsmacht zu übernehmen. China hat somit bisher kein Interesse die Weltordnung als solche herauszufordern, vielmehr geht es um den Erhalt des Status Quo und wenn Veränderungen vollzogen werden sollen, dann werden diese innerhalb der Regeln vollzogen. Dies zeigt sich auch am Verhalten Chinas innerhalb der UN. Chinas Kritik innerhalb der UN bezieht sich zumeist auf Kritik an Praktiken, die den Status Quo in den Arbeitsprozessen aufgeweicht haben und so den Status Quo geschwächt haben. Oppositionelle Politik innerhalb der UN hat zu meist das Ziel den in der Charta festgelegten Status Quo zurückzuerlangen (Atamaniuk et al. 2015, S. 10 f).

Jedoch im Bereich der *regionalen* Ordnung ist China bisweilen als Regelbrecher einzustufen. Gerade die chinesische Politik im südchinesischen Meer spricht dafür, dass China eine größere Mitsprache in regionalen Territorialfragen einfordert – und oft in einem Ausmaß, das mit dem geltenden Seerecht nur schwer in Einklang zu bringen ist (Benedikter 2014; Drifte 2013; Kreuzer 2014). Normverstöße finden hier gegen die Declarartion of Conduct of Parties in the South China Sea statt. Insbesondere das dort bekräftigte Recht auf Überflug und auf Freiheit der Seefahrt hat China mehrfach gebrochen, indem es wiederrechtlich Überflugsrechte verweigert hat. Dies verdeutlicht, geht es um regionale Ordnungsfragen, zeigt Chinas Verhalten gelegentlich sehr wohl dissidente Züge.

China hat den Drang bestimmte Statusmarker zu erlangen, ähnlich wie das deutsche Kaiserreich setzte die Volksrepublik auf die Aufrüstung der Marine. Präsident Hu Jintao sprach 2004 von Chinas „historical mission [...] to build a powerful navy is the practical need for maintaining the safety of national sovereignty" (zitiert bei Chase und Erickson 2008, S. 24). Perspektivisch sollen die chinesischen Seestreitkräfte dafür zur „blue water navy" ausgebaut werden, um Chinas expandierende wirtschaftliche Interessen auch jenseits der eigenen Region abzusichern. Ein erster

prestigeträchtiger Schritt dahin wurde 2012 mit der Indienststellung des chinesischen Flugzeugträgers „Liaoning" erreicht. Beobachter gehen davon aus, dass die chinesische Marine bis 2050 über mehrere einsatzfähige Flugzeugträger verfügen wird (O'Rourke 2011, S. 149–153; Paul 2013, S. 15). Zudem hatte China mit den Olympischen Spielen 2008 ein Großereignis ausgerichtet, dass der ganzen Welt zeigen sollte, dass China nicht mehr nur Entwicklungsland sondern auch Wirtschaftsmacht und sportliche Erfolgsnation ist.

Chinas aktuelle Politik kann somit am ehesten mit der der USA vor dem Ersten Weltkrieg verglichen werden. China hat ein Interesse Statusmarker zu erwerben und betreibt in internationalen Organisationen eine oppositionelle Politik. Jedoch, sobald es um die chinesische Hemisphäre geht, verbittet sich China jede Einmischung durch externe Mächte. Regelbrüche in Bezug auf die gesamte Weltordnung sind unwahrscheinlich und China kann hier als oppositioneller Revisionist beschrieben werden, regional hingegen ist China Dissidenz nicht völlig fremd.

5.2 Indien

Der Aufstieg Indiens ist ein gradueller und langfristiger. Es besteht jedoch eine hohe Wahrscheinlichkeit, dass Indien in absehbarer Zukunft eine (Macht-)Position innerhalb der Spitze des Internationalen Systems einnehmen könnte (Rauch 2015). Rauch weist zudem darauf hin, dass Indien über einen ausgeprägten Machtwillen verfügt und mitunter militärische Mittel einsetzt um seine politischen Ziele zu erreichen; dabei setzt es sich gelegentlich über Werte und Normen hinweg, die es eigentlich selbst vertritt (Rauch 2014, S. 360). Indien hat seit der Unabhängigkeit den Wunsch sich selbst als Großmacht zu etablieren, ist tendenziell nicht zufrieden mit seiner eigenen Position innerhalb der internationalen Ordnung und betrieb lange eine tendenziell revisionistische Außenpolitik (Tammen et al. 2000, S. 124; Nayar und Paul 2003, S. 127).

Die revisionistischen Ziele gehen dabei eher in die Breite und betreffen weite Bereiche, so wie etwa Indiens Bewerbung um einen ständigen Sitz im UN-Sicherheitsrat (Mathur 2005) oder in der Vergangenheit Neu Delhis Einsatz für eine Neue Weltwirtschaftsordnung (Bhagwati 1977) und eine Neue Weltinformationsordnung (Köchler 1985).[2] In einzelnen Fällen können jedoch auch sehr pointierte und tiefe Änderungswünsche ausgemacht werden, etwa im Bereich der internationalen Nuklearordnung. Diese wird von Indien – spätestens seit der Etablierung des Nuklearen Non-Proliferations Vertrags 1968 – strikt abgelehnt und als diskriminierend kritisiert. Daase und Deitelhoff (2014) werten diesbezüglich den indischen Atomtest 1974 sogar als Beispiel für dissidente Politik; diese Interpretation scheint allerdings zu streng: Wenn ein politischer Bereich sehr gut reguliert ist, der betroffene Staat aber nicht an den Regulierungen beteiligt ist, bedarf es des Regelbruchs, um als

---

[2] Auch die Tatsache, dass Indien in den Vereinten Nationen sehr oft anders abstimmt als die USA, zeigt eine allgemeine Unzufriedenheit mit der aktuellen von Washington dominierten internationalen Ordnung (Sagar 2004).

dissident gewertet werden.[3] Da Indien dem NVV nie beigetreten ist, hat es sich auch nicht der Regel unterworfen als Nicht-Nuklearwaffenstaat auf die Entwicklung eigner Nuklearwaffen zu verzichten und somit auch keinen Regelbruch im engeren Sinne begangen. Trotzdem reagierte die internationale Gemeinschaft mit Sanktionen, was die indische Opposition gegen die internationale Nuklearordnung noch einmal verstärkte (Wagner 2005, S. 189).

Nicht erfüllte Statusansprüche können Indiens oppositionelle Haltung und Politik zu einem großen Teil erklären. Generell und über alle Themenbereiche hinweg will Indien seit jeher als Großmacht gelten und fühlt sich traditionell von der Welt (und insbesondere dem Westen) nicht ausreichend als solche gewürdigt (Ogden 2011; Rauch 2008a, S. 32–33; Müller 2006, S. 140). Indien leidet demnach an einem Statusmismatch. Diese Bedeutung wird in bestimmten Bereichen nochmal besonders deutlich. Besonders im Bereich der Nuklearordnung sieht sich Indien ungerecht behandelt und verlangt ein Ende der „nuklearen Apartheid", die die Welt in nukleare Habenichtse und Nuklearmächte unterteilt (Singh 1998). Dies kann auch als Ursache gesehen werden, warum Indien den NVV als diskriminierenden Vertrag ablehnt, obwohl es die Ziele Eindämmung der Verbreitung von Nuklearwaffen und Abrüstung von Nuklearwaffen teilt und auch weitgehend entsprechend handelt (Fey et al. 2013, S. 188–195). Im letzten Jahrzehnt wurde Indiens Wichtigkeit auf der einen und seine (Status-)Unzufriedenheit auf der anderen Seite zunehmend als Problem erkannt und entsprechende Gegenmaßnahmen ergriffen. Mit einem Nuklearabkommen, das die USA 2008 mit Indien abgeschlossen haben etwa wird Indiens Status in der internationalen Nuklearordnung zumindest informell deutlich angehoben (Paul und Shankar 2014; Rauch 2008b). Ob das allerdings dazu führt, dass Indien seine oppositionelle Politik aufgibt und ins Status Quo Lager überwechselt bleibt noch abzuwarten. Zumindest scheint sich seine Opposition seither nicht zu verhärten (Rauch 2014, S. 407–412).

Im Vergleich zu unseren Fällen scheinen die größten Ähnlichkeiten zum deutschen Kaiserreich zu bestehen, beide Staaten betreiben durchweg eher oppositionelles statt dissidentes Verhalten, streben nach langfristigem Aufstieg und zeigen eine hohe Statussensibilität. Da Indien heute jedoch noch weiter von der Spitze der internationalen Ordnung entfernt ist als Deutschland um 1914, bleibt noch mehr Zeit um Maßnahmen zu ergreifen, die eine Radikalisierung des indischen Revisionismus oder gar ein Überwechseln in die Dissidenz zu verhindern (Rauch 2014, S. 278).

5.3 Russland

Ob Russland wirtschaftlich als gleichwertiger Aufsteiger mit China und Indien zu betrachten ist, ist fraglich. Immerhin kann festgehalten werden, dass Russland in den letzten 20 Jahren als politischer Akteur auferstanden ist. Weltpolitik ohne russische Beteiligung ist oft nicht mehr denkbar. Daher lohnt auch der Blick auf die revisionistische Politik die Moskaus Wiederaufstieg begleitet.

---

[3] Diese Argumentation schließt an die oben diskutierte Problematik der Ordnung an. Wenn nicht alle Staaten dieselbe Ordnung akzeptieren, können auch nicht alle Staaten gleichwertig mit dem Schema analysiert werden, hier bedarf es einer tieferen Analyse des Kontexts.

Above all, we should acknowledge that the collapse of the Soviet Union was a major geopolitical disaster of the century. As for the Russian nation, it became a genuine drama (Putin 2005).

Mit dieser Äußerung während seiner Rede im Jahr 2005 erregte der russische Präsident Wladimir Putin das Aufsehen der internationalen Gemeinschaft. Bereits zu diesem Zeitpunkt deuteten sich darin eine ausgeprägte Unzufriedenheit Russlands mit der gegebenen Weltordnung und implizit revisionistische Tendenzen an, die öffentlich zum Ausdruck gebracht wurden. Zahlreiche weitere revisionistisch anmutende Äußerungen und Verhaltensweisen folgten in den Jahren darauf und kulminierten schließlich 2008 und 2014 im Rahmen der Georgien- und Krim-Krise in dissidenten Verhalten in Form eines Völkerrechtsbruchs (Lopez und Tomuschat 2014).

In beiden Fällen wurde Russland dissident gegenüber der gegebenen Ordnung: Während der Georgien-Krise 2008 intervenierte Russland militärisch im Sezessionskonflikt zwischen Georgien und den abtrünnigen Provinzen Südossetien und Abchasien, ohne dafür mit einem völkerrechtlich legitimierten Mandat ausgestattet zu sein. Dadurch demonstrierte es die Bereitschaft zum Regelbruch der bestehenden Ordnung. Im Falle der Krim-Krise 2014 wurde eine noch gesteigerte Bereitschaft gezeigt, indem Russland nicht nur Territorium seines souveränen Nachbarlandes Ukraine besetzte, sondern sich sogar im Rahmen eines Referendums den Anschluss der Krim-Halbinsel an die Russische Föderation sicherte.

Anlässlich dieser Ereignisse ist Russland als Gegenstand der Status-Forschung in den Fokus der Internationalen Beziehungen gerückt (Forsberg 2014; Larson und Shevchenko 2010). Volgy et al. (2014, S. 64) wenden ihre Typologie konkret auf Russland an und ordnen es als *status overachiever* ein, da es unter abnehmenden *capabilities* leide und die politische Führung laut Volgy et al. mehr Risikobereitschaft zeige, wenn die direkte Sicherheit oder die Rolle als regionaler Führer gefährdet sei – beides sei bei der Georgien-Krise 2008 der Fall gewesen. Clunan (2014, S. 292) hingegen widerspricht Volgy et al. und ordnet Russland als *status underachiever* ein, der nicht den seinen *capabilities* und seinem Verhalten entsprechenden Status zugesprochen bekäme und aufgrund dessen militärisch aktiv würde, um den gewünschten Status zu erreichen. Sie identifiziert genau diese Faktoren bei Russland und behauptet ebenfalls, dass die Georgien-Krise der Beweis für ihre Behauptung sei. Untersuchungen, die die Analyse russischer Identität als Ausgangspunkt für die Großmacht-Status-Problematik fokussieren, finden sich u. a. bei Sakwa (2011), der hierfür die Dichotomie zwischen den Konzepten ‚Domestik‘ und ‚International‘ im russischen Kontext untersuchte; bei Khazanov (2002), der den russischen Nationalismus und dessen Zusammenhang mit der Ost-/West Problematisierung Russlands analysierte sowie bei Urnov (2014), der auf das Konzept der *greatpowerness* („*velikoderzhavnost*") als Ausdruck russischer Identität zurückgreift, um die russischen Handlungen seit Putins Machtantritt zu analysieren. Russland hat sich somit seit 2007 bis zum Zeitpunkt der Annektierung der ukrainischen Halbinsel Krim 2014 aus Status-motivierten Gründen zu einem revisionistischen Staat entwickelt (Brösel und Diegelmann 2015, S. 88). Auch hier zeigt sich, dass die offensichtlichen Statusmarker wie das Ausrichten der Olympischen Spiele 2014 in Sotchi oder die Vergabe

der Fußballweltmeisterschaft 2018 an Russland den Wunsch nach subjektiver Statusanerkennung als regionaler Hegemon nicht befriedigen können.

Ähnlich wie die Weimarer Republik versteht sich Russland als Verlierer der internationalen Ordnung nach dem Ende des Ost-West-Konflikts und versucht die Degradierung, die es in den 1990er-Jahren erlitten hat, unter Putin wieder auszugleichen. Zudem kann eine Parallele zu den USA vor dem Ersten Weltkrieg gezogen werden. Schon 2013 machte Putin klar, dass er die Souveränität der Ukraine anzweifle: *„You know, no matter what happens, and wherever Ukraine goes, anyway we shall meet sometime and somewhere. Why? Because we are one nation."* (Putin 2013). Russland agiert als beanspruche es für sich und seine ehemaligen Sowjetrepubliken ein „Interventionsverbot für raumfremde Mächte" (Schmitt) ähnlich dem der Monroe-Doktrin. Westliche Staaten sollen sich nicht in die „Zone des privilegierten Interesses" Moskaus einmischen: *„But we should not forget that NATO is nevertheless a military bloc, and its missiles are targeted against Russia. We do not feel excited about the fact that more and more nations are joining NATO, that it is expanding further and getting closer to our borders; we do not like it and we do not conceal our sentiments"* (Medwedew 2009). Dies gleicht der Politik Washingtons vor dem Ersten Weltkrieg. Russlands Politik ist somit stark von Statusmismatch und Statusdemonstration geprägt. Die Degradierung nach 1991 zeigt Ähnlichkeit zur Degradierung Deutschlands nach dem Ersten Weltkrieg und lässt Russland nach einem höheren Status in der internationalen Ordnung streben. Aus Putins Äußerungen lassen sich diese Sehnsüchte nach dem ehemaligen Großmachtstatus herauslesen, *„Unfortunately, what seemed impossible became a reality. The USSR fell apart."* (Putin 2014).

6 Schlussbetrachtungen

Die Erkenntnisse dieses Sonderhefts zeigen, dass Status revisionistisches Verhalten sehr viel besser erklären kann als die Theorie des lateralen Drucks. Die Unzufriedenheit mit der aktuellen internationalen Ordnung und das bewusste Brechen der Regeln wird somit fast nie aus dem Wunsch nach wirtschaftlicher Expansion heraus generiert, sondern vielmehr auf Grund des Wunschs nach Anerkennung und Gleichwertigkeit. Wie im Schlussteil verdeutlicht wurde, spielt der Erwerb von Statusmarkern hierbei nur eine zweitrangige Rolle. Die von der Forschung als relevant benannten Statusmarker wie Flugzeugträger oder das Ausrichten von Großereignissen kann bei gleichzeitigem Wunsch nach Anerkennung oder Gleichberechtigung die subjektiven Statusansprüche des Staates nicht befriedigen. Somit kann die Frage danach, was die Gewinner frustriert, eindeutig beantworten: Mangelnde Anerkennung des Machtanspruchs – zunächst meist nur in einer bestimmten Region – sowie die damit einhergehende Missachtung des Anspruchs als gleichwertige Großmacht anerkannt zu werden, frustrieren die aufsteigenden Mächte des internationalen Systems. Revisionismus wird somit in den seltensten Fällen dadurch ausgelöst, dass ein Staat auf wirtschaftliche Wachstumshürden stößt. Die hier untersuchten USA vor dem 1. Weltkrieg können als Sonderfall verstanden werden, da dieses enorme Wirtschaftswachstum innerhalb kürzester Zeit eine Ausnahme darstellt. Zudem wäre in diesem Fall untersuchenswert, ob nicht ein in der US-amerikanischen Identität

verankerter Expansionsdrang ebenso als mögliche Erklärung herangezogen hätte werden können.

Für den Umgang mit aktuellen und künftigen Aufsteigern bedeutet dies, um Revisionismus des Aufsteigers einzudämmen, dürfen offensichtliche Statuszugewinne, aber in besonderem Maße subjektive Statusansprüche, nicht über lange Zeit unerfüllt bleiben. Wenn ein Aufsteiger offensichtliche Statuszugewinne erreicht, führt dies zwangsläufig zu dem Wunsch auch subjektiv anerkannt zu werden. Wie oben bereits beschrieben, steigern offensichtliche Statuszugewinne oft sogar den Appetit nach mehr Status. Für den regierenden Hegemon bedeutet dies, einen Aufsteiger kann man nicht „nur" mit offensichtlichen Statuszugewinnen befriedigen, vielmehr müssen diese Hand in Hand mit einer Anerkennung als gleichberechtigt bzw. gleichwertig gehen. Denn verzichtet man auf Letzteres wird der Aufsteiger trotz der offensichtlichen Statuszugewinne zu einem revisionistischen Staat. Der Anerkennung als gleichwertig geht jedoch meist eine zentrale Entscheidung des Hegemons voraus: Die zwischen Akzeptanz des Machtverlusts und Festhalten an der Macht. Akzeptiert der Hegemon seinen Abstieg wird er die aufsteigende Macht viel früher und viel bereitwilliger auch die subjektiven Statusansprüche gewähren. Ein Beispiel für dieses Szenario ist der Machtübergang zwischen Großbritannien und den USA zu Beginn des 20. Jahrhunderts. Großbritannien akzeptierte seinen Niedergang und gewährte den USA sowohl offensichtliche Statuszugewinne, ebenso wie die Anerkennung als gleichberechtigter Akteur.

Wenn der Hegemon jedoch (noch) nicht bereit ist seinen Niedergang zu akzeptieren, führt dies zum Umkehrschluss. Wenn offensichtliche Statuszugewinne des Aufsteigers, den Wunsch nach subjektivem Status steigern, sollte der Absteiger so lange wie möglich den offensichtlichen Statuszugewinn eines Aufsteigers verhindern. Konkret hieße das: Die USA sollten – solange sie nicht bereit sind ihren Niedergang zu akzeptieren – jeglichen offensichtlichen Statuszugewinn Chinas, Indiens und auch Russlands verhindern, dies hieße in diesen Fällen:

- China sollte beim Ausbau seiner Hochseeflotte und seines Raumfahrtprogramms möglichst behindert werden und keine sportlichen Großereignisse ausrichten.
- Indien dürfe nicht Mitglied des Sicherheitsrats werden und auch die Anerkennung als Atommacht durch den Atomdeal war in diesem Sinne nicht sinnvoll.
- Russland sollte nicht gestattet werden seine regionale Hegemonie zu erweitern, eine Wiederaufnahme in die G8 wäre falsch und die Vergabe der Olympischen Spiele und der Fußball-WM ebenso.

Denn all diese offensichtlichen Statuszugewinne steigern den Wunsch der Aufsteiger als gleichberechtigt mit dem Hegemon anerkannt zu werden. Will der Hegemon dies nicht, muss er diesen Wunsch im Keim ersticken. Statusansprüche von Aufsteigern können nicht halbherzig anerkannt werden, entweder ganz oder gar nicht. Entweder offensichtliche Statusmarker werden mit der subjektiven Statusanerkennung gleichzeitig gewährt oder man verhindert möglichst beides.

Inwiefern ein Aufsteiger unter bestimmten Bedingungen immer zu dissidenten Handlungen greift und welche Faktoren eher einen oppositionellen Revisionismus befördern, hängt zu großen Teilen von Kontextbedingungen ab und kann nicht pauschal mit Blick auf die unabhängigen Variablen beantwortet werden. Jedoch kann

als Forschungsergebnis festhalten werden: Ein subjektiv empfundenes Statusmismatch führt zu revisionistischem Verhalten. Dieses Statusmismatch kann jedoch nur verringert werden, wenn man den Aufsteiger als gleichwertig und gleichberechtigt anerkennt. Dann kann die Überwindung von Statusmismatchs dazu beitragen, dass Konflikte zukünftig vermieden werden und der Aufstieg von Staaten weniger konfrontativ verläuft.

Literatur

Atamaniuk, N., Lehfer, N., & Schumacher, P. (2015). China als oppositionelle Kraft in den Vereinten Nationen? Inhaltsanalyse der Reden chinesischer Diplomaten in den Bereichen Menschenrechten, Friedenssicherung und Friedensbildung. unveröffentlichte Forschungsarbeit.

Bannister, R. C. (1979). *Social Darwinism: science and myth in Anglo-American social thought*. Philadelphia: Temple University Press.

Benedikter, R. (2014). Drache gegen Sonne. Zur wachsenden Konfrontation zwischen China und Japan. In R. Benedikter & V. Nowotny (Hrsg.), *Chin. Situation und Perspektiven des neuen weltpolitischen Akteurs*. Wiesbaden: SpringerVS.

Bhagwati, J. N. (1977). *The new international economic order – the north-south debate*. Cambridge MA: MIT Press.

Bräuner, O., Wacker, G., & Zhou, J. (2008). *Die „Harmonische Welt" und Chinas Rolle im internationalen System Aus chinesischen Fachzeitschriften der Jahre 2006–2008*. Zeitschriftenschau, Bd. 2. Berlin: SWP.

Brösel, A., & Diegelmann, E. (2015). Status – aber bitte ohne Quo!, Russlands revisionistisches Handeln zwischen 2007 und 2014. unveröffentlichte Forschungsarbeit.

Burke, P. (1989). History as a social memory. In T. Butler (Hrsg.), *Memory: history, culture and mind* (S. 97–113). Oxford: Blackwell.

Chase, M. S., & Erickson, A. S. (2008). Information technology and china's naval modernization. *Joint Force Quarterly, 50*, 24–30.

Choucri, Nazli, & North, R. C. (1972). Dynamics of international conflict: some policy implications of population, resources and technology. In R. Tanter & R. H. Ullman (Hrsg.), *Theory and policy in international relations*. Princeton NJ: Princeton University Press.

Choucri, N., & North, R. C. (1975). *Nations in Conflict: National Growth and International Violence*. San Francisco CA: Freeman.

Choucri, N., & North, R. C. (1989). Lateral pressure in international relations: concept and theory. In M. I. Midlarsky (Hrsg.), *Handbook of war studies* (S. 289–326). Boston MA: Hyman.

Clunan, A. L. (2014). Why status matters in world politics. In T. V. Paul, W. D. Larson & W. C. Wohlforth (Hrsg.), *Status in world politics* (S. 273–296). New York: Cambridge Univ. Press.

Daase, C., & Deitelhoff, N. (2014). *Zur Rekonstruktion globaler Herrschaft aus dem Widerstand: Internationale Dissidenz Working Paper 1/2014*. Frankfurt am Main. https://dissidenz.net/publikationen/working-papers/working-paper-12014-daase-deitelhoff/. Zugegriffen: 30. Nov. 2016.

Dafoe, A., Renshon, J., & Huth, P. (2014). Reputation and status as motives for war. *Annual Review of Polticial Science, 17*(1), 371–393.

Drifte, R. (2013). The Senkaku/DiaoyuIsalnds Territorial Dispute between Japan and China. *UNISCI Discussion Paper, 0*(32) doi:10.5209/rev_unis.2013.n32.44789.

Fey, M., Hellmann, A., Klinke, F., Plümmer, F., & Rauch, C. (2013). Established and Rising Great Powers: United States, Russia, China, and India. In H. Müller & C. Wunderlich (Hrsg.), *Norm Dynamics in Multilateral Arms Control – Interests, Conflicts, and Justice* (S. 163–206). Athens: University of Georgia Press.

Forsberg, T. (2014). Status conflicts between Russia and the West: perceptions and emotional biases. *Communist and Post-Communist Studies, 47*(3–4), 323–331.

Gareis, S. B. (2013). Auf dem Sprung zur Weltmacht? Chinas außenpolitische „Grand Strategy". In M. Staack (Hrsg.), *Asiens Aufstieg in der Weltpolitik* (S. 49–67). Opladen: Budrich.

Halbwachs, M. (1985). *Das kollektive Gedächtnis*. Frankfurt am Main: Suhrkamp.

Hildebrand, K. (1999). *Das vergangene Reich – Deutsche Außenpolitik von Bismarck bis Hitler*. Berlin: Oldenbourg Verlag.

Hofstadter, R. (1974). *Social darwinism in american thought*. Boston: Beacon Press.

Hurrell, A. (2009). *Rising powers and the question of status in international society*. International Studies Association Meeting, New York, 15.–18. Februar 2009.

Khazanov, A. M. (2002). Russischer Nationalismus heute – zwischen Osten und Westen. http://www.eurozine.com/articles/2002-03-08-khazanov-de.html. Zugegriffen: 9. Mai 2015.

Koch, H. W. (1973). *Der Sozialdarwinismus : seine Genese und sein Einfluß auf das imperialistische Denken*. München: Beck.

Köchler, H. (1985). *The New International Information and Communication Order. basis for cultural dialogue and peaceful coexistence among nations*. Wien: Braumüller.

Kreuzer, P. (2014). Gefährliches Souveränitätsspiel im Südchinesischen Meer. *Politik und Zeitgeschichte, 64*(40/41), 15–21.

Larson, D. W., & Shevchenko, A. (2010). Status Seekers. Chinese and Russian Responses to U.S. primac. *International Security, 34*(4), 63–95.

Larson, D. W., & Shevchenko, A. (2014). Managing rising powers: the role of status concerns. In T. V. Paul, W. D. Larson & W. C. Wohlforth (Hrsg.), *Status in world politics* (S. 33–57). Cambridge: Cambridge University Press.

Lebow, R. N. (2008). *A cultural theory of international relations*. Cambridge New York: Cambridge University Press.

Liegl, M. (2014). *Status, Prestige und Emotionen: Die soziale Dimension des indisch-chinesischen (Territorial-)Konflikts*. 4. Offene Sektionstagung Internationale Politik der DVPW, Magdeburg, 25.–27. September 2014.

Lopez, E., & Tomuschat, C. (2014). Auch für Russland gilt das Gewaltverbot. Gespräche mit Christian Tomuschat. http://www.theeuropean.de/christian-tomuschat/8161-russlands-krim-intervention-und-das-voelkerrecht. Zugegriffen: 11. Febr. 2014.

Mathur, S. (2005). *Voting for the Veto: India in a Reformed UN*. London: Foreign Policy Centre.

Medwedew, D. (2009). Speech at Serbian National Assembly, 20.09.2009. http://en.kremlin.ru/events/president/transcripts/48484. Zugegriffen: 15. Aug. 2015.

Müller, H. (2006). *Weltmacht Indien – Wie uns der rasante Aufstieg herausfordert*. Frankfurt a. M.: Fischer-Taschenbuch-Verlag.

Nayar, B. R., & Paul, T. V. (2003). *India in the world order – searching for major-power status*. Cambridge: Cambridge Univ. Press.

Niedhart, G. (2012). *Die Aussenpolitik der Weimarer Republik*. München: Oldenbourg Verlag.

Noesselt, N. (2013). Ankunft in der Realität, China zwischen Traum und Wirklichkeit einer neuen Weltordnung. *Internationale Politik, 5*, 100–105.

Ogden, C. (2011). International 'aspirations' of a rising power. In D. Scott (Hrsg.), *Handbook of India's international relations* (S. 3–13). London: Routledge.

O'Rourke, R. (2011). PLAN Force Structure: Submarines, Ships and Aircraft. In C. D. Yung, P. C. Saunders, M. Swaine & M. N.-D. Yang (Hrsg.), *The Chinese Navy. Expanding Capabilities, Evolving Roles* (S. 141–173). Washington: CreateSpace Independent Publishing Platform.

Paul, M. (2013). *Die Flottenrüstung der Volksrepublik China. Maritime Aspekte der sino-amerikanischen Rivalität*. SWP-Studie, Bd. S 15/August 2013. Berlin: Stiftung Wissenschaft und Politik.

Paul, T. V., & Shankar, M. (2014). Status Accommodation through Institutional Means: India's Rise and the Global Order. In T. V. Paul, D. W. Larson & W. C. Wohlforth (Hrsg.), *Status in World Politics* (S. 165–191). Cambridge: Cambridge Univ. Press.

Putin, W. (2005). Addresses to the Federal Assembly, Annual Address to the Federal Assembly of the Russian Federation, April 25, 2005. http://archive.kremlin.ru/eng/speeches/2005/04/25/2031_type70029type82912_87086.shtml. Zugegriffen: 28. Jan. 2016.

Putin, W. (2013). Interview to Channel One and Associated Press news agency, 04.09.2013. http://en.kremlin.ru/events/president/news/19143. Zugegriffen: 11. Aug. 2015.

Putin, W. (2014). Address by President of the Russian Federation, 18.03.2014. http://en.kremlin.ru/events/president/news/20603. Zugegriffen: 6. Sept. 2015.

Rauch, C. (2008a). *Blockfreiheit ade? – Wandel und Konstanz der indischen Außenpolitik seit der Unabhängigkeit*. HSFK-Report, Bd. 4/2008. Frankfurt a. M.

Rauch, C. (2008b). *Desaster, Durchbruch oder Dilemma? Plädoyer für einen pragmatischen Umgang mit der indisch-amerikanischen Nuklearkooperation*. HSFK Standpunkte, Bd. 5/2008.

Rauch, C. (2014). *Das Konzept des friedlichen Machtübergangs. Die Machtübergangstheorie und der weltpolitische Aufstieg Indiens*. Baden-Baden: Nomos.

Rauch, C. (2015). *Realität oder Chimäre: Indiens Aufstieg in der Weltpolitik*. HSFK-Report, Bd. 4/2015. Frankfurt a. M.

Sagar, R. (2004). What's in a name? India and America in the twenty-first century. *Survival, 46*(3), 115–136.

Sakwa, R. (2011). Russia's identity: between the 'domestic' and the 'international'. *Europe-Asia Studies, 63*(6), 957–975.

Schmitt, C. (1991/1941). *Völkerrechtliche Großraumordnung mit Interventionsverbot für raumfremde Mächte, Ein Beitrag zum Rechtsbegriff im Völkerrecht*. Berlin: Unveränd. Ausg. der 1941 im Dt. Rechtsverl., Berlin, Leipzig, Wien erschienenen Ausg.

Singh, J. (1998). Against nuclear apartheid. *Foreign Affairs, 77*(5), 41–52.

Tammen, R. L., Kugler, J., Lemke, D., Stamm, A. C. III, Abdollahian, M., Alsharabati, C., Efrid, B., & Organski, A. F. K. (2000). *Power Transitions: Strategies for the 21st Century*. New York NY: CQ Press.

Tompkins, E. B. (1970). *Anti-imperialism in the United States: the great debate 1890–1920*. Philadelphia: University of Pennsylvania Press.

Urnov, M. (2014). 'Greatpowerness' as the Key Element of Russian Self-Consciousness under Erosion. *Communist and Post-Communist Studies, 47*(2014), 305–322.

Volgy, T. J., Corbetta, R., Jr Rhamey, J. P., Baird, R. G., & Grant, K. A. (2014). Status considerations in international politics and the rise of regional powers. In T. V. Paul, W. D. Larson & W. C. Wohlforth (Hrsg.), *Status in world politics* (S. 58–84). Cambridge: Cambridge University Press.

Wagner, C. (2005). *Die ‚verhinderte' Großmacht? – Die Außenpolitik der Indischen Union* (1947–1998). Baden-Baden: Nomos.

Wolf, R. (2014). *The Concept of Status in International Relations: Diversity and Integration*. Paper presented at the World International Studies Committee Conference. Frankfurt am Main. 6.–9. August 2014.

The manufacturer's authorised representative in the EU is Springer
Nature Customer Service Centre GmbH, Europaplatz 3, 69115 Heidelberg,
Germany. If you have any concerns regarding our products, please
contact ProductSafety@springernature.com

Printed and bound by CPI Group (UK) Ltd, Croydon, CR0 4YY
27/04/2026
02097653-0002